김일성, 1925-1945
중국과 소련에서 무엇을 했나

✱ 일러두기

1) 중국에서는 과거부터 써오던 한자(繁體字)를 쓰지 않고 보다 간단하게 쓸수 있는 간체자(簡體字)를 개발해 사용해 오고 있으나 이 책속에 나오는 지명이나 인명은 간체자가 한국인에겐 익숙치 않아 과거부터 써오던 번체자를 사용했음을 밝혀둔다.

2) 중국의 인명과 지명을 한글로 적을 때 중국식 발음대로 적는 것을 원칙(北京→베이징, 毛澤東→마오쩌둥)으로 하되, 북한에서는 아직도 한자표기의 과거 한국식 읽기 방식(북경, 모택동)을 사용하고 있어서 중국식 발음대로의 표기를 원칙으로 하되 경우에 따라서는 북한식 표기(모택동, 북경)를 사용할 경우도 있음을 밝혀둔다.

3) 주석(註釋)은 매 페이지 아래쪽에 다는 것을 원칙으로 했으나 편집사정상 1-2페이지 앞이나 뒤쪽에 달아두기도 했음을 알려드립니다.

김일성, 1925~1945
중국과 소련에서 무엇을 했나

(이정식, 서대숙, 周保中 기록과 김일성회고록 비교)

박승준 지음

제동맹활동　1927 길림육문중학　1932 유격활동시작　1943 소련군복활동　1945 평양귀환연설

1936 동북항일련군훈련

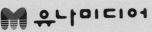

유나미디어

김일성, 1925~1945
중국과 소련에서 무엇을 했나

지 은 이	박승준
초판발행	2020년 12월 22일
초판 2쇄	2020년 12월 31일

펴 낸 이	최두삼
펴 낸 곳	도서출판 유나미디어
주 소	(04550) 서울특별시 중구 을지로 14길 8
	(을지로3가 315-4) 을지빌딩 본관 602호
전 화	(02)2276-0592
F A X	(02)2276-0598
E-mail	younamedia@hanmail.net
출판등록	1999년 4월 6일 제2-27902

I S B N   978-89-90146-22-9 /03910

값 15,000원

※ 이 책은 방일영문화재단의 지원으로 저술되었습니다.

목 차

—

1) Dae-Sook, Suh, Kim Il Sung : the North Korean Leader , New York : Columbia University Press, 1988

2) 周保中,『東北抗日遊擊日記』, 北京：人民日報社 , 1991, 周保中,『東北抗日遊擊日記』, 北京：解放軍出版社 , 2015, 趙素芬,『周保中將軍傳』, 北京：解放軍出版社 , 2015

3) 김일성,『세기와 더불어』1-4 , 평양：조선로동당출판사 , 1992. 金日成,『回憶錄 與世紀同行』1-4 , 平壤：外文出版社 , 1992

머리말
김일성의 빨치산 활동에 대한 객관적 평가가 필요하다

머리말

—

   2020년 4월 15일 총선으로 대한민국은 문재인 대통령 취임사의 표현대로 "아무도 경험해보지 않은 나라"로 가는 길목에 들어섰다. 2000년 6월 15일 김대중 대통령과 김정일 국방위원장의 평양회담이 불붙인 한국 사회의 통일방법 논쟁은 한국사회를 북한과의 평화노선을 주장하는 좌파와, 북한에 대한 우월적 입장에서 흡수 통합을 하자는 우파의 격렬한 정치투쟁으로 발전했다. 그 연장선상에서 어느 때보다도 치열한 '진영간 대결'로 표현된 2020년 제21대 4·15 총선은 일반적으로 좌파 30%, 우파 30%, 중도 40%로 인식되던 한국인들의 정치의식 구조가 크게 바뀌었다는 판단이 가능한 정치적 사건이었다. 일반적으로 좌파를 대변하는 더불어민주당과 더불어시민당이 전체 의석 300석의 과반을 차지하는 180석, 우파를 대변하는 미래통합당과 미래한국당이 103석을 확보하는 결과가 빚어졌다. 여기에 함께 좌파로 분류되는 정의당 6석까지 더할 경우 모두 186석이라는 좌파의 압도적 승리였다. 이 결과는 대한민국의 앞날이 북한과의 평화통합을 중시하는 통일방식으로 흘러갈 가능성이 높아졌음을 예고하는 정치적 판도가 형성된 것으로 해석해도 좋을 것이다.

이런 2020년의 정치적 상황은 북한에 대해 보다더 객관적인 접근과 이해가 필요한 형세라는 말이 된다. 앞으로 남북한의 거리가 가까워질수록 북한의 정치적 실체와 정치지도자들에 대한 보다 객관적인 이해가 이전보다 더욱 필요해진 시점이라고 할 수 있게 된 것이다.

북한, 즉 조선민주주의 인민공화국의 헌법 전문은 "조선민주주의인민공화국은 위대한 수령 김일성동지의 사상과 령도를 구현한 주체의 사회주의조국이다, 위대한 수령 김일성동지는 조선민주주의인민공화국의 창건자이시며 사회주의조선의 시조이시다"로 시작한다. 국호는 '조선민주주의 인민공화국'이지만 헌법 전문은 북한이라는 나라가 '김일성의 사상과 지도를 구현하기 위해서 수립된 국가'라는 점을 분명히 밝히고 있고, 이 헌법 전문에 따라 김일성에서 김정일로, 김정일에서 김정은으로 이어지는 이른바 백두혈통에 의한 권력세습이 헌법에 보장되고 있는 것이다. 이 점 북한의 헌법 전문은 중국의 헌법 전문이 "중국은 세계에서 역사가 가장 오래된 국가 중의 하나이다"[4]로 시작하는 사실과도 커다란 차이를 보이고 있다. 중국공산당이 주도해서 만든 중화인민공화국 헌법의 '서언(序言)'[4]은 중화인민공화국의 수립에 마오쩌둥의 역할이 주도적이기는 했으나, 그 이전에 아편전쟁과 쑨원(孫文)에 의한 전통 왕조시대의 종결과 첫 근대국가인 중화민국의 수립이 선행했음을 분명히 하고 있다.

　북한의 헌법 전문을 보더라도 북한, 즉 조선민주주의 인민공화국을 이해하기 위해서는 김일성이라는 인물에 대한 이해가 우선되어야 한다는 점은 분명하다. 그러나 일본 제국주의로부터의 해방과 분단을 거쳐 1950년 6월 25일부터 1953년 7월 27일 휴전에 이르기까지 3년이 넘는 열전(熱戰 · Hot War)를 치르면서 수많은 가족과 친지들의 목숨을 잃은 한국에서는 김일성의 이름을 거론하는 것조차 금기시 해 왔다. 김일성의 이름을 거론할 때는 "김일성은 가짜다, 원래의 김일성은 가짜 김일성보다 훨씬 나이가 많은 항일독립투사였다"는 가정을 전제로 하고 거론해야 했다. 그러나 이제 북한, 즉 조선민주주의 인민공화국과 평화공존

---

4) 중국은 세계에서 역사가 가장 오래된 국가 중의 하나이다. 중국의 각 민족 인민들은 휘황찬란한 문화를 공동으로 이룩하고 있으며 훌륭한 혁명의 전통을 가지고 있다. 1840년 이후 봉건적인 중국은 점차 반식민지 반봉건적 국가로 변화했다. 중국인민은 국가의 독립과 민족의 해방, 민주주의와 자유를 위하여 헌신적으로 용감무쌍한 투쟁을 계속하여 왔다. 20세기에 들어와 중국에는 천지개벽의 위대한 역사적 변혁이 일어났다. 1911년 손중산 선생이 지도한 신해혁명은 봉건적 군주제를 폐지하고 중화민국을 창건하였다. 그러나 제국주의와 봉건주의를 반대하는 중국 인민의 역사적 임무는 아직 달성되지 않았다. 모택동 주석을 수령으로 하는 중국공산당이 이끌었던 중국의 여러 민족 인민은 오랜 기간에 걸친 곤란하고 곡절 많은 무장투쟁 및 그 밖의 형태의 투쟁을 거쳐 1949년에 드디어 제국주의, 봉건주의 및 관료 자본주의의 지배를 물리치고 신민주주의 혁명의 위대한 승리를 쟁취하여 중화인민공화국을 창건하였다. 이때부터 중국 인민은 국가의 권력을 장악하고 국가의 주인이 되었다.

을 거쳐 통합의 시대로 나아가고자 하는 대한민국의 정치 분위기
에서는 앞으로는 거꾸로 신격화된 김일성을 받아들이지 않고, 사
실 그대로의 김일성을 거론하는 것이 신성모독죄를 범하는 세상
이 올지도 알 수 없는 일이다.[5]

　한·중 수교가 1992년 8월 24일에 이뤄진 후 석달 뒤인 11월
나는 조선일보 초대 베이징(北京) 상주 특파원으로 중국으로 갔
다. 중국 상주특파원이 되기 전에는 1988년 1월부터 1991년 8월
까지 홍콩 주재 조선일보 특파원으로 홍콩-중국 국경 너머 중국
을 간접 취재했다. 당시에는 1997년 6월 30일 홍콩주권이 중국
으로 반환되기 이전이었으므로, 홍콩과 중국 사이의 국경지대에
는 구르카인으로 구성한 영국군 국경 수비대가 국경 경비를 담당
하고 있었고, 홍콩은 중국의 일부분이 아니었다. 대부분의 홍콩
주재 한국특파원들은 물론 영국을 포함한 유럽과 미국, 일본 기
자들이 홍콩에 상주하면서 국경 너머 중국을 간접 취재해서 보도
했다. 당시 중국 취재의 중요한 수단 중의 하나가 매일 저녁 7시
(한국시간 8시) 중국 국영 중앙TV에서 대륙 전역을 대상으로 동
시간에 내보내는 뉴스 신원롄보(新聞聯播)를 시청하는 것이었다.
신원롄보 뉴스는 전 대륙의 중국인들을 상대로 하는 뉴스방송이

---

5) 이 머리말을 쓰는 시간에도 4·15총선에서 승리한 더불어민주당의 비례정당 더불
　어시민당의 양정숙 당선자가 많은 부동산을 소유하고 있는데다가 과거에 정수장학
　회(박정희육영수 장학회) 부회장을 지낸 사실을 감추었다는 이유로 당선인 사퇴 압
　력을 받는 정치적 분위기가 조성되고 있다. 정수장학회는 박정희 대통령 시절에는
　거의 올A의 학점을 받아야 가능한 엘리트 장학회였으나, 2020년의 정치적 분위기
　에서는 정수장학회 회원이었다는 사실만으로도 죄인시하는 정치적 분위기가 조성
　됐다.

라 솔직한 중국의 민낯이 그대로 드러나는 유일한 뉴스였다. 신원롄보의 그런 뉴스는 지금도 변함이 없어 나는 지금도 매일 저녁 30년 넘게 신원롄보를 인터넷으로 시청하고 있다.

1991년 10월 어느 날 신원롄보에 김일성이 나타났다. 중국 외교부의 중국과 북한 양국 관계 일지를 보니 10월 4일부터 13일까지 열흘 동안 "조선노동당 총서기 겸 국가주석 김일성"이 중국을 방문했다는 기록이 검색됐다. TV화면에 나온 김일성은 목 뒤의 커다란 혹이 그대로 보이는 모습이었다. 김일성의 상대방은 양상쿤(楊尙昆) 당시 중국 국가주석이었다. TV화면속의 김일성은 커다란 1인용 소파에 등을 기대앉은 채 양상쿤의 말을 얼른 못 알아들었는지 우리 말로 자신의 수행원에게 "지금 뭐라고 하는 거이가, 난 말이야, 요즘 머리가 아파서…"라고 말하는 김일성의 육성이 그대로 방영이 됐다. 그 뉴스를 보면서 나는 '아, 내가 취재 보도해야 할 대상은 중국뿐만 아니라 중국과 북한과의 관계도 내가 취재 보도해야하는 일이구나' 라는 생각을 했다.

1992~97년 사이 어느 날 베이징(北京) 왕푸징(王府井) 신화(新華)서점에서 이 책 저 책 들춰보던 중 『동북항일유격일기(東北抗日遊擊日記)』란 책을 발견했다. 저우바오중(周保中)이란 군인이 쓴 책이었는데 아무 생각 없이 들춰보던 중 '김책(金策)'이란 이름을 발견했다. 마오쩌둥(毛澤東) 휘하의 저우바오중이 동북지방에서 항일련군을 지휘하며 조선인 청년들을 모으다가 김책이란 조선청년을 만났고, 김책을 통해 김일성(金日成)을 만나게 되는 것이 일기의 내용이었다. 저우바오중이 김책, 김일성을 잘 아는

인물이며, 이 책을 읽어보면 김책, 김일성이 1930년대에 만주지방에서 일본군과 싸웠다는 유격대 시절 이야기를 알 수 있지 않을까 하는 생각이 들어서 그 책을 구입했다.

　1992년 12월부터 1997년 11월까지 이어진 조선일보 베이징 특파원 생활과 1997년에 귀국해서 국제부장, 중국전문기자, 그리고 다시 2006년 12월부터 2009년 2월까지 이어진 두 번째 베이징 특파원 생활, 그리고 2010년 2월까지 조선일보 북중 전략문제연구소 소장으로 바쁘게 보내다 보니 저우바오중의 동북항일유격일기를 제대로 들춰볼 시간이 없었다. 그러나 이 책은 항상 내 책꽂이 잘 보이는 곳에 꽂혀 있었고, 이사 갈 때도 항상 이 책부터 먼저 챙겼다. 중국을 통해서 본 김일성이라는 인물을 한번은 정리를 해야겠다는 생각을 늘 하고 있었기 때문이었다.

　생각 속에서 늘 지워지지 않던 저우바오중의 동북항일유격일기에 대해 또 한번 그 내용을 국내에 소개해야 한다는 더 강한 의무감을 느낀 것은 2015년 9월부터 2016년 8월까지 상하이(上海) 푸단(復旦)대 국제문제연구소 조선한국연구실에서 방문교수를 하면서였다. 당시 푸단대에 제출한 연구 과제가 '상하이 대한민국 임시정부와 중국공산당의 관계'였다. 푸단대 방문교수를 가기로 한 이유도 1919년 4월 11일 상하이시 프랑스 조계 내 마당루(馬當路) 골목에 망명정부를 차린 대한민국 임시정부와 걸어서 5분거리의 싱예루(興業路) 102-108호에서 1921년 7월 21일 창당한 중국공산당과의 관계에 대한 연구를 하기 위해서였다. 상하이 국제정치학자들의 말에 따르면 개혁개방의 총설계사 덩샤오핑(鄧小平)은 1992년의 한 · 중 수교를 앞두고 한반도의 합법적 정통성이 북한이 아니라 오히려 대한민국에 있다는 사실을 적시하는 논문을 상하이 일원의 국제정치학자들에게 쓰도록 했다는 것이었다. 그렇게 함으로써 당시 대만, 홍콩, 싱가포르와 함께 '4소룡'으로 불리면서 신흥공업국가로 빠른 경제발전을 보여주던 한국과 수교하는 정당성을 확보하려고 했다는 것이다. 대한민국에 한반도의 정통성이 있다는 주장을 하게 한 이유는 윤봉길 의사가 1932년 4월 29일 상하이 홍커우(紅口) 공원에서 천황 생일을 축하하는 천장절 행사에서 폭탄을 던져 시라카와(白川)대장을 비롯한 수많은 일본군 장성을 죽임으로써 마오쩌둥(毛澤東)이 이끄는 중국공산당 지도부의 주목을 받았으며, 이 때문에 마오는 당시 상하이에서 지하공작을 하던 저우언라이(周恩來)와 덩샤오핑(鄧小平)에게 "대한민국 임시정부라는 집단의 성격에 대해서 알아보라"는 지시를 내렸다는 것이었다. 마오의 지시에 따라 실제로 대한민국 임시정부가 윤봉길 의사의 홍커우 공원 폭탄 투척 사건이후 더 이상 상하이에서 활동을 할 수 없게 돼 이웃 도시 항저우(杭州)에서 시작해서 충칭(重慶)까지 임시정부 근거지를 옮겨가는 과정에서 저우언라이는 김구의 임시정부에 많은 도움을 준 것으로 알려져 있다. 중국공산당이 대한민국임시정부의 활동을 지원한 이론적 배경은 푸단대 국제문제연구소조선한국연구실을 설립한 스위안화(石源華)교수가 쓴 『중한문화협회연구(中韓文化協會硏究)』[6]에 일부 나타나 있다.

중국공산당의 한국독립에 대한 태도는 중국공산당의 강령에 의해 결정되었다. 레닌의 민족과 식민지 문제에 관한 학설은 중국공산당이 신민주주의 혁명을 지도하는 이론적 시금석이자, 중국공산당의 한국독립운동에 대한 지도사상이기도 하였다. 중국공산당은 한국의 독립 구국운동을 그저 지원하는 정도가 아니라 한국인들의 철저한 민족민주혁명을 지지하고 한국이 민족독립을 완성함과 동시에 자산계급 성격의 민주혁명을 실현하여 사회주의 혁명을 준비하기 위한 것이었다. 중국공산당 역시 소규모에서 대규모로, 약한 상태에서 강한 상태로, 비밀에서부터 공개적으로 발전해온 과정을 겪었다. 그 정치 신앙, 조직 노선 및 오랜 기간에 걸친 지하활동의 경험은 한국독립운동에 대한 연계대상, 원조방식에서도 집권당인 국민당과 커다란 차이가 있었다. 중국공산당이 한국독립운동을 지원하는 방법에 있어 중국국민당의 고위층 위주 전략과는 전혀 달랐다. 중국공산당은 하층의 군중동원을 중시하였으며, 한국의 교민군중들이 독립투쟁에 참여할 수 있도록 일련의 정책을 제정하였다. 특히 중국의 항일전쟁기간에 중국공산당 및 그 지도하의 팔로군, 신4군, 동강항 일대에는 적 후방에서 항일근거지 활동을 전개하는 한국의 반일독립운동을 도와주고 지원하여 혁혁한 전과를 올렸다.

김일성에 대해서는 1983년 재미 정치학자 이정식 교수가 *Revolutionary Struggle in Manchuria: Chinese Communism and Soviet Interest, 1922-1945* 라는 책을 써

---

6) 石源華 著, 신영식 譯, 『한중문화협회연구』, 서울 : 사단법인 한중문화협회, 2012, p.33.

서 중국공산당과 소련공산당이 1922년에서 1945년에 이르는 기
간에 혁명투쟁을 벌인 과정을 연구하면서 중국공산당 동북항일
연군에서 빨치산 생활을 하다가 일본 관동군이 대대적인 빨치산
소탕작전에 나서면서 소련 연해주의 소련 극동군 산하 조선인과
중국인 합동부대에 소속하게된 김일성의 존재를 소개했다. 이정
식 교수의 저서가 나온 지 5년 뒤인 1988년에는 재미 정치학자
서대숙 교수가 *Kim Il Sung : the North Korean Leader* 라는
본격적인 김일성 연구 저서를 써서 김일성에 대해 한국연구자로
서는 처음으로 미국에서 김일성 인물연구서를 냈고, 1991년 7월
에는 동북항일련군 지도자였던 저우바오중(周保中)이 항일유격
대 생활을 일기로 기록한 『동북항일유격일기(東北抗日遊擊日
記)』를 베이징에서 출판해 전선일기 속에 김일성의 존재를 기록
했다. 나는 저우바오중이 동북항일유격일기를 출판한 직후에 베
이징의 왕푸징(王府井) 신화(新華)서점에서 동북항일유격일기를
발견하고 구입하는 우연과 만났다. 이 동북항일유격일기를 보관
해오다가 서울의 정치적 분위기가 변해가는 것을 보면서, 1954
년에 대한민국에서 태어나 2020년까지 살아온 한 지식인의 시각
으로 기록한 김일성 연구서를 한 권쯤은 남겨야겠다는 판단으로
이 책을 쓰게 됐다. 마침 세상은 컴퓨터 인터넷을 기반으로 미국
에서 출판된 웬만한 서적들은 검색해서 온라인으로 구입할 수 있
는 세상으로 변해 아마존을 통해 이정식 교수의
『*Revolutionary Struggle in Manchuria: Chinese
Communism and Soviet Interest, 1922-1945*』(1922~1945

년 만주에서의 혁명 투쟁 : 중국공산주의와 소련의 이익)와 서대숙 교수의 『Kim Il Sung : the North Korean Leader』(북한 지도자 김일성)이라는 귀한 저서를 재고가 몇 권 남지 않은 가운데 아마존을 통해 구입할 수 있었다. 이정식 교수의 저서나 서대숙 교수의 저서가 미국에서 출판됐을 당시 한국은 전두환 대통령의 5공화국 시절이라는 정치적 배경에서 국내에 소개될 환경이 아니었다. 특히 서대숙 교수가 쓴 김일성 연구 저서는 김일성이 가짜라는 사실을 부인했을 뿐만 아니라, 김일성과 북한 정권이 최대의 역사적 항일 투쟁 사건으로 자랑하는 보천보 전투를 '보천보 습격(Raid)'이라는 용어로 기록했다. "대규모가 아니라 극히 적은 인원이 가담한 소규모 습격"이라고 표현하기는 했으나, 박정희 통치 시대부터 "김일성은 가짜일 뿐만 아니라 보천보 전투 같은 것은 발생한 일이 없는 사건"이라는 것이 우리 사회의 통념으로 되어 있어 서대숙 교수의 김일성 연구서는 제목만 국내에 소개됐을 뿐 내용은 소개되지 않았다.

저우바오중의 동북항일유격일기가 1991년에 출간된 뒤 평양에서는 1992년 4월 『김일성 회고록 세기와 더불어』가 출판됐다. 이정식, 서대숙, 저우바오중이 묘사한 김일성에 이어 김일성 자신이 서술한 것으로 보이는 회고록이 출판된 것이다. 이들 김일성 기록서와 김일성 본인의 회고록을 비교해보는 것은 김일성에 대한 객관적 인식을 갖는 데 중요하지 않을 수 없었다. 나는 당시가 1994년 7월 말로 예정된 김영삼 한국대통령과 김일성 주석 사이, 남북한 최초의 정상회담을 앞두고 있던 터라 기사 제작 자료

로 베이징의 조선족들을 위한 조선어 서적을 파는 서점에서 발견
해서 구입해 두었던 터였다. 그러나 김일성은 1994년 7월 8일 사
상 최초의 남북 정상회담을 20일 앞두고 묘향산에서 심장마비로
사망한 것으로 발표됐다.

　이제 시간이라는 4차원의 요소가 바뀌어 김일성이라는 인물을
적의 수괴로서 거론하지 못하는 정치적 분위기가 팽배했던 시대
에서, 앞으로 진행될 남북한 평화공존시대에는 북한, 즉 조선민
주주의 인민공화국의 창시자로서 모독하거나 비난하면 안 될지
모르는 시대로 넘어가는 시점으로 접어들고 있다. 이런 시대적
분위기에서 재미학자 이정식과 서대숙 교수가 기록한 김일성과,
김일성을 부하로 거느리고 있던 동북항일유격대 대장 저우바오
중의 일기가 기록한 김일성을 정확히 비교해보는 것은 앞으로 김
일성에 대한 본격 연구가 이뤄지기 전에 한번 해봄직한 시도라는
판단에서 이 책을 쓴다는 것을 밝혀둔다. 아울러 이 책을 시작으
로 김일성에 대한 본격적인 비교연구와 대한민국과 조선민주주
의 인민공화국의 정통성에 대한 연구를 더욱 진척시켜 앞으로도
두세 권의 김일성 연구서를 출간할 계획임을 독자 여러분께 약속
한다.

2020년 10월
북한산이 보이는 여산재에서
박승준

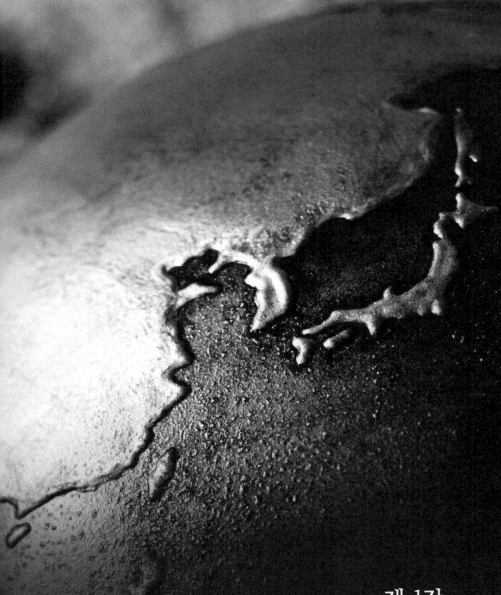

제 1장

이정식 교수 : 1922-1945년 만주에서의 김일성 혁명투쟁
(『Revolutionary Struggle in Manchuria』)

김일성의 빨치산 활동을 지휘하고 지도한
동북항일련군 최고지휘관 양징위(楊靖宇).

1936년 만주사변 직전인 2월 20일 양징위를 최고책임자로 하는 동북항일련군이 조직되었다.
사진은 훈련중인 항일련군 모습

저우바오중이 지휘하던 동북항일련군 제1로군 기념 촬영. 김일성은 이 부대의 최고 지휘관 양징위(楊靖宇)의 휘하에서 중국공산당에 입당한 것으로 중국측은 기록하고 있다.

7) 이정식 (李庭植) : 1931년 7월 30일 평남 안주 출생, 전 미국 펜실베이니아대 교수, 출생지 1954~1956 미국 캘리포니아대 로스앤젤레스교 정치학과 졸업, 1956~1957 미국 캘리포니아대 버클리교 정치학 석사, 1957~1961 미국 캘리포니아대 버클리교 정치학 박사. [저서] 한국공산주의의 기원(공저)/1960, 한국공산주의운동사(공저)/1973, 김규식의 생애/1974, 만주에서의 혁명적 투쟁/1983, 한국과 일본/1985, 이승만의 청년시절/2001, 구한말의 독립개혁투사 서재필/2003, 이승만의 구한말 개혁운동─급진주의에서 기독교 입국론으로/배재대출판부/2005.08, 대한민국의 기원/일조각/2006.5, 21세기에 다시 보는 해방후사/경희대학교출판문화원/2012.7, 북한:획일적 국가 수립(North Korea; Building of the Monolithic State)/2017. [논문] 한국의 민족주의운동사(박사학위 논문)/1963

제 1장
이정식[7] 교수 : 1922~1945년 만주에서의 김일성 혁명투쟁
(『Revolutionary Struggle in Manchuria』)

—

1) 1936~1941년 만주에서의 빨치산 활동

재미 정치학자 이정식 교수가 1983년에 출간한 『만주에서의 혁명투쟁 : 1922~1945년 중국 공산주의와 소련의 이익 (Revolutionary Struggle in Manchuria : Chinese Communism and Soviet Interest, 1922-1945)』에는 1936년 10월에서 1937년 3월 사이에 전개된 만주국 군대의 빨치산 소탕전이 기록돼 있다. [8]김일성은 이 부분에서 등장한다. 이정식 교수는 일본 방위청의 통계를 인용해서 김일성이 1940~41년 만주에서 중국공산당 동북항일련군 조직의 일원으로 대규모는 아니지만 소규모로 항일 빨치산 활동을 한 사실을 기록해놓았다.

---

8) Chong-sik Lee, Revolutionary Struggle in Manchuria: Chinese Communism and Soviet Interest, 1922-1945 , Univ. of California Pr; 1st Edition edition, May 1, 1983. pp.282-294

그러나 이정식 교수의 저서에는 김일성이 1941년 소련 연해주에 주둔하고 있는 극동군으로 넘어가기 전의 상황은 비교적 상세하게 기록했으나, 소련 극동군에 소속된 이후의 행적에 대해서는 기술하지 않았다. 김일성이 소련 극동군에 소속된 이후의 행적에 대해서는 이정식 교수에 이어 재미 정치학자 서대숙 교수가 1988년에 출간한 『김일성 : 북한 지도자(Kim Il Sung : the North Korean Leader)』에 비교적 상세하게 기록해 놓았다. 1991년 7월에 출판된 중국공산당 동북항일련군 지휘관 저우바오중(周保中)의 『동북항일유격일기(東北抗日遊擊日記)』에도 김일성을 포함한 중국공산당 소속의 빨치산들이 1941년 일본 관동군의 빨치산 소탕작전으로 거의 해체 상태에 들어가 소련 극동군으로 넘어가기 전후의 상황이 기록돼 있다. 1992년 4월 평양에서 출간된 『김일성 회고록 세기와 더불어』에는 만주 중국공산당 소속의 빨치산 활동을 하던 상황이 기록돼 있으나, 이 회고록

---

9) '파르티잔(partisan)'은 프랑스어의 '파르티(parti)'에서 비롯한 말이며, 당원·동지·당파 등을 뜻하는 말이나, 현재는 유격대원·편의대원(便衣隊員)을 가리킨다. 따라서 에스파냐어에서 나온 게릴라와 거의 같은 뜻으로 사용한다. 빨치산은 정규군과는 별도로 적의 배후에서 그들의 통신·교통 수단을 파괴하거나 무기와 물자를 탈취 또는 파괴하고 인원을 살상한다. 빨치산은 일반주민의 협조나 지원이 없이는 수행할 수 없고, 그 지방의 지리나 지형에 밝아야 하는 것이 절대적인 조건이 되므로 아무 곳에서나 실행할 수 있는 전투는 아니다. 한국에서는 주로 6·25전쟁 전에 각지에 준동하였던 공산 게릴라를 가리키는 경우가 많다. 제2차 세계대전 당시 소련은 빨치산 부대를 크게 활용했으며 독소전쟁(獨蘇戰爭)에서는 여단이나 연대급 규모의 대부대까지 있어서 그들에게 무기·탄약을 공수한 예가 있다. 핵무기가 출현한 오늘날에도 빨치산이 활약하는 기회는 많다. / [네이버 지식백과] 빨치산 [partisan] (두산백과) / https://terms.naver.com/entry.nhn?docId=1106727&cid=40942&categoryId=31744

의 기록은 1936년에서 그쳐 있고, 1941년 소련군 극동군으로 소속을 바꾸던 상황은 기록돼있지 않다. 다음은 서대숙 교수의 Kim Il Sung : the North Korean Leader 에 기록된 김일성의 활동 내용이다.

작전을 위해 동원된 만주국 군대의 숫자는 1만 6000명이었고, 빨치산[9]들의 숫자는 2280명이었다. 빨치산들 가운데 공산주의자는 1500명 정도였다. 작전은 1936년 10월에 시작돼서 1937년 3월까지 이어졌고, 소규모 작전은 계속됐다.

이 작전의 결과는 복합적이었다. 1936년 10월에서 1937년 2월 사이에 만주국 군대는 1만 7463명의 빨치산들을 상대로 모두 528차례의 전투를 치렀고, 2030명을 죽이거나 체포했다. 1937년 3월 27일에는 둥볜다오(東邊道)[10]에서 비 공산주의 민족주의자 계열의 대도회(大刀會 · Big Sword Society)[11] 두목 왕펑궈(王奉國)를 체포했다. 일본군은 비 공산주의 계열의 민족주의자들을 전멸시키려고 했지만 공산주의자들의 근거를 완전히 뒤집어놓는 데에는 실패했다. 공산주의자 빨치산들은 끊임없이 일본군들을 괴롭혔다. 그러나 일본군들은 1936년 11월 7일 동북 항일련군 제2군 지휘관 왕더타이(王德太)를 살해하는 데에는 성공했고, 1937년 4월 24일에는 왕더타이의 후임 지휘관 저우수둥

---

10) 중국(中國) 동북(東北) 지구(地區)의 동남쪽(東南-). 통화(通化)를 중심(中心)으로 한 일대(一帶). 철 · 석탄(石炭) 등(等)의 광산물(鑛産物)이 많음
11) 대도회는 청대에 활동하던 농민들의 민간 비밀결사 단체의 하나다. 주로 외국 종교세력의 중국 침투에 반대하는 활동을 했다.

(周樹東)[12]을 살해했다. 일본군들은 1938년 2월에는 펑젠잉(류허현 중국공산당 서기), 안광훈(제1군 참모장), 후궈천(제1군 군수참모)등을 체포했다. 1938년 6월에는 제1군 제1사단 지휘관 청빈(程斌)[13]을 체포해서 공산 빨치산들에게 치명적인 피해를 입혔는데, 체포된 빨치산들이 일본군에 협조했기 때문이었다. 체포된 빨치산들은 항일련군의 전략과 전술, 무기의 공급원과 여러 곳의 은신장소 등 많은 비밀을 일본군에 제공했다. 체포한 빨치산들을 즉각 죽이지 않은 것은 1936년 말에서 1937년 초 사이에 북부 둥볜다오에 대한 작전이 이뤄진 뒤 채택된 일본군의 새로운 전술이었다. 이 새로운 전술은 공산 빨치산들의 투항을 목표로 한 것인데, 이 전술은 동북 지방 빨치산 문제를 해결하는 데 커다란 역할을 했다. 그 이전까지 일본 관동군의 방식은 체포한 모든 공산 빨치산들을 죽이는 것이었으며, 투항한 빨치산들도

---

12) 저우수둥(1918—1937), 동북항일련군의 고급 지휘관. 산둥(山東)성 핑두(平度)현 출신으로 1925년 부모를 따라 지린(吉林)성 훈춘(琿春)현으로 이주했다. 1931년 9 · 18 사변 후 적극적으로 항일활동에 참가했다. 1932년 중국 공산주의 청년단에 가입했고, 1933년 초 중국공산당에 입당했다. 1936년 3월, 동북항일련군 제2군 제1사 정치위원 겸 당 위원회 서기가 됐다. 7월 중국공산당 남만(南滿)성 당위원, 9월 동북항일련군 제1로군 제4사 사장(師長) 겸 정치위원으로 임명됐다. 1937년 4월 24일, 안투(安圖)현 치안 작전중 사망했다. 2015년 8월, 중화인민공화국 민정부(民政部)가 두 번째로 선정한 '600명의 저명 항일 영웅열사' 리스트에 올랐다. 〈https://baike.baidu.com/item/周樹東/187849〉
이하 이 책에 나오는 인명과 지명에 대한 각주는 중국 정부의 공식 검색엔진 바이두(百度)의 자료를 인용했음을 밝혀둔다. 바이두는 중국공산당 항일 전사(戰士)들의 기록을 상세하게 보존하고 있어 이 책의 기술이 가능했다는 점도 밝혀둔다.
13) 程斌, 동북항일련군 제1군 제1사 사장. 1938년 7월, 115명의 부하를 이끌고 일본군에 투항했다. 이후 일본군의 투항부대 대장으로 임명돼 항일련군 전사(戰士) 29명을 투항하게 해서 중국공산당에 이적행위자로 이름을 남겼다.

체포된 빨치산들과 똑같이 처리했다.

그 작전의 비군사적 측면은 그 이전의 작전과 별로 다르지 않았다. 인력과 가축, 그리고 여러 가지 물자들은 이전과 마찬가지로 임의로 징발했다. 마을들은 비슷한 피해를 입었고, 공포감이 확산돼 있었으며, 많은 주민들이 고문당하고 빨치산들에게 협조했다는 혐의로 죽임을 당했다.

만주국 군대는 김일성과 최현이 이끄는 이삼백 명 단위의 빨치산들의 공격으로 상당한 손실을 입었다. 만주국 군대는 김일성과 최현이 이끄는 소규모 부대가 생존을 위해 어둠속에 매복전술을 사용하는 데에는 대응할 훈련이 되어있지 않았다.

아무르, 우수리, 쑹화 3강이 만나는 지역인 삼강지역에 빨치산들이 집결하자 일본군은 1937년 11월부터 1938년 3월까지 또한 차례의 빨치산 소탕작전을 실시했다. 이 작전을 위해 일본 관동군은 1개 사단의 자체 병력과 만주국에서 동원한 2만 5000명의 병력을 투입했다. 이 작전의 상세한 상황은 알려지지 않고 있다. 1937년 7월에 북부 둥벤다오에서 실시된 '평화 계획'에 대해서는 일부 구체적 상황이 전해지고 있는데, 제2로군 지휘관 저우바오중(周保中)은 다음과 같이 회상했다.

1938년 겨울에서 1939년 일 년 내내 항일련군은 압도적으로 우세한 적의 공세에 커다란 손실을 입었다. 적들은 중국 군중들이 연합군과의 협력 방법을 깨달았다는 것을 알게 되자 테러는 물론 모든 사람들을 죽이고, 모든 것을 불태우는 전술을 채택했다. 푸위안현에서는 원래 5000~6000 가구가 살고있었는데, 일본군들은 모든 것을 파괴해서 사람이 살지 않는 마을로 만들어버렸다. 싼장(三江)이나 무단장(牡丹江) 같은 곳에서는 60만 채의 집이 불에 타서 전체 피해액은 수백 만 위안에 달할 것이었다.

일본 강도들은 높은 담을 쌓고 깊은 웅덩이를 파서 집단 마을을 만들었다. 그들은 특별경찰들과 손을 잡고, 우리 부대가 마을사람들과 만나는 것을 차단했다. 만주에서의 항일투쟁은 극히 어려운 시기로 접어들어갔다. 대부분의 우리 부대들은 먼 산 속이나 깊은 숲속에서 얼음같이 차가운 공기와 눈으로 뒤덮인 땅바닥위에서 지내야 했다.

1937년 12월에 조직된 제2로군은 제4군(지휘관 리옌핑), 제7군(지휘관 징뤄팅), 제8군(지휘관 셰원둥), 제10군(지휘관 왕야천)으로 구성돼 있었다. 제2로군은 당시 일본군의 대규모 공격을 받고 있었다.

항일유격부대는 커다란 손실을 입었다. 제3군의 창설자이자 지휘관 자오상즈는 작전중 사망했다. 제4군 지휘관 리옌핑은 수란에서 죽음을 당했다. 제5군 지휘관 차이스룽[14]은 이란에서 죽임을 당했다. 유격부대의 많은 중요한 지휘관들이 죽임을 당하거나 투항했다. 이들 가운데 가장 주목할 만한 인물은 탕위안현에 있는 두룽산 반란의 영웅으로 제8군 지휘관 셰원둥이었다.

---

14) 차이스룽(柴世榮1893—1944), 동북항일련군 제5군의 주요 지휘관 중 한 사람. 1931년부터 항일 투쟁을 시작해서 1944년 사망했다. 헤이룽장(黑龍江), 지린(吉林)성 동부지역에서 주로 활동했다.

그는 1939년 3월 20일 투항했다. 제9군 지휘관 리화탕과 제4군 제4사단의 지휘관 정루옌도 투항했다. 다른 많은 사단 지휘관들도 투항했다. 이들 지휘관들이 투항한 것은 심각한 손실을 입은 뒤였다는 것은 말할 필요도 없다. 만주 일원의 빨치산들은 1937년에 1만 4203명의 병력 손실(7663명은 전사)을 입었고, 1938년에는 7368명의 병력 손실(3693명 전사), 1939년에는 5417명의 병력 손실(3168명 전사)을 입었다. 이들 가운데 얼마나 되는 병력이 싼장 지역에서 왔는지는 추산하기 어렵지만, 이 통계는 만주에서의 전투가 얼마나 격렬했는가를 말해주고 있다.

일본과 중국의 통계에 나타난 숫자 가운데 제한된 숫자의 병력만 항일 활동을 포기하고 북서쪽의 샤오싱안링(小興安嶺) 산맥으로 이동해갔다. 한 일본 자료에 따르면 제3로군 가운데 남은 병력은 베이안 동쪽, 데리 북쪽에 있는 난베이허위안에 기지를 마련하고 항일 활동을 다시 시작했다. 자오상즈가 이끄는 제3로군은 1938년 8월 재편됐다. 일본 파견대는 1940년 베이안과 하이룬에 본부를 구축하고, 빨치산 추적을 계속했다. 제3로군 전 간부 펑중윈은 베이안, 거우산에서 항일구망군(抗日救亡軍 · Anti Japanese National Salvation Army)[15]운동을 촉진하는 연설을 했다. 왜 제3로군이 이들 마을들을 공격했는지에 대해서도 연설했다. 이들 마을들은 만주의 북서쪽 내몽고 경계를 따라 위치해있었으며, 그 너머에는 다싱안링 산맥이 달리고 있었다. 마침내 왕밍구이가 이끄는 빨치산 그룹이 1939년 11월에서

---

15) 1931년 9 · 18 사변 후 각지 노동자, 학생들이 중국공산당의 지시에 따라 시위와 파업, 휴학을 통해 국민당 정부의 불저항 정책에 항의했다.

1940년 봄까지 내몽고를 드나들며 "초자연적인 존재인 것처럼" 경찰주재소를 습격하고, 일본인들의 거주지를 습격해서 추격하는 일본군에 커다란 혼란을 일으켰다. 왕의 부대는 Putchachi, Ajungchi, Kannan, Koshan 등지에 있었던 것으로 알려졌다.

제3로군의 다른 잔류병력들은 1940년에서 1941년 사이에 하얼빈 서쪽의 평원에서 편히 쉬고 싶어하던 일본군들에게 큰 불만을 안겨주었다. 이 사건들은 '삼조(三肇)' 사건으로 알려졌는데 이유는 공격한 지명이 자오둥(肇東), 자오저우(肇州), 자오위안(肇源)현이었기 때문이다. 1940년 8월에는 제6군 제1사단 지휘관 다이훙빈이 이끄는 50여명의 부대가 자오저우현의 작은 마을을 공격한 일이 있었다. 10월 11일에는 한위수가 이끄는 100여명의 부대가 자오위안을 공격했으며, 만주국 군대 파견대를 습격하기도 했다. 12월 28일에는 제3군 제12파견대 지휘관 쉬쩌민이 이끄는 일단의 부대가 자오위안을 습격해서 몽골 행정사무소에 불을 지르고, 일본군 간부들과 가족들을 살해했으며, 무기와 탄약, 옷가지 등을 약탈해갔다. 1941년 1월 4일에는 하얼빈 남쪽 외곽 왕강에 주둔하는 만주국 공군의 병사 100여명이 일본에 반대해서 반란을 일으켰다. 그들은 일본 관리들을 살해하고, 3대의 트럭에 나눠타고 자오위안현으로 달아나 쉬쩌민의 부대에 가담하려고 했다. 이 공군 병사들은 빨치산 부대에 합류하기 전에 체포돼 군사법정에 넘겨졌다.

이들 사건들은 일본측 자료에 따르면 중국인들에게 동조하여 일어난 사건들이었다. 공산주의자 그룹은 대중들을 조직하는데 적극적이었으며, 만주국 군대 내부에서의 작전은 유효했다. 그들은 "중국인들은 중국인들을 죽이지 않는다"는 전단을 나누어 주었으며, 이 슬로건은 커다란 파괴력이 있었다.

물론 일본의 보복도 대단히 신속했다. 일본과 만주국 군대와 경찰이 빨치산들을 소탕하기 위해 파견됐다. 일본 군경찰과 만주국 경찰은 공범들을 찾느라고 수백 명을 체포했고, 쉬쩌민은 자오저우에서 체포됐다. 펑중원에 따르면, 자오위안 사람들은 쉬쩌민의 빨치산들을 환영했고, 그들에게 가담해서 정부 곡물창고를 공격했다. 일본군은 하얼빈 경찰국 수석형사 예융녠을 파견했다. 예융녠은 1000명 가까이 되는 사람들을 하얼빈 쑹화강 '얼음 동굴'에 보낸 인물이었다. 우리는 펑중원이 말한 이 형벌에 대해 익숙지 않지만, 많은 사람들에게 커다란 고통을 준 형벌이었다. 일본 소식통은 10여 명의 공산주의 조직원들이 자오저우에서 체포됐는데 하얼빈으로 이송되던 도중 모두 살해됐다. 나중에 일본은 둥볜다오를 '청소'할 청소 전문가를 파견했다. 이 사건들이 제3로군이 벌인 마지막 평원작전이었다.

1939년 10월에서 1941년 3월까지 일본군은 대규모 소탕작전을 남만주 일원에서 전개했는데, 동쪽의 젠다오에서 서쪽의 둥볜다오까지의 지역이 대상이었다. 일본의 관심과 작전의 목표는 뚜렷했다. 일본과 만주국 당국은 현상금을 내걸었는데 3000위안에서 1만 위안까지였고, 대상은 그 지역의 군사, 정치 지도자였다.

1만 위안 :

● 양징위[16] : 제1로군 총사령관, 제1군 지휘관

● 차오야판 : 제1방면군 지휘관, 제1군 제2사단 지휘관

● 김일성 : 제2방면군 지휘관

● 천한장 : 제3방면군 지휘관

● 최현 : 제2군 연대장

5000위안 :

● 박득범 : 연대장

● 팡전성 : 제1로군 참모장

3000위안 :

● 웨이정민 : 중국공산당 남만주 당위원회 서기

● 천광 : 제2군 정치위원

둥볜다오(東邊道) 지역에서는 1936년에서 1938년 사이에 여러 차례의 소탕작전이 진행됐고, 여러 공산주의자 지휘관이 이끄는

---

16) 楊靖宇(1905년 2월 13일~1940년 2월 23일), 본명 마상더(馬尙德), 허난(河南)성 췌산(確山)현 출신, 중국공산당 홍군과 동북항일련군의 창건자 중 한 명. 1932년, 동북에 가서 동북항일련군을 조직하라는 당명을 받고 동북으로 가서 항일련군을 조직, 총지휘관과 정치위원을 지냈다. 동북항일련군을 이끌고 민중들과 함께 바이산(白山)과 헤이수이(黑水) 사이에서 싸우다가 전사했다. 그는 얼음과 눈으로 뒤덮인 지역에서 실탄도 떨어지고 식량도 바닥 난 상황에서 싸우다가 고립된 상황에서 일본군이 전투기를 띄워 주야로 수색한 상황에서 사망했다. 양징위는 김일성의 직속 상관으로, 백마를 타고 다녀 김일성이 회고록『세기와 더불어』에서 흰말을 타는 양징위에 대한 부러움을 표시했다. 양징위는 중화인민공화국 수립에 공헌한 100명의 영웅 가운데 한 명으로 선정됐다. 2014년 9월 1일, 중국 민정부가 공표한 첫 번째 '300명의 항일 영웅열사' 리스트에 포함됐다.

3000여 명의 빨치산들은 살아남기는 했지만 심각한 피해를 입었다. 일본 자료에 따르면, 빨치산들은 동쪽의 간도(間島)[17]로 돌아왔다. 다음은 일본군 기록이다.

양징위 휘하의 약 3000명의 공산주의자 빨치산들과 마적들이 박격포와 중기관총, 경기관총, 권총으로 무장하고 간도지역을 휩쓸고 다녔고, 그 결과 만주국 정부는 이 지역에 쉽게 침투해들어가지 못했다. 공안질서는 완전히 혼란 상태였다. 이들 가운데 김일성과 최현의 활동이 가장 두드러졌다.

우리는 항일련군이 1939년 특정지역에서 회의를 열고 빨치산들이 일본과 만주국 군대의 활동을 저지해야 한다고 결정했다. 이 때문에 어느 정도 주민들에게 희생이 있더라도 군사시설과 통신시설, 적들의 방어선을 파괴하도록 시도했다.

---

17) 간도라는 지명은 병자호란 뒤에 청나라 측이 이 지역을 봉금지역(封禁地域 : 이주 금지의 무인공간지대)으로 정하고 청국인이나 조선인 모두의 입주를 불허하는 공간 지대로 삼은 뒤, 청나라와 조선 사이에 놓인 섬[島]과 같은 땅이라는 데서 유래한 것으로 보인다. 그러나 조선 후기에 우리 농민들이 이 지역을 새로 개간한 땅이라는 뜻에서 '간도(墾島)'라고 적었으며, 또 조선의 정북(正北)과 정동(正東) 사이에 위치한 방향인 간방(艮方)에 있는 땅이라 하여 '간도(艮島)'라고도 적었다. 간도는 서간도와 동간도로 구분된다. 서간도는 압록강과 송화강(松花江)의 상류 지방인 백두산 일대(白頭山一帶)를 가리키며, 동간도는 북간도라고도 하며 훈춘(琿春)·왕청(汪淸)·연길(延吉)·화룡(和龍)의 네 현(縣)으로 나누어져 있는 두만강 북부의 만주 땅을 말하는데, 보통 간도라고 하면 동간도를 말한다. 즉, 간도는 노야령 산맥(老爺嶺山脈)과 흑산령산맥(黑山嶺山脈) 사이의 일대 분지와 혼동강(混同江)과 목단령산맥(牧丹嶺山脈) 사이의 분지를 아우르는 지명이다. / [네이버 지식백과] 간도 [間島] (한국민족문화대백과, 한국학중앙연구원) ⟨https://terms.naver.com/entry.nhn?docId=564842&cid=46623&categoryId=46623

1938년 여름의 장구평(長鼓峰) 전투[18]이후 조성된 소련과 일본
의 긴장상태 아래서 관동군을 괴롭히고 방해한 것은 특히 소련
이 훈련시켜 파견한 빨치산들이었다. 일본군들은 특히 1939년 5
월과 12월 사이에 벌어진 노몬한 전투[19]와 격렬해진 빨치산들의
활동 사이에는 밀접한 관련이 있을 것이라고 판단했다. 비록 분
명한 기록은 없지만, 빨치산들은 지역 신문들을 통해 소련과 일
본이 서로 맞서고 있다는 사실을 알게 됐다. 따라서 빨치산들은
일본에 대한 공세를 더욱 강화했다. 김일성측 역사가들은 김일
성 부대를 파괴하기 위해 파견된 우세한 적들에게 김일성 부대
는 여러 차례의 공격을 했다. 임춘추[20]는 1939년에 빨치산들이
경찰과 자위대원들을 포함한 3만 명 이상의 적들을 죽이거나,
부상을 입히고 또 포로로 잡았다고 자랑했다. 임춘추의 주장에
따르면, 최현 부대는 1937년 8월 이후에 단독으로 기관총과 소
총으로 무장한 3000여 명의 일본군을 포로로 잡았다. 숫자는 과
장됐을 수도 있겠지만, 이들 빨치산들의 존재가 일본에 커다란
관심의 대상이었다는 점은 의문이 없는 것으로 보인다. 방어가
약한 집단 거주지와 숙소, 그리고 만주국의 파견대 등이 빨치산
들이 가장 선호하는 목표물이었다. 양징위 부대는 탄광, 철도 건
설공사장, 전초기지 등도 공격했다. 통화 지방정부 보고에 따르
면, 1938년 한 해 동안에만 양징위 부대는 조선과의 국경지대인

---

18) 1938년 7월 29일~8월 11일, 일본과 소련이 장구평, 사차오평(沙草峰) 두 개의 고
지 사이에서 벌인 군사충돌. 양측 모두 "의외의 충돌"이라는 입장을 밝혔으나, 13
일 만에 일본이 패전을 선고하고 종결했다.
19) 1939년 5월부터 8월까지 몽골과 만주국의 국경지대인 할힌골강 유역에서 소련군
과 몽골군이 일본제국의 관동군, 만주국군과 교전한 사건.

지안현에 80차례나 침투해서 만주국 당국은 이 지역을 포기하기
까지 했다. 양징위 부대의 선전활동이 먹혀들어가 1938년 6월
15일에는 양징위 부대가 한 철도건설 공사장을 공격했을 때 약
300명의 중국 노동자들이 빨치산 부대에 합류했다. 양징위 부대
는 무장이 잘돼 있어서 1938년에 90정의 경기관총을 보유하고
있었다.

철도건설 공사장은 빨치산들의 공격에 대단히 취약했다. 둥볜

20) 林春秋 1912~1988. 중국 길림성(吉林省) 연길현(延吉縣)의 빈농 가정에서 태어
났다. 항일유격대에 입대하기 전에 약방을 개업한 경력이 있고, 그 인연으로 유격
대에서 의관(醫官)노릇을 하였다. 1930년대 초반에 항일유격대에 참가하였다. 주
로 김일성(金日成)이 지휘하던 부대에서 의관으로 활동하였으며 동북항일련군 제
1로군 6사에서 7단 8련의 당 비서를 지내기도 하였다. 동북항일연군 교도려(敎導
旅, 일명 88여단)에서는 배장(排長)으로 활동하였다. 광복 후 귀국해서 1945년 12
월에 조선공산당 북조선분국 평안남도위원회 제2비서가 되었다. 그 뒤 연변에 들
어가 지도적 활동을 하였고 중국 동북지방에 흩어져 있던 항일혁명 유자녀들을
모아 북한의 만경대혁명자 유자녀학원으로 보내기도 하였다. 1949년 6월에는 조
선노동당 강원도당위원장이 되었으나, 6·25전쟁중이던 1950년 12월에 열린 당
중앙위원회 제3차 전원회의에서 후퇴시기에 "후퇴를 계획적으로 조직하지 못하
고 인민들을 버리고 비겁하게 도망쳤다."는 이유로 비판받고 도당학교 교원으로
좌천되었다. 1954년 당 연락부 부부장으로 재기용됐고, 1957년부터 1962년까지
알바니아, 불가리아 대사 등을 역임하였다. 1962년 10월에는 최고인민회의 상임
위원회 서기장이 되었으며, 1963년 12월에는 당 부장에 기용되었다. 1966년 10
월에 열린 조선노동당 제2차 대표자회에서 북한의 핵심 권력기구인 정치위원회
후보위원으로 선출되었다. 그의 본격적인 출세는 김정일(金正日)이 후계자로 공
인되는 1974년부터 이루어졌다. 같은 해 2월에 열린 당 중앙위원회 5기 8차 전원
회의에서 김정일과 함께 정치위원회 위원으로 선출되었고, 1975년 9월에는 당 중
앙위원회 비서로 선임되었으며, 1983년 4월에 열린 최고인민회의 제7기 2차 회
의에서 국가 부주석의 자리에 올랐다. 1988년 4월 27일 병고 끝에 사망하였다.
문학적 재질이 풍부했던 그는 1960년에 발행된 《항일무장투쟁시기를 회상하여
》 등 많은 항일유격대 회상기를 남김으로써 북한 정권의 '혁명전통' 수립에 크게
기여하였다. / [네이버 지식백과] 임춘추 [林春秋] (한국민족문화대백과, 한국학중
앙연구원)

다오 지역의 자연자원을 개발하기 위해 일본은 1937년에 대규모 철도건설 공사를 시작했다. 비록 건설 노동자들의 숙소는 무장 경비대의 보호를 받고 있었지만, 빨치산들은 기습적으로 타깃을 골라 공격했다.

북한측 자료들도 항일연군 지휘관들이 회의를 개최했음을 증명하고 있다. 임춘추에 따르면, 양징위, 웨이정민[21], 김일성을 포함한 군과 당의 지휘관들이 1938년 11월 난바이쯔 멍장(蒙江)현[22]에서 회의를 개최했다. 회의 주요 내용은 적의 대규모 공격에 대한 대응 전략, 적이 점령한 지역의 군과 당, 그리고 민간 조직이었다. 회의는 집단 거주지의 무장을 강화하기 위해 수백 명을 동원해서 대규모 공격을 한다는 선택을 했다. 그렇게 하지 않으면, 빨치산들로서는 식량과 의복, 필수품을 확보할 방법이 없었기 때문이다. 제1로군은 3개의 방면군으로 나누기로 했는데, 당이 대중들에 대한 정치적 활동을 확장하기를 원했기 때문이었다.

소탕작전을 위한 일본군의 전체 계획은 세심하게 짜여졌다. 중

---

21) 웨이정민(魏拯民 · 1909－1941.3.8), 본명 관유웨이(關有維), 잘 알려진 동북 항일연군 지휘관 중의 한 명. 모두 10개의 별명을 갖고 있었다. 1909년 산시(山西)성 출신으로 농민의 아들이었다.16세 때, 외조부의 도움으로 타이위안(太原)의 산시(山西) 성립 제1중학에 입학했고, 거기서 중국공산당 지도자 펑전(彭眞)을 만났다. 9 · 18 사변 후 당의 지시에 따라 동북으로 가서 항일 조직을 만들었다. 1932년 4월 동북에서 병으로 사망했다. 사망 전 9년 동안 웨이정민은 백두산 산록에[서 활동했다. 1941년 3월 8일, 웨이정민은 반란자의 밀고로 일본과 만주국 군대 100명에 포위되어 싸우다 전사했다. 웨이정민은 2014년 9월 1일, 중국 민정부가 공표한 '300명의 저명 항일 영웅열사' 명단에 포함됐다.

22) 멍장(蒙江)현은 현재 지린성 바이산(白山)시 '양징위(楊靖宇)현'의 옛이름이다. 1946년 2월 14일, 동북항일연군 총사령관 양징위 장군이 희생된 것을 기억하기 위해 양징위현으로 이름을 바꾸었다.

령 기타베 구니오는 1932년부터 항일 빨치산들과의 작전 경험
이 있었고, 노조에 쇼도쿠 대장 휘하에서 주요 참모로 일한 경력
도 있었다. 기타베는 작전 예산으로 3000만 위안을 요청했다.
관동군 본부가 제안한 예산은 300만 위안이었다. 작전에는
6000~7000 명의 일본군과 1만 5000~2만 명의 만주국 군대와
1000명의 전투경찰이 동원됐다. 작전 준비를 위해 새로운 도로
가 건설됐고, 기타베는 더많은 도로 건설을 요구했다. 새로 건설
된 도로와 철도의 양쪽 옆은 수림과 옥수수, 수수밭이었는데 폭
200~500미터 너비로 깨끗이 제거됐다. 전화와 통신시설도 건
설됐다. 일본군은 모두 1500만 위안을 투입했으며, 전체 작전
예산의 절반이 준비에 투입됐다. 도로 건설은 1940년 9월까지
완공됐다. 일본군과 만주국 군대는 빨치산들의 조직에 맞추어
중대와 연대 규모로 재편돼 일단 할당된 빨치산 부대는 끝까지
추적한다는 작전에 맞춘 것이었다. 집단 거주지 농민들에게는
보다 나은 생활 조건과 안전한 방위를 약속했다. 마을 둘레에는
깊이 4~5미터에 폭 4~5미터의 해자를 팠다. 벽은 난공불락이
라고 할 수 있을 정도로 세웠고, 마을의 네 귀퉁이에는 감시탑을
설치했다. 많은 소총들이 방어 단위에 제공했다. 마을들은 걸어
서 두 시간 거리에 위치해있었고, 빨치산들이 공격해올 경우 마
을들끼리 서로 협조 방어를 할 수 있도록 되어있었다. 인원과 물
자의 이동은 빨치산들을 따돌리기 위해 엄격히 통제했다. 일본
군 장교가 직접 지휘하는 2개의 특수작전부대도 조직했는데 이
들의 임무는 빨치산들을 투항시키는 것이었다. 한 부대는 전직

빨치산들로 조직하고, 한 부대는 경찰병력으로 편성했다. 체포하거나 투항한 빨치산들은 매우 관대한 대접을 받았다. 작전 계획을 위해 마을 사람들의 지지를 끌어내기 위한 식량 지원을 포함한 각종 프로그램을 만들었다.

모든 작전들은 그해 겨울이 오기 전에 시작하는 것으로 짜여졌다. 만주의 혹독한 추위는 유명하며, 빨치산들이 거주하는 산악지역은 더욱 추웠다. 겨울을 나기 위해 빨치산들에게는 따뜻한 의류와 생필품이 필요했으나, 일본군이 짠 마을 방어 계획은 효과적으로 작동하기 시작했다. 점점 더 불리한 조건에 놓이게 된 빨치산들은 역습을 해야 했으나, 일본군들은 그럴 경우 빨치산들을 끝까지 추적하기 위한 '다니(진드기)' 전략을 마련해두고 있었고, 다니 전략은 대단히 유효했다. 빨치산들은 이전에 먹을 것과 입을 것을 제공해주던 마을들의 벽을 넘어 공격할 수 없게 됐다. 더구나 빨치산들은 숨돌릴 틈도 잃어버렸다. 새로 건설된 도로와 통신망 때문에 추적자들은 추가 지원을 손쉽게 받을 수 있었기 때문이었다.

양징위와 김일성은 소탕작전이 시작되기 전부터 퉁화 지방 경찰의 추적을 받고있었다. 양징위 휘하의 제1사단 지휘관이었던 청빈과 양징위의 다른 부하들을 포함한 150명으로 구성한 경찰 추적대는 1938년부터 6개월 동안 끈질기게 양을 추적했다. 지안현에서 퉁화로, 린장, 진주안, 멍장, 푸쑹, 그리고 화뎬현으로 옮겨다니며 추적하는 동안 양의 부대와 9차례의 전투를 벌였다. 모두 이전 빨치산 출신으로 투항한 빨치산으로 구성한 50여명의 부대는 200명의 김일성 부대를 푸쑹[23]에서 장백현, 린장현으로 이동해가며 그림자처럼 뒤쫓았다. 모든 빨치산들이 마찬가지 처지였다. 추적자들은 빨치산들의 은신처를 발견해서 파괴하기를 계속했다. 1939년 10월 1일부터 1941년 3월 19일까지 추적자들은 모두 2923개소의 은신처를 파괴했다. 같은 기간 동안 8148섬의 쌀, 3123섬의 곡물, 26만 5922킬로그램의 채소가 몰수됐다.[24] 이 정도의 곡물이면 3000명의 빨치산들에게 하루 2.4파운드씩 17개월 동안 공급할 수 있는 양이었다. 채소는 매일 3분의 1 파운드씩 공급할 수 있는 양이었다. 이에 따라 만주 빨치산들 사이에 식량 결핍에 대한 이야기가 전설처럼 전해내려오고 있는 것은 조금도 놀랄 일이 아니다. 일본은 빨치산에 대한 포위망을 좁히면서 빨치산들의 은신처를 찾기 위해 적은 수이기는 하나 항공기도 동원하면서 만주의 빨치산들은 연기를 내는 것은 곧 일본군들을 부르는 것과 같았기 때문에 요리를 할 수 없게 됐다.

이런 조건에서 빨치산들은 이런 조건에서 심각한 인적손실을 입었다. 1940년 10월 중순, 제2단계 소탕작전 때까지 그 지역에는 300명 정도의 빨치산들만 남았다. 1941년 3월 19일까지는 소탕 작전 본부는 다음과 같은 결과를 보고했다.[25]

---

23) 푸쑹(撫松)현, 지린성 바이산(白山)시 소속. 지린성 동남부 쑹화(松花)강 상류 백두산 서북 산기슭. 북한과 경계가 닿아있다.

24) 일본 방위성 전사 편찬실, 1939.10.1.-1941.3.19. 길림, 간도, 통화 소탕작전 최초 결과표. Chong-sik Lee, Revolutionary Struggle in Manchuria: Chinese Communism and Soviet Interest, 1922-1945 , Univ. of California Pr; 1st Edition edition, May 1, 1983. p.292

25) Manshukokukun, pp.411-412. Ibid. 293

버려진 빨치산 사체	1,282
투항	1,040
포로	896
빨치산 인적 손실	3,218

사망자, 포로, 투항자 중에는 중요한 지휘자들이 있었다. 1932년에 빨치산 활동을 시작해서 제1로군 총사령관이던 양징위는 1940년 2월 23일 사망했다. 일본군은 그를 영웅으로 대우해주었다. 제1방면군 지휘관 차오야판은 4월4일 사망했다. 제3방면군 지휘관 천한중은 12월 8일 사망했다. 제1로군 참모장 팡전성, 연대 지휘관 박득범은 체포됐다. 남만주 중국공산당 당위원회 서기 겸 제1로군 부지휘관 웨이정민과 나머지 버티던 빨치산 지휘관들은 1941년 3월 8일 죽었다. 제2군 정치위원 천광은 1941년 1월 30일 투항했다. 일본군이 현상금을 내건 9명의 지휘관 가운데 유일하게 김일성과 최현만 살아남았다. 일본군은 1941년 1월 30일 김일성이 6명의 대원들과 함께 소련 극동지역으로 탈주했다는 것을 알게 됐다. 일본군은 수년간 만주와 조선 접경 마을에서 활동하던 최현을 다시는 발견할 수 없었다. 북한 자료에 따르면 이들 빨치산들은 소그룹으로 나뉘어 만주와 조선에서 지하활동에 들어갔다.

김일성이 소련으로 간 이후에 대해 이정식 교수의 저서

Revolutionary Struggle in Manchuria: Chinese Communism and Soviet Interest, 1922-1945 는 더 이상 언급이 없다. 김일성이 소련 연해주로 건너가 극동군에 소속돼 훈련을 받은 이야기는 재미 정치학자 서대숙 교수가 1988년에 출판한 Kim Il Sung : the North Korean Leader 라는 본격적인 김일성 연구 저서에 기록돼 있다. 1991년 7월에는 동북항일연군 지도자였던 저우바오중(周保中)이 항일유격대 생활을 일기로 기록한 『동북항일유격일기(東北抗日遊擊日記)』를 베이징에서 출판해 전선일기 속에 김일성의 활동을 기록했다. 1992년에 평양에서 출판한 김일성 회고록 『세기와 더불어』에도 김일성이 1941년 소련으로 건너가 1945년 소련 군함을 타고 북한에 상륙할 때까지에 대한 기록은 없다. 이정식 교수는 2018년 10월 12일 서울대 아시아문제 연구소에서 '1941~45년 김일성은 소련에서 무엇을 배웠나'라는 제목의 강연을 한 일이 있는데 이때 김일성의 소련 극동군에서 한반도 침투 훈련을 받은 내용을 설명했다.

2) 1941~1945년 소련 체류 기간

이정식 교수는 펜실베이니아 대학 명예교수로서 2018년 10월 12일 서울대학교 아시아연구소에서 강연을 했다. 강연 제목은

'1941~45년 김일성은 소련에서 무엇을 배웠나?' 였다. 이 강연은 서울대학교 아시아연구소 동북아시아센터와 통일평화연구원의 공동 주최로 열린 특별 강연이었다.[26]

(1) 88여단과 일·소 중립조약

1942년 7월 '소련 제88독립여단' (이하 88여단)이 창설됐다. 88여단의 창설 배경에는 1941년 4월 소련과 일본 사이에 맺었던 불가침조약 즉, 중립조약이 있다. 스탈린에게 있어서 일본과의 중립조약은 너무나 중요한 조약이었다. 스탈린은 서쪽에서 오는 독일의 공격과 동시에 동쪽에서 오는 일본의 공격이 한꺼번에 일어나지 않을까 우려했다. 이런 상황에서 독일과 맺었던 '독·소 불가침조약' 이 파기되어버려 일본과의 조약이 매우 중요해졌다. 당시 일본 대사가 모스크바를 방문했을 때 스탈린이 직접 환송을 했다고 전해진다. 유례가 없던 일인데 직접 나갔다고 한다. 당시 방문했던 일본 대사도 기뻤던 나머지 대사관에서 샴페인을 몇 잔씩 마셨다는 후문이 전해진다. 아무리 흔들어도 정신이 들지 않을 정도로 마셨다는 이야기가 전해지고 있다.

---

26) 당시 이정식 교수는 다음과 같이 소개됐다. "한국 근현대사와 동아시아 국제관계 분야에서 탁월한 업적을 인정받는 저명한 역사가이자 정치학자. 1973년에는 로버트 스칼라피노 UC버클리 교수와 함께 쓴 저서 '한국 공산주의 운동사 (Communism in Korea)' 로 미국정치학회 최우수 저작상인 '우드로 윌슨 파운데이션 상' 을 받았다. 또한 북한을 포함해 현대한국정치의 역사적 기반을 밝히는 연구 업적을 인정받아 2012년에는 제8회 '경암(耕岩)학술상' 인문·사회 부문을 수상하기도 했다. 대표 저서로는 '대한민국의 기원: 해방 전후 한반도', '21세기에 다시 보는 해방후사' 등이 있다. (서울대학교 아시아연구소 홈페이지)

(2) 빨치산 부대의 연해주 이동

당시에 많은 중국인들과 조선인들이 만주로부터 대피할 수밖에 없었는데, 그 이유는 바로 만주에 주둔하던 일본 관동군 때문이었다. 관동군은 일본군 중에서도 전략적으로 큰 비중을 차지하는 가장 영향력 있는 군대였다. 관동군으로서는 1931년에 일본이 만주를 침략하고, 점령한 지 10년이 다 되어 가는데 아직도 만주에 있는 빨치산 부대를 소탕하지 못한 것이 골칫거리였다. 일본군이 중국을 치고 들어가고, 동양을 제패하려는 상태에서 아직도 만주에는 빨치산 부대가 남아서 관동군을 괴롭히니까 소탕 작전을 대대적으로 시작한다. 현재 백두산으로 들어가는 길이 잘 닦여있는 것이 중국이 한 일이 아니라, 일본군이 닦아놓은 것이다. 소탕 작전을 벌이기 위해서, 그러니까 차가 들어가기 위해서 당시 수수밭이었던 곳을 다 정리했다. 키높은 곡물을 심지 못하게 했다고 전해진다. 이 때문에 빨치산 부대가 만주에서 조직적인 활동이 어려워지자 1940년 겨울부터 동만주 혹은 북만주를 거쳐서 러시아 연해주로 이동을 하게 된다. 이후에는 하바롭스크 인근에 주둔지를 마련하게 된다.

(3) 88여단의 창설과 김일성

하지만 소련은 1941년 일본과 중립 조약을 맺었다. 그러니까 소련의 입장에서는 빨치산 부대가 돌연 자신의 영토 내에 있다

는 것이 밝혀진다면 중립조약을 유지하는 데 문제가 될 것이라
고 판단했다. 빨치산 부대가 상당히 불편한 존재가 되어버린 것
이다. 불가침 조약을 맺어놓고 연해주에서 군대를 양성하고 있
다는 것이 말이 되지 않으니까, 또한 동시에 계속해서 증가하는
빨치산 부대를 통제할 필요성도 생기면서 88여단이 생기게 된
다. 이 88여단에 3개의 대대가 있었는데 그중에서 제1대대 대대
장이 김일성이었다.

(4) 김일성의 배경

김일성은 1932년에 항일빨치산 운동을 시작했다고 기록되어
있다. 1년 전인 1931년에 일본이 만주를 점령을 하자, 만주에서
방대한 항일운동이 일어나는데, 한때는 무장 세력의 규모가 30
만 명에 달했다고 한다. 그런데 위에서 말했듯, 소탕작전이 개시
되면서 그 수가 소수로 줄어들게 된다. 이 과정에서 김일성은
1932년에서 1941년까지 만주의 산림지대에서 나날을 보낸다.
일본군을 공격하기도, 도망가기도 하면서. 그러다가 1941년에
소련영토로 피난을 간다. 소련에서 1945년까지 지내는데, 결과
적으로 김일성은 1932년부터 1945년까지 산림지대에서 지내게
된 것이다. 그러다가 북한에 오게 된다.

김일성은 지린성 위원(毓文)중학교에 다니다가 빨치산이 된다.
위원중학교에 다니다가 산으로 들어간 것인데, 이 과정으로 미
루어 보아, 이때 받은 교육이 북한에서의 통치, 나아가 한국전쟁

이 일어났을 때의 김일성의 행동에 영향을 주었을 것이라고 보인다.

(5) 김일성은 88여단에서 무엇을 배웠나

김일성은 88여단에서 군사훈련을 받았다. 단순히 공격과 방어를 하는 훈련부터 낙하산, 수영 등 다양한 훈련을 받았다. 소련군이 김일성뿐만 아니라 중국인과 조선인 빨치산 출신자들에게 이런 훈련을 시킨 목적은 소련이 만주를 공격할 때 보조역할 즉, 무장 세력을 이끌어나가기 위해서였다. 훈련 내용은 저우바오중(周保中)의 일기에 상당히 자세하게 기록되어 있다. 저우바오중은 상세히 일기를 작성했는데, 낙하산, 수영, 스키 등의 훈련내용들이 기록되어 있다. 88여단의 목적은 소련군이 만주를 공격할 때, 소련군의 보조역할을 맡기기 위함이었다. 이들 빨치산들이 만주의 지리를 알고 있기 때문에 소련군의 가이드 역할을 해줄 수 있고, 동시에 통역도 할 수 있을 것으로 판단했다. 88여단은 '소련군을 위한' 무장단체였던 셈인데, 훈련 후에는 일종의 '평가', 검열이 진행되었다. 검열의 결과 김일성이 이끌던 제1대대의 훈련 성과가 좋았다고 한다. 김일성은 군사 측면에서 유능했던 인물이었다. 88여단에서의 대대장 경험은 김일성에게 소중한 군사경험이 된다. 김일성은 정치교육도 받는다. 소련공산당 역사를 학습하게 되는데, 이후 북한의 역사를 보면 소련공산당 역사를 그대로 답습하려는 것으로 보인다.[27]

27) '1941-45년 김일성은 소련에서 무엇을 배웠나' 강연 편. 통일부

제 2장

서대숙 교수 : 김일성 북한 지도자의 기록
(『Kim Il Sung : the North Korean Leader』)

동북항일 지휘관의 한 명으로 김일성에게 정치교육을 시킨 것으로 기록돼 있는 펑중원(馮仲云). 1908년생으로 중국 칭화(清化)대 수학과를 나와 동북항일연군의 공산주의 이론가로 활동했다.

1943년 10월 5일 소련 블라디보스토크에서 중국공산당 동북항일연군 교도여단의 야전훈련을 마치고 저우바오중(맨앞줄 왼쪽에서 네번째)과 김일성(다섯번째), 저우바오중의 부인 왕이쯔(세번째)등이 기념 촬영한 사진.

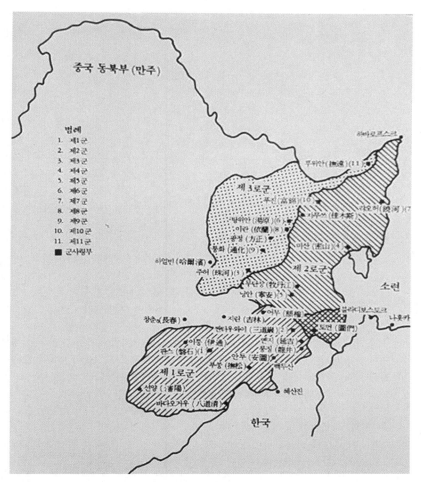

동북항일연군 활동 지역 지도. 서대숙 교수의 『Kim Il Sung : the North Korean Leader』에
수록돼 있다.

29) 서대숙(徐大肅, Dae-Sook Suh, 1931~)은 한국의 정치학자로, 미국 하와이대 (University of Hawaii) 교수를 지냈으며, 한국과 북한의 현대사 및 정치와 관련한 많은 저서가 있다. 서대숙은 1931년 만주 용정(龍井)에서 기독교 목사였던 서창희의 아들로 태어났다. 본인의 말에 의하면 부친은 독립운동을 하기 위해 만주로 이주했으며, 3 · 1 운동 때 만세를 부르다 감옥에 투옥된 적도 있다고 한다. 당시 만주는 낮에는 마적, 밤에는 공비(항일 빨치산)가 지배했던 지역이었고, 마적은 쌀, 곡식을 가져가고 젊은 남자들을 데려가 비적을 만들고 여자를 데려가 부인으로 삼았다고 한다. 치안이 안 되니까 조선인들이 독립운동에 대해 우호적이었다고 하며, 이 때문에 그는 훗날 연구를 통해 부친에 대한 여러 자료를 모았고 교회 사진을 발굴했다고 한다. 어린 시절, 용정에 살면서 직접 겪어보거나 만나본 독립운동가로 명동학교를 세운 김약연(金躍淵, 1868~1942) 목사가 있으며, 그에 대한 책도 썼다. 당시 수많은 소학교 교사, 주일학교 교사, 목사들이 투옥을 당했다고 한다. 조선공산당 당수이자, 임정의 국무총리였던 이동휘 (李東輝, 1873 ~ 1935)도 자신의 마을에 와 머물면서 경찰을 피하고 중국 관내로 들어가 공산당을 조직하고 러시아에도 가고 했었다고 한다. 1952년에 미국으로 가서 1956년 텍사스 기독교 대학(Texas Christian University)에서 학사(B.A.), 1958년 인디애나 대학(Indiana University)에서 석사(M.A.) 학위를 받고, 1964년 컬럼비아 대학 (Columbia University)에서 박사(Ph.D.) 학위를 받았다. 이후의 주요 경력은 1965-1972년 휴스턴대학 교수, 1973-2004년 하와이대학 정치학 교수, 1973-1994년 하와이대학 한국학연구소 소장, 1989-1990년 서울대학 초빙교수, 1994년 중국 연변대학 명예교수, 1995년 일본 게이오대학 초빙교수, 1999-2000년 연세대학교 용재 석좌교수, 2004-2006년 UCLA 초빙교수, 아들 모리스 서 (Morris Suh)는 로스앤젤리스 부시장을 지냈다.
⟨https://ko.wikipedia.org/wiki/서대숙⟩ Kim Il Sung : the North Korean Leader 의 기록

제 2장
서대숙 교수 : 김일성 북한 지도자의 기록
Kim Il Sung : the North Korean Leader [28]

—

1) 보급판서문 (Preface to the Paperback Edition)

1992년 80회 생일이 되었을 때 김일성은 '세기와 더불어' 라는 제목의 회고록을 쓰기 시작했다. 그는 2년 만에 다섯 권을 출판했다. 1912년 4월 태어났을 때부터 1937년 3월까지의 기록이었다. 제5권은 1994년 7월 8일 사망 2주 전에야 출판됐다. 제5권의 마지막은 1937년 6월의 보천보 전투, 만주에서의 빨치산 활동 가운데 가장 중요한 사건에 관한 것이었다. 그의 회고는 당시 북한의 공식 역사가 됐다. 그는 소년 시절 친구들이나 배고프고 가난했던 시절에 도와주었던 사람들에 관해 몇 가지의 사실만 공개했기 때문에, 회고록은 그의 어린 시절에 관한 우리의 이해를 바꾸어놓을 만한 새로운 정보를 담고있지 않았다.

---

28) Dae-Sook, Suh, Kim Il Sung : the North Korean Leader , New York : Columbia University Press, 1988

김일성이 자신의 길고, 걸출한 인생에 관해 우리에게 들려주지 않고 세상을 떠난 것은 불행한 일이었다. 그는 만주에서의 유격대 생활과 러시아 해안지방에서의 생활에 대해 이야기할 수 있었을 텐데 그렇게 하지 않았고, 빨치산 생활에서 승리의 귀환이 무엇을 가져다 주었는지에 대해 말해주지 않았다. 더욱더 중요한 것은 2차 대전 이후 소련의 북한 점령에 관한 이야기를 해줄 수도 있었고, DPRK의 수립, 한국전쟁, 숙청을 통해 자신의 권력을 공고히 하던 이야기도 들려주지 않았다. 그는 아들 김정일을 위한 독재체제를 만들어낸 이야기도 해주지 않았다.

김일성의 일생은 20세기 82년에 걸쳐있다. 정치적 경력을 시작하기 전 기간이 33년이었고, 북한을 거의 혼자서 지배한 기간이 49년이었다. 20세기 어느 한반도 정치 지도자의 지배기간보다도 길었다. 그는 여러 사람들에게 여러 가지의 인물로 비쳤다. 지지자들에게는 '위대한 수령'으로, '나라의 태양'으로, '비할 데 없는 애국자', '나라의 영웅', '항상 승리하는 강철같은 의지를 가진 뛰어난 지휘관', '국제 공산주의 운동의 뛰어난 지도자', '천재', '전 세계 피압박자들의 붉은 태양', '이 시대의 가장 위대한 지도자'로 호칭됐다. 그의 동상은 어떤 한반도 지도자들 것보다도 크게 만들어졌다. 그의 사상을 기념하기 위한 기념관과 개선문 등은 이른바 '조선 해방' 후 그가 승리의 귀환을 했다는 상징으로 세워졌다. 시점은 그의 60회 생일과 70회 생일에 맞춰졌다.

그러나 그는 그의 적들에게는 실체가 없는 인물[30] 이거나, 가족

배경에서부터 혁명에 종사한 과거를 포함한 라이프 스토리가 조작된 가짜로 알려졌다. 그는 소련이 한반도 북반부에 위성국가를 세우기 위해 만들어진 인물이며, 공산주의 상급자들의 지시에 따라 동족살해 전쟁을 시작한 것으로 묘사됐다. 그가 전쟁에서 살아남아 권력을 공고히 했을 때, 그의 적들은 그가 정적들을 숙청한 독재자라고 규정했다. 그가 공산주의 상급자들로부터 독립을 선포했을 때 그는 한반도 역사에 전례가 없는 종교집단을 만들었다는 비난을 받았다.

  김일성은 35년간 일본 식민지였다가 두 개의 이질적인 정치체제로 분단되어 50년간을 지낸 나라의 인물이었기 때문에 그런 극단적으로 모순된 이야기의 대상이 되는 것은 불가피한 일이었다. 그러나 그가 거둔 성공과 실패의 진실은 이 양극단의 편견 사이의 어딘가에 있을 것이다. 김일성은 일본 군국주의에 맞서 총을 든 애국자로서 자신이 남긴 업적 때문에 현대 한국의 기록에 한 자리를 달라고 요구할 수 있는 사람이었다. 그는 적들에게 항복하지 않고 싸운 것으로 인정받을 만한 인물이었다. 주목해야 할 것은 그가 북한을 해방시킨 소련 점령군으로부터 인정을 받을 만한 인물이었을까. 동시대의 다른 한반도 지도자들과 마찬가지로 그는 분단된 나라를 다시 통일시키기를 원했으나 목표를 달성하지 못했다. 그러나 그가 전쟁에서 살아남았고, 이후 한반도 북부에서 자신의 권력을 강화했다는 것만은 분명하다. 국제정치적인 측면에서 보면 김일성은 중·소 분쟁 기간에 제3세

---

30) 'nonentity' 로 표현됐다.

계와 연결함으로써 대단히 기술적으로 자립의 길을 만들었다. 좋은 의미이든 나쁜 의미이든 김일성은 20세기에 한반도에서 가장 잘 알려진 정치가이다.

김일성은 한반도를 다시 통일시키려는 시도를 했다가 실패한 데에도 책임이 있다. 그는 남한 국민들을 자신의 지배 아래 두려는 강경한 정책을 포기한 일이 없었다. 비록 그는 50년간이나 지속된 안정된 정부를 수립했지만 한반도에 제대로 된 사회주의 정치 시스템을 만드는 데는 실패했다. 그는 절대적인 지도자가 되려는 야망에 눈이 멀어 사회주의나 공산주의 정부보다는 왕국에 가까운 체제를 만들었다. 이런 점에서 그는 한반도에 공산주의 체제를 수립하기 위해 싸우다가 죽은 많은 한반도인들의 희망을 배신했다. 그는 자신의 왕국을 아들에게 물려줄 것으로 보이며, 이 나라는 가난하고, 경제적으로 후진적이며, 기술이 발달하고 산업화된 많은 국가들로부터 고립된 상황이다. 그는 아들에 대한 권력승계를 안전하게 하기 위해 많은 병력의 군대와 한두개의 핵폭탄을 물려주려고 하고 있으며, 그 상속의 대가는 너무 많은 유지비용을 필요로 할 것이다.

이 책은 김일성이 죽기 6년 전에 출판됐다. 그는 여전히 북한의 최고 지도자였지만, 정치적으로 사소한 일들은 아들에게 맡겨두고 있었다. 북한은 소련과 동유럽 사회주의 국가들의 붕괴 이후 이전 동맹들과의 관계가 후퇴하고 있었지만, 김일성과 그의 아들은 국내적으로 절대적인 통제력을 유지하고 있었다. 중국이 한국과 수교를 했을 때 북한은 미국과 교섭해서 기술적으로 선진화된 국가 그룹에 포함되려는 의도를 갖고 있었다. 그러나 문제는 아버지가 아니라 아들에게 있었다. 김정일이 성공적으로 북한의 권력을 장악할 것인지, 아니면 아버지의 보호를 못 받고 정치적인 흐름속에서 희생될 것일까.

(이후는 1988년에 한 서대숙의 예측이므로 생략한다.)

2) 영문판 초판서문 (Preface[31])

김일성은 북한을 40년간 통치해왔으며, 북한 주민들이 아는 유일한 지도자이다. (이후 한 패러그래프 생략)[32]

김이 한 일의 기록은 실로 인상적이다. 그는 일본에 굴복하지 않고 일본군과 싸웠다. 2차대전 말 만주평원으로부터 아무런 정치적 뿌리가 없는 한반도로 돌아와 자신의 권력을 강화하기 위해 소련 점령 당국을 위해 일했다. 빨치산[33]들의 지지를 받은 김일성은 그의 라이벌들을 제거하기 위해 분단 상황을 이용했다. 군사적으로 분단된 국가를 다시 통일하기 위해 김일성은 남쪽을 공격했고, 이것이 한국전쟁이었으며, 그는 분명한 패배에서 중국 인민지원군에 구조됐다. 중국군은 한반도에서 완전히 철수했

---

31) 이 책은 1988년에 초판이 간행된 것이며, 당시 한국의 정치 상황은 전두환 군사정권의 연장선상에 있던 노태우 정부 아래에서 조성된 것이기 때문에 이 책은 국내에 제대로 소개될 수 없는 상황이었다.

32) 필자가 생략한 부분은 검열이나 압력에 의한 것이 아니라 필자가 불필요한 수식 부분으로 판단해 생략했음을 밝혀둔다.

33) 원문에 'partisan'으로 표현됐다.

기 때문에 김일성은 정치적인 리더십을 인정받았다. 중·소분쟁 초기에 그는 두 이웃의 분쟁을 이용해서 자주와 독립을 선언했다. 그의 정치적 이념이 된 '주체사상'은 공산주의의 조선화라기보다는 비(非) 조선적인 요소를 제거하는 데 강조점을 두었다. 그는 자신의 아이덴티티를 강조하다가 자신의 과거를 과장하거나 조작하기도 했으며, 자신을 남한과 북한을 포함한 전체 한반도의 지도자로 자리매김했다. 자기 평가를 하다 보니 그는 자신을 전체 비동맹 블록의 지도자로 올려놓기도 했다. 그는 자신을 위한 기념관을 자꾸 만들다 보니 자신의 업적을 훨씬 뛰어넘는 수준의 기념관을 만들게 됐다. 그가 북한에 만든 기념관들은 북한이 공산주의 국가나 사회주의 국가를 넘어 개인적인 지배를 위한 것들이 됐다. 그가 만든 것은 정치 체제가 아니라 자신이 살아남기 위한 것이었으며, 그가 물려준 것은 정치체제가 아니라 아들이었다.

 이 책은 김의 인생과 정치에 대한 하나의 연구서라고 할 수 있다. 상당한 분량의 자서전은 자신을 묘사한 것이었고, 요란스러운 수식어와 왜곡된 묘사들 속에는 분명한 사실이 별로 없는데, 이 책에서는 팩트(fact)와 픽션(fiction)을 구별하기 위한 시도가 이뤄질 것이며, 그의 일생과 정치에 대한 비판적인 분석이 이뤄질 것이다. 그러나 공산주의 정치 지도자로서의 일생에 대한 구체적인 묘사는 비밀로 보호되고 있으며, 사용 가능한 자료는 그의 인생 스토리가 전부다. 그의 정치적인 기록조차도, 특히 10대와 20대 시절을 다룬 이야기들도 그의 30대와 40대 시절의 통치가 영광되고, 빛나는 것이 되기 위해 개조됐다. 그는 자신의 기록을 몇 차례나 고쳐 썼고, 자신의 통치를 빛나게 만드는 데 방해가 되는 것들은 감추었다.

왜곡과 과장과 모순에도 불구하고 김일성과 그의 통치를 연구하는 것은 중요한 일이다. 공산주의를 다시 규정하고, 새로운 사회주의 정치 시스템을 수립하기 위한 조선공산당의 노력은 성공적이지 못했으며, 김일성의 성공과 실패를 정확히 기록하는 것은 중요한 일이다. "현명하고 관대한" 김일성의 통치에 관한 자료는 북한의 거의 모든 곳에 남아있기 때문에 김일성에 대한 연구는 북한이라는 나라에 대한 연구가 될 수 있다.

이 책은 김일성의 과거, 권좌로 오르는 과정, 한반도 재통일을 위한 노력, 리더십을 위한 도전, 아이덴티티 확보를 위한 소련 중국과의 논쟁, 자주를 추구하는 과정에서 이루어진 정치적 고립, 제3세계 국가들 활용하기, 그리고 남한에 대한 모험을 다루었다. 이 책은 또한 김일성 지배하의 북한, 그의 정치 사상, 그가 권력을 아들에게 물려주기 위해 권력의 근거를 당에서 정부로 옮겨간 점도 다루었다.

이런 성격의 연구를 하는 데 필요한 자료들은 구하기가 어렵다. 북한의 자료들은 고도의 선전용 자료들일 뿐만 아니라 특정 사건에 관한 팩트를 판단하기에는 믿을 만한 자료들이 아니다. 현 체제를 정당화하기 위해 많은 원래 기록들이 왜곡됐고, 김을 미화하기 위해 다시 쓰여졌다. 문제는 한국이 만들어낸 반공자료들에도 있다. 그 자료들은 김과 그의 체제를 부정했다. 공산주의 자료들과 반공 자료들을 객관적으로 평가하는 노력이 필요했다.

이 책에서 처음 사용된 자료들에 관해 간단히 메모들 해두고자
한다. 김의 저작물과 연설들, 인터뷰, 선언문뿐만 아니라 거의
모든 자료들을 검토했다. 모든 가능한 비공개 자료, 거의 700건
에 달하는 자료들을 검토했다.[34] 그의 가족과 교육 배경, 북한
사람들에게는 조선노동당이 간행한 3권짜리 전기[35]가 기준이었
다. 이 책에는 그의 혁명적 과거에 주로 맞춰져 있었다. 그의 과
거에 관해서는 중국어와 일본어로 된 자료가 있었고, 그 기록들
은 만주에서 보낸 공산주의 빨치산으로서의 기록들이 있었다.
중국어로 된 자료에 나타난 그의 일생에 관한 자료들은 그가 동
북항일연군에 있던 시절에 관한 3권으로 된 동북항일열사전(東
北抗日烈士傳)[36]이 있었으나, 실제로 일어난 사건에 관한 기록뿐
이었다.

일본어로 된 자료들도 있었다. 주로 일본 정부 자료로, 어떻게
일본군이 만주에서 공산주의 마적들을 효과적으로 제압했는가
를 다룬 자료들이었다. 퇴역한 일본 군인들이 만든 *Manshu
kokugun* 도 있었고, 만주경찰이 자신들의 기록으로 펴낸 3권
짜리 *Manshukoku keisatsu, Manshukoku keisatsu
shoshu*)도 일본군이 이 지역 질서 유지를 위해 벌인 작전에 관

---

34) Korean Communism, 1945~1980
35) The Great Supreme Leader, Comrade Kim Il Sung
36) '동북항일열사전(東北抗日烈士傳)' 헤이룽장(黑龍江)성 사회과학원 당사(黨史)연
   구소 편° 모두 3집(輯)으로 1980년 7월, 1981년 2월, 1981년 12월 헤이룽장 인민출
   판사 출판. 1931년 9·18 사건에서 1945년 9·3 동북 항일유격전쟁 시기에 희생
   된 지방 현급 이상 지도자와 사단급 이상 간부와 영웅적 인물의 활동을 기록했다.

한 기록이었다.

소련군의 북한지역 해방과 점령에 관해서는 소련 사회과학원 (Academy of Sciences of Soviet Union)이 출판한 회고록 모음이 있다. 이 기록들은 김의 주장과는 달리 소련이 북한에 공산주의 시스템을 심기 위해 기울인 노력들에 대한 구체적인 내용들을 담고 있다.[37]

이 기록들은 "25사단 사단장 Ivan M. Christiakov 장군, 점령에 관한 정치 문제를 담당했던 Major General Nikolai G. Lebedev" 등 이름이 알려진 소련군 장교들이 쓴 것이었다. 소련은 1945년에서 1980년 사이의 소련-북한 관계를 다룬 서류와 자료들도 공개했다.[38]

북한 정권의 초기에 관한 자료들은 한국전쟁 당시 미군들이 확보한 자료들도 있다. 그 자료들은 1977년에 비밀해제됐고, 여기에는 당과 정부의 문서들과 책자, 신문, 사진, 개인기록 등이 포함돼 있었다. 예를 들면 제1차와 2차 당대회에 관한 기록, 최고인민회의에 관한 요약문, 이 문서들은 초기의 내부 투쟁에 관한 여러 가지 사실들을 담고 있다.

그의 후반기에 대해서는 북한 자료들을 객관적으로 검토한 연구가 거의 없다. 예를 들어 그의 문선 4세트가 있는데, 그 첫 번째 세트는 그의 예언과 무오류성을 정당화하기 위한 작업의 일환이다. 또 다른 김일성 선작집도 있고, 마지막 저작 작업이 현

---

37) Osvobozhdenie Korei
38) Otnosheniia Sovetskogu Soiuza s narodnoi Korei , Dokumenti i
    materialii

재 진행중이다. 이들 선작집에 대해서는 비교작업이 필수적이다. 어떤 부분이 삭제되고 어떤 부분이 추가됐는지 비교해봐야 할 것이다.

북한은 첫 30년간의 운둔을 벗어나서 1970년대에 처음으로 외부에 문을 열었는데, 비 공산주의 계열의 학자들과 서양 저널리스트들이 금지된 나라를 방문할 기회를 가졌다. 기자들은 거칠고 스파르타적인 북한 주민들의 생활을 묘사했지만 김일성의 정치와 일생에 대한 분석은 이뤄지지 않았다. 나는 1974년에 북한을 방문할 기회를 가졌고, 일차적인 관찰과 북한 학자들과 대화할 기회를 가졌다. 그 방문을 통해 다른 곳에서는 구할 수 없는 많은 자료들을 구할 수 있었다.

의심할 여지 없이 김일성은 분단된 한반도에서 가장 중요한 인물 가운데 하나인 것은 분명하다. 그는 북쪽에 분단된 정치 체제를 만들었고, 40년간이나 통치했다. 김일성의 통치와 한반도 분단을 이해하기 위해서는 김일성의 성공과 실패를 이해하는 것은 꼭 필요한 일이었다. 김일성의 통치에 대한 이해는 한반도의 재통일에 기여하게 될 것이다.

3) 김일성의 어린시절과 항일련군
(Young Kim and the United Army)

김일성의 어린 시절에 관한 묘사가 처음 나타난 것은 그가 조선으로 돌아온 뒤 7년 만인 전쟁 기간이었다. 그 묘사는 출생과 만주에서의 빨치산 활동에 관한 초보적인 사실과 정보로 이루어진 것이었다. 이 묘사에 대한 개정판은 그 중요성이 공개된 시점에 있었다. 그를 권력으로 안내한 소련 점령군 당국은 떠났고, 전쟁을 저지하려던 시도는 중국인민지원군에 의해 역전됐다. 김일성은 일찍이 중국의 지휘 아래 일본 제국주의자들과 싸웠고, 한국전쟁에서는 중국군과 어깨를 나란히 하고 새로운 제국주의자 미국과 싸우고 있다는 점을 그의 정치적 라이벌들과 중국 지도자들은 깨달아야 했다. 당과 공식 기구가 쓴 이 전기는 중국과 조선의 동지 정신이 1930년대 8년간 일본에 대한 투쟁에서 시작됐다는 점을 강조하고 있다. 그 이전 버전도 있었다 : 1946년에 한설야가 쓰고, 조선예술가동맹이 펴낸 버전과 1949년 조선 역사저널에 윤세평이 쓴 버전이 있었으나 모두 공식 버전은 아니었다. 그의 공식 전기는 1968년 백봉이 쓴 버전인데, 이 버전이 영어를 포함한 여러 가지 언어로 번역됐다. 이 버전이 북한이 김일성 전기라고 국제적으로 보급하는 것이다. 이 세 권짜리 버전의 전면 광고가 1969년 10월 27일 뉴욕 타임스에 실렸다. 광고의 문구는 "자유와 독립을 위한 김일성의 혁명 투쟁의 역사는 조선 민중들의 자유와 독립을 위한 투쟁의 역사"라고 돼 있었다. 최종 버전은 1982년 김일성의 70회 생일을 기리기 위해 출간됐으며, 백봉이 쓴 3권짜리 전기를 업데이트한 버전이었다. 김일성의 라이프 스토리는 여전히 과장되고, 근거가 없는 표현으로 가득 차 있었다.

이들 버전들에서 필자들이 시도한 것은 김일성을 조선 공산주의 혁명을 대표하고, 북한에 공산주의 국가를 건설하는 데 성공한 인물로 묘사하는 것이었다. 북한 역사학자들과 당 간부들은 조선공산주의의 전통을 김일성과 유격대 대원들에게 돌리려고 대단히 노력했다. 김일성의 출생지는 조선 혁명의 성지가 됐고, 그의 가족들은 현대 조선의 영감의 근원이 됐다. 심지어는 조선 인민군의 창설일인 1948년 2월 8일도 이른바 김일성이 빨치산 부대를 창설한 날이라는 1932년 4월 25일로 고치는 작업이 1978년에 진행됐다.

김은 동상, 기념관, 그리고 슬로건에서 칭송의 대상이었고, 김의 빨치산 활동은 "빛나는 전통"이 됐다. 더욱 중요한 것은 그의 혁명적 과거의 기록이 갓 수립된 조선의 공산주의 전통에 덧씌워졌다는 점이다.

(1) 배경 (Background)

그의 출생부터 1945년 소련으로부터의 귀국까지 김일성의 일생은 그리 복잡한 이야기가 아니다. 그의 불분명한 과거와 상대적으로 마이너한 역할은 그가 한 일의 디테일을 해독하기가 어렵게 만든다. 그러나 기본적인 정보는 잘 알려져 있다. 그는 1912년 4월 15일 김성주라는 이름으로 평양에서 출생했다. 김형직과 강반석이라는 농민 부부의 세 아들 성주, 철주, 영주 가운데 장남이었다. 김성주는 부모를 따라 만주로 가서 초등학교에 들어갔다. 그는 4학년, 5학년은 평양으로 잠시 돌아와서 다녔다. 초등학교를 마치고 2년의 중학교 과정은 만주의 중국학교를 다녔다. 공식 교육은 1929년 8학년 때 불법활동에 참여했다는 이유로 퇴교당함으로써 끝났다.

김성주의 아버지는 1926년 사망했고, 그는 열 네 살이었다. 그는 1930년 봄 감옥에서 나와 과부가 된 어머니와 두 동생을 버려두고, 여러 무리의 빨치산들을 따라다니기 시작했다. 그의 어머니는 2년 뒤인 1932년 사망했고, 두 동생들은 고아가 됐다. 중국의 항일유격대가 일본군과 만주국군대와 싸우기 위해 조선인 빨치산들을 흡수하기 시작했을 때 김성주는 그 이전에 조직된 조선인과 중국인 빨치산 조직에 속해있었고, 이 과정에서 성주라는 이름을 일성으로 바꾸었다. 그는 소규모 조선인 빨치산들을 이끌고 일곱 차례 북쪽 외진 마을의 일본군 전초기지를 공격했다. 그는 1937~39년 중국공산당 빨치산들의 활동이 피크에 이르렀을 때 중국인 빨치산들과 잘 어울려 전투를 벌였다. 1940~41년 일본군 원정대가 빨치산들의 활동을 분쇄했을 때 생존 빨치산들은 러시아 연해주로 탈출했다. 그도 살아남아 소련으로 탈출했고, 다른 탈출 빨치산들과 함께 1940~45년을 소련에서 지냈다. 1945년 조선이 해방됐을 때 그는 소련 점령당국과 함께 조선으로 돌아왔다.

이런 기본적인 팩트들에 북한은 그의 이미지를 과장하기 위해 많은 정보를 더했다. 그의 어린 시절의 많은 중요한 특징들은 북한의 통치자로서의 그의 정치적 행위에 영향을 미쳤고, 그가 한

일의 기록을 검토해야 할 이유를 제공했다.

김일성의 가족

　북한을 방문하는 사람들은 누구나 이른바 혁명의 요람이라는 김일성 출생지 만경대를 방문하게 된다. 만경대는 평양 남동쪽 대동강 제방위에 있다. 북한사람들은 김일성이 증조부 김응우가 소작농으로 지주 이평택의 조상묘소를 관리해주기로 하고, 이곳으로 옮겨 와서 살았다고 설명한다. 현재는 묘소들은 보이지 않고, 움푹 파진 지형으로, 미끄럼틀같이 생긴 바위와 김일성이 올라가서 놀았을 것 같은 나무가 한 그루 서있다. 김일성이 태어났다는 집에는 나무로 만든 데스크가 붉은 카펫 위에 놓여있다. 이곳에 대한 노래와 시가 지어졌고, 근처에는 박물관도 지어졌다. 방문객들은 이 모든 것들이 현재도 살아있는 주석을 위해 만들어졌다는 점에서 기괴한 느낌을 받게 된다.

　북한 역사가들은 김일성의 조상들을 12대까지 추적해서 그의 가족들이 전라북도에서 평양으로 옮겨온 사람들이라고 기록해 놓았다. 그들은 김일성의 증조부가 미 제너럴 셔먼호가 조선을 침공했을 때 벌어진 전투에 참전했으며, 조부는 일본군과 싸웠다고 기록해 놓았다. 이런 기록들은 정치적인 동기에서 조작된 것들이므로 조금도 중요하지 않다. 김일성의 부모들에 관해서는, 그들의 일생과 혁명적 활동에 관해 보다 상세히 묘사돼있지만, 다른 어떤 기록을 통해서도 확인할 수 없다. 아버지 김형직은 1894년 7월 10일 출생했고, 15세에 17세의 지방학교 교사와 결혼했다. 어머니 강반석은 1892년 4월 12일 평양 부근 칠골에서 출생해서 1932년 7월 31일 만주에서 40세로 사망했다. 김일성은 아버지를 위해서는 봉화리에, 어머니를 위해서는칠골에 박물관과 동상을 세웠다.

김일성의 아버지는 미국 선교사들이 평양에 세운 숭실학교에 들어갔다. 김일성의 아버지는 반일 민족주의자 그룹에 속했다고 하지만, 별로 중요하지 않다. 김일성의 아버지에게는 두 형제가 있었고 이름은 형록, 형권이었다. 형권은 경찰과 충돌해서 체포돼 서울에서 감옥살이를 했고, 1936년 1월 12일에 사망했다. 김형권의 동상은 함경남도 홍원에 세워졌다.

이런 기록들은 김일성을 부모들을 존경하는 효성스러운 아들로 업그레이드하는 데 도움을 주기 위한 것이다. 실제로도 김일성의 부모들은 가난과 압박에 시달렸으며, 김일성이 자신을 "개천에서 용 났다"고 표현하는데 그렇게 보는 것이 진실에 가까울 것이다.

어린 시절

김일성의 공식 교육은 중학교 8학년 때 불법 학생활동에 가담했다는 이유로 퇴교당함으로써 끝났다고 북한의 공식 전기 작성자들은 주장한다. 초기 버전들에는 그가 감옥에서 나온 후 학교로 돌아가 중학교를 졸업했다고 되어있다. 그는 세 종류의 학교를 다닌 것으로 돼있는데, 첫 번째는 만주의 바다오거우[39] 초등

---

39) 바다오거우(八道溝)진(鎭)은 지린(吉林)성 창바이(長白) 조선족자치현 서남부 압록강 상류에 있다. 북한 양강도 김형직군과 강을 사이에 두고 마주보고 있다.

1926년 'ㅌ, ㄷ(타도제국주의동맹 의 약자)를 조직하던 때' 의 김일성

학교에서 4년, 평양 근처 칠골의 창덕 초등학교에서 2년, 그리고 만주의 중 국인 학교 푸쑹(撫松) 초등학교를 졸업 한 것으로 돼있다. 2년간의 중학교 생 활에도 두 개의 학교를 다녔는데 화성 학교라는 조선인 학교와 위원(毓文)[40] 중학이었다. 그가 중국인 학교에 다닌 것은 나중에 만주에서의 유격대 생활 과 관련, 대단히 중요한 사실인데, 북 한 역사가들은 김일성을 '조선의 지도 자'로 묘사하기 위해 처음에는 이 사실을 빼놓았다. 최근 버전의 전기에는 그가 중학교를 전학간 사실과 위원중학교 다닌 사실을 고쳐서 써넣었다.

초기의 전기 집필자들은 김일성의 교육이 1929년에 끝났고, 1932년부터는 빨치산 생활을 시작했으며, 공산당에 입당하기도 했고, 청년 공산주의자 그룹에 가담하기도 하고, 지린(吉林)에서 창춘(長春), 이퉁(伊通)[41], 하얼빈 일대를 다니며 항일투쟁을 하 는 무리를 여러 개 만들기도 했다고 기록했다. 당시 만주 지역에 는 1930년에 모두 해체된 이래로 조선인 공산당이나 조선공산

---

40) Jilin Yu Wen Secondary School, 1917년에 건립, 지린시 시내 중심가에 위치 해 있다. 지린성 최초의 중점(重点)중학으로 시범 고등학교가 됐다. 2020년 현재 교직원은 281명, 학생수 2669명에 55개 반으로 편성돼있다.

41) 이퉁(伊通) 만주족 자치현, 지린(吉林)성 쓰핑(四平)시 관할의 지린성 유일의 만주 족자치현이다. "이퉁(伊通)"은 만주족어로 "크고 사나운 강"이라는 뜻이다. 이퉁 만주족 자치현은 지린성 중부 이퉁허(伊通河) 상류에 위치, 면적은 2523㎢.

당 청년 연맹같은 것은 없었다. 그러나 만주에 공산당 조직이 있었다는 주장을 유지하기 위해서, 북한 작가들은 김일성이 만약에 공산당에 입당했다면, 중국공산당 지부에 가입했을 것이라는 주장은 받아들인다. 왜냐하면 그것은 자신들이 세우려는 것과는 다른 이미지이기 때문이었다. 그들은 이제 김일성이 창춘과 지린 가운데 있는 거룬이라는 마을에서 농민들을 교화했다는 주장을 펴고 있다. 그곳은 그가 마지막으로 학교를 다닌 곳의 서쪽 근거리에 있는 마을이었다. 북한 학자들은 김일성이 진명, 삼광 같은 4년제 초등학교를 세워 1학년부터 4학년까지 마르크스 자본론의 기초, 소련과 조선의 역사 등을 가르쳤다고 주장한다. 이런 것들이 그의 업적에 대해 의심을 갖게 만드는 것들이다.

1972년 김일성의 60회 생일 때 대리석으로 지어진 혁명박물관에는 벽의 절반에 일본 문서가 확대돼 전시돼 있다. 그것은 지린 주재 일본 총영사가 작성한 지역 공산주의 청년조직에 관한 보고였다. 그 문서는 위원중학생인 김성주라는 학생이 단체활동에 참가해서 감옥에 들어가게 됐으며, 그 때문에 학교에서 퇴교당했다는 사실을 입증하기 위해서 전시된 것이었다. 그 조직은 단순하고, 단기간 유지되던 것이었으며, 구성원들은 많아야 10명 안팎이었다. 이 조직은 남만주 공산청년동맹의 멤버인 회소(Ho

1927년 길림시절(위원중학생)의
김일성

So)라는 인물이 조직하고 이끌던 조직이었다. 그 조직의 리더 중의 한 명은 한석훈이었고, 선전책임자는 김동화, 이금천과 그의 부인 송숙자는 다른 그룹과 연락을 맡고 있었다. 이외에도 신용근(정치와 법무 학교 학생)을 포함한 5~6명의 학생들이 있었고, 남만주 학교를 졸업한 차식, 위원중학생 김성주(김일성), 그리고 몇 명이 더 있었다. 조직 회비는 30전, 연회비는 20전이었다. 그 학생조직은 1929년 5월에 조직됐고, 그해 5월 10일 세 번째 모임을 가진 후 체포됐다.

17세 남자가 아버지 없이 가족을 떠나 멀리 가서 이런 성격의 조직에, 그것도 공산주의자 조직에 가입한다는 것은 자연스러운 일이 아니다.[42] 물론 이 이야기와 김일성이 이런 조직을 만들어서 그 조직을 이끌었다는 것과는 다른 이야기다. 김일성은 그 조직에서 가장 어린 조직원이었을 것이며, 다른 학생들은 고중을 졸업했거나 대학생이었고, 조직자는 더 나이가 많은 인물이거나 경험이 있는 혁명가였을 것이다. 이금천과 김동화는 30대 초반이었고, 나중에 만주에서 추방당하게 된다. 북한은 김일성의 리더십을 주장하기 위해 다른 조직원들의 이름은 삭제한 뒤 박물관에 자랑스럽게 전시했다. 그들의 주장과는 상관없이 김일성은 17세에 공산주의와 조직에 대해 배우기 시작했을 것으로 보면 될 것이다. 김일성은 자신이 위원중학교에서 마르크시즘과 레니

---

42) 재미 학자 서대숙 교수가 서양인의 관점에서 보기에 18세가 되기 전의 남자가 가정을 떠나는 것은 '자연스러운 일이 아니다' 라고 표현했지만, 1929년의 만주지방 거주 조선인 17세 남자가 가정을 떠나 특정조직에 가입하는 일은 충분히 '자연스러운' 일일 수 있는 것으로 한국인의 관점에서는 이해할 수 있는 일이다.

니즘, 자본론 등의 고전을 읽었다고 주장한다. 그 학교는 중국 사립학교였으며, 공산주의 학습과정은 없던 학교였다. 또 이 시절에 만주의 외진 지역에 중국어든 조선어든 공산주의를 설명하는 책이 있었다는 것도 의심스러운 일이다. 그가 그런 책을 보았다고 하더라도 17세의 중학 8학년생이 이해할 만한 수준은 아니었을 것이다.[43]

이에 대해 1992년 4월 평양에서 발행된 『김일성 회고록 세기와 더불어』 제1권[44]은 이렇게 기록했다.

…내가 화성의숙[45]으로 떠난 것은 1926년 6월 중순[46]이었다. …(중략)…나는 화전에 도착하자마자 어머니가 일러준 대로 김시우의 집부터 찾았다, 그는 정의부 소속의 화성총관소 총관이었다. 총관소란 관할 구역 안에 거주하고 있는 조선사람들의 생활상 편의를 봐주는 자치적인 기구였다. 이런 총관소들이 무송에도 있고, 반석에도 있고, 관전 왕청문, 삼원포 같은 고장에도 있었다. 김시우는 자성군에 있을 때부터 아버지와 련계를 맺고있던 독립운동자였다. …(중략)… 화성의숙에서는 공산주의 서적도 마음대로 읽지 못하게 하였다. 내가 《공산당 선언》을 학교에 가지고 나가면 학생들이 내 옆구리를 쿡쿡 찌르며 그런 책은 집에서나 보라고 슬그머니 귀띔해주군 하였다. 학교 당국이 제일 경계하고 엄중시하는 것이 적색계 책인

---

43) 중국공산당 창당이 1921년 7월이었으므로 1929년 만주지방에서 마르크스 주의 서적을 보는 것이 그리 어려운 일이 아니었을 것으로 생각한다. 이 점 서대숙의 주장이 합리적이 아닐 가능성이 크다.
44) 김일성, 『세기와 더불어』 1-4 , 평양 : 조선로동당출판사 , 1992. pp. 131-169

데, 경중에 따라 퇴학 처벌도 할 수 있다고 위협했다는 것이었다.

나는 통제를 한다고 읽고싶은 책도 읽지 않으면 큰 일을 어떻게 하겠는가. 진리라고 생각하는 책은 퇴학을 시킨다 해도 읽어야 한다고 주장하였다.

《공산당 선언》은 김시우의 서재에 있던 책이었다. 그 서재에는 공

---

45) 화성의숙(樺成義塾)은 중국 지린성(吉林省)에 있었던 2년제 정치·군사 학교로 일종의 사관학교였다. 독립군 간부의 양성을 목적으로 하였다. 만주지역 독립운동 단체인 정의부(正義府)에서 활동하던 독립운동가 최동오가 1925년 초 정의부 산하에 화성의숙을 건립해 숙장을 맡았다. 숙감(교감)은 천도교인 강제하 지사가 맡았다. 원래 화성무관학교로 이름을 붙이려다 일제의 감시를 고려해 화성의숙이라 했다. 김일성은 1926년 4월 아버지 김형직의 친구들 주선으로 화성의숙에 입학해 그해 중퇴하고 길림의 육문중학교로 전학을 갔다. 김일성이 화성의숙에 재학하던 당시 결성했다는 항일 조직이 타도제국주의동맹이다. 북한은 이를 최초의 공산주의 혁명조직'으로 선전하고 있다. 1926년 15세였던 김일성이 오동진 등 아버지(독립운동가 김형직) 동지들의 권유로 지린성 화전에 위치한 '화성의숙'에 입학했을 때 그 숙장이 최동오였다. 김일성이 26년 겨울까지 약 6개월 화성의숙에 있을 때 최동오는 김일성을 자기 집으로 불러 밥을 먹이는 등 마치 아들 돌보듯 아꼈다고 한다. 아끼던 김일성이 공산주의 사상에 물들어 화성의숙에서 중퇴하려 하자 최동오는 몹시 노여워하였지만, 결국 "조선을 독립시키는 주의라면 나는 민족주의건, 공산주의건 상관하지 않겠네, 아무튼 꼭 성공하게"라며 격려해 주었다고 한다. 함박눈이 펑펑 내리던 교정에서 선생님은 떠나는 제자를 붙들고 생활에 교훈이 될 좋은 말씀을 퍼어나 오랜 시간 많이 들려주었다. 팔순이 넘은 뒤 그 어린 제자는 그날 선생님의 어깨 위에 쌓인 눈을 털어드리지 못하고 뒤돌아선 것이 두고두고 가슴이 아팠다고 회고했다. 1926년 12월의 일이었다. 당시 화성의숙의 교사들 중에는 천도교인이 많았고, 어린 김일성은 이들을 통해 천도교인들의 생활을 이해하게 되었고, 이들로부터 많은 감화를 받기도 했다. 공산주의자가 된 뒤 김일성이 "천도교야 하늘을 믿어도 조선의 하늘을 믿지 않느냐"며 호감을 표시한 것도 다 이때의 경험에서 비롯된 것이라고 할 것이다. 특히, 최동오가 1948년 4월 평양에서 열린 남북연석회의에 남측 대표단으로 참가했을 때 김일성은 옛 스승을 만났다며 극진히 대접했다고 한다.
〈https://ko.wikipedia.org/wiki/화성의숙〉
46) 당시 김일성은 14세.

산주의 서적들이 많았다. 김시우의 서재는 민족해방운동이 민족주의 운동으로부터 공산주의 운동으로 방향전환을 하던 당시의 시대상과 그 시대의 흐름에 발을 맞추려는 김시우 자신의 입장을 보여주고 있었다고 말할 수 있다.

화성의숙 당국이 그런 책들을 읽지 못하게 하니 나로서는 불만을 느끼지 않을 수 없었다. 의숙의 계률은 어떻든 새 사상에 심취되어 그것을 깊이 파고들려는 우리의 열정은 눅잦힐 수 없었다, 나는 당국의 요구를 무시하고, 공산주의 서적들을 정열적으로 탐독하였다. 그 무렵에는 벌써 그런 책을 보고싶어 하는 학생들이 줄을 서고 있을 정도로 늘어났을 때여서 우리는 독서 순서와 기간을 정하고 제 때에 책을 바치도록 하였다. 새 사조를 신봉하는 학우들 사이에서 은연중에 약속된 이 독서규범을 청년들은 대체로 잘 지키었다. … (중략)…

많은 학생들과 접촉하였는데 그중에는 1중대에서 온 리모라는 학생도 있었다. 그는 머리도 총명하고 실력도 우수하고 성격이나 기질도 다 좋아서 동무들의 사랑을 받고있는 학생이었다. 그런데 이상하게도 사상만은 보수적이었다. …(중략)…

나는 그에게 화성의숙에서 배워주는 군사교련이나 받으면 왜놈들과 싸워서 이길 수 있을 것 같은가, 일본을 세계 5대 강국의 하나라고 말하는 사람들도 있는데 소총 한 자루 변변치 못한 독립군의 힘만으로 그런 강적을 감당해낼 수 있을 것 같은가고 물었다.

그 학생은 싸우자면 신체를 단련하고 총을 잘 쏘아야지 별수가 있는가. 오래동안 독립운동을 해오던 사람들의 방식을 따라야지 다른 수는 없지 않느냐고 하였다.

나는 아니다 그런 식으로는 독립을 못한다, 지금 그 방법을 찾아내려고 맑스나 레닌이 쓴 책들을 읽고있는데 배울 것이 많다, 지금 일본 제국주의자들이 공산주의 사상을 비방 중상하고 있고, 또 완고한 민족주의자들이 사회주의를 배척하고 있는데 돈냥이나 있는 사람들이 사회주의를 나쁘다고 한다 하여 로동자, 농민의 자식들인 우리가 공산주의가 어떤 것인지 알아보지도 않고 덮어놓고 나쁘다고 해서는 안된다, 참다운 독립운동자, 애국자가 되자면 맑스-레닌주의를 깊이 연구해야 한다고 말해주었다. …(중략)…

우리는 준비기간을 거친 다음 당시 중국의 국경절인 쌍십절(10월 10일)에 조직을 내오기 위한 예비회의를 열고 조직의 강령과 성격, 투쟁 강령, 활동 규범 들에 대한 토의를 하였으며, 한 주일 후인 1926년 10월 17일[47]에는 김시우네 집에서 정식으로 조직을 무었다.[48] …(중략)…

뼈가 부서지고, 몸이 찢기는 한이 있더라도 나라를 반드시 찾아야 한다고 한 아버지의 뜻을 실현하는 길에서 드디어 첫 열매를 맺게 되었다고 생각하니 가슴도 울렁이고, 눈물도 났다.

우리가 내오게 된 조직의 강령에는 아버지의 리념도 포함되어있었다.

그날 모임에 참가하여 열변을 토하던 청년들의 얼굴이 지금도 눈앞에 삼삼하다. 최창걸, 김리갑, 리제우, 강병선, 김원우, 박근원, … 훗날 배신은 하였지만, 리종락과 박차석도 혁명을 위해 피와 살

---

47) 이때 김일성은 14세였다.
48) '여러 사람이 한데 모여서 조직, 짝 따위를 만들다'. 원형은 '뭇다'

을 아낌없이 바치겠다는 전투적인 언약을 하였다. 언변이 좋은 사람도 있었고, 서투른 사람도 있었지만 모두 훌륭한 토론들을 하였다. 나도 그때로서는 꽤 긴 연설을 하였다. 그 모임에서 우리가 뭇는 조직을 타도 제국주의 동맹으로, 략칭으로는 《ㅌ, ㄷ》라고 할 것을 제의하였다. 타도 제국주의 동맹은 반제, 독립, 자주의 리념 밑에 민족해방, 계급해방을 실현하기 위해 사회주의, 공산주의를 지향하는 세 세대의 청년들이 력사의 진통속에서 창조한 순결하고 참신한 새형의 정치적 생명체였다.

《세기와 더불어》에는 김일성이 지린 위원중학교[49]에서 공산주의 조직을 만든 이야기와 그로 인해 감옥 생활을 하게 된 이야기, 당시의 독서에 관한 이야기도 기록되어 있다.

길림 육문중학교가 경향성이 좋은 학교라는 것은 사회계에 널리 알려져 있었다. 그것은 《길장일보》가 이 학교에 대한 보도를 여러번 하였기 때문이었다. 길장일보는 벌써 1921년에 육문중학교를 경영은 참담하나 성적이 매우 훌륭하여 사회 각계의 찬조를 받는 학교라고 소개하였다.…(중략)…

리광한 교장은 그날 나에게 학교를 졸업하면 장차 어떤 일을 할 생각인가고 물었다. 내가 나라를 찾는 일에 한몸 바치고 싶다고 서슴없이 대답했더니 그는 아주 좋은 포부라고 긍정해주었다.

흉금을 터친 담화의 덕이라고 할지 리광한 교장은 1학년을 거치지

---

49) 1925년. 김일성은 부친을 따라 중국으로 이주해서 지린성 푸쑹현 제1소학교에 입학해서 1년을 다닌 후 위원중학에 입학했다.

않고 2학년에서 공부하게 해달라는 나의 요구도 쾌히 들어주었다. …(중략)…

길림은 중국의 한 개 성 소재지로서 봉천, 장춘, 할빈과 더불어 만주지방의 정치, 경제, 문화의 중심지의 하나였다. …(중략)…길림은 1920년대 후반기 만주에서 조선민족주의 운동의 기본 세력이었던 정의부, 참의부, 신민부의 수뇌들의 집결처로 되어 있었다. 독립운동자들이 신문을 발간하고, 학교를 세우는 일은 화전, 홍경, 룡정 같은 데서 많이 하였지만 실지 그 수뇌들이 모여 활동한 곳은 길림이었다.

엠엘파, 화요파, 서상파와 같은 종파분자들이 제각기 자기파의 세력을 확장하기 위하여 돌아치던 곳도 바로 길림이었다. 공산주의 운동자들 가운데서도 제노라고 하는 명물들은 거의 다 이 길림에 드나들었다. 민족주의자, 공산주의자, 종파분자, 망명자 등 별의별 사람들이 다 여기로 모여들었다. …(중략)…

길림에서의 나의 활동은 맑스-레닌주의를 더 깊이 연구하는 것으로부터 시작되었다. 나는 길림으로 올 때 화전에서 시작한 맑스-레닌주의에 대한 탐구를 본격적으로 더 길이 해보자고 결심하였다. 길림의 사회정치적 분위기는 새 사조를 깊이 파고들려는 나의 결심을 부채질 해주었다. 나는 학교에서 배우는 과목들보다도 맑스, 엥겔스, 레닌, 쓰딸린의 저작들을 탐독하는 데 더 열중하였다.

당시의 중국은 대혁명시기여서 쏘련이나 일본에서 발간되는 좋은 책들을 많이 번역출판하였다. 베이징에서는 《번역월간》이라는잡지도 찍어냈는데 거기에 청년학생들의 흥미를 끄는 진보적인 문학작품들이 자주 실리였다. 무송이나 화전에서 볼 수 없었던 책도 길림에서는 얼마든지 구할 수 있었다. 그런데 나에게는 책을 살 만한 돈이 없었다. 지금 이런 이야기를 하면 믿기 어렵겠지만 그때 나는 운동화도 학교에 갈 때에만 신고 집에 와서는 거의 맨발로 다녔다.

그때 우마항 거리의 도서관에서는 한 달에 열람료를 10전씩 받았는데 나는 그 열람권을 달마다 떼가지고 학교에서 집으로 돌아오는 길에 이 도서관에 들어 몇 시간씩 책과 신문을 읽군 하였다. 그러면 적은 돈을 가지고서도 여러 가지 출판물들을 볼 수 있었다. …(중략)…

그 시기 육문중학교에서는 학교관리를 민주주의적으로 하였다. 도서주임도 반년에 한번씩 학생총회에서 선출하였다. 선출된 도서 주임은 학교 도서관 운영계획을 세우고 책을 사들일 권한을 가지였다.

나는 육문중학교 시절에 두 번이나 도서주임으로 선거되었다. 그 기회를 리용하여 맑스-레닌주의 서적들을 많이 사들이었다. …(중략)…

내가 중학시절에 밤을 세우며 책을 본 것은 단순한 학구적 취미나 탐구심 때문이 아니였다. 나는 학자가 되고 그 무슨 출세의 길을 뚫으려고[50] 책을 파고든 것이 아니였다. 어떻게 하면 일제를 물리치고 나라를 찾겠는가? 어떻게 하면 사회의 불평등을 없애고 근로하는 인민들을 잘 살게 하겠는가? 내가 책에서 찾고 싶었던 것은 이런 문제들에 대한 해답이었다. 어디서 무슨 책을 보건 항상 이 해답을 찾으려고 하였다.

---

50) 가파른 곳을 오르려고 매우 힘들여 더듬다.

맑스-레닌주의를 교조로가 아니라 실천의 무기로 대하게 되고 진리의 기준을 추상적인 리론에서가 아니라 항상 조선혁명이라는 구체적인 실천에서 찾으려는 나의 립장은 이런 과정을 통하여 싹텄다고 할 수 있다. 나는 이 시기 《공산당 선언》, 《자본론》, 《국가와 혁명》, 《임금로동과 자본》을 비롯한 맑스-레닌주의 고전들과 그를 해설한 도서들을 손에 잡히는데로 읽었다.

정치서적들과 함께 혁명적인 문학작품들도 많이 읽었다. 내가 그때 제일 흥미를 갖고 읽은 것은 고리끼와 로신의 작품들이였다. 무송이나 팔도구에 있을 때는 《춘향전》, 《심청전》, 《이순신전》, 《서유기》와 같이 옛날 생활을 담은 책들을 많이 읽었다면 길림에 와서부터는 《어머니》, 《철의 흐름》, 《축복》, 《아큐정전》, 《압록강가에서》, 《소년 방랑자》와 같은 혁명적인 소설들과 당시의 현실 생활을 담은 진보적인 소설들을 많이 읽었다.

김일성의 공산주의 서적 독서와 이론 학습에 대해서는 1989년 3월 27일 방북한 작가 황석영에게 김일성은 자신의 공산주의 학습에 대한 이야기를 한 일이 있다. 이 이야기를 황석영은 자전 『수인(囚人)』에 기록해 놓았다.

접견 장소로 들어가는데 김 주석이 문 안쪽에서 기다리고 서있었다.… 원형 탁자에 김 주석을 중심으로 왼편에 문익환 목사, 오른편에 내가 앉고, 정경모, 유원호, 북쪽의 조평통 위원장 겸 통일전선부 부장인 윤기복 비서와 정준기 조평통 부위원장이 동석했다.

…(중략)…나는 그들(문익환 목사 일행)을 떠나보내고 북한에 이십여 일 동안 더 체류하면서 백두산 금강산 묘향산 일대와 두만강변을 돌아보았다. 그리고 김일성의 생일인 4월 15일을 전후해서 열리는 '4월의 봄 축전' 공연도 관람했다.

  김일성의 생일에 그의 부인 김성애와 측근 몇 사람과 캄보디아의 노로돔 시아누크 부부가 동석한 식사 자리에 초대를 받았다. 장소는 주석청 건물이었는데 김일성은 로비에 나와 기다리고 있었다. 만찬장 입구에 있는 응접실에 김일성 주석과 오진우 인민무력부장이 나란히 앉았고 나와 윤기복 비서가 맞은 편에 앉았다. …(중략)…그 후 몇 번으 북한 방문길에서 김일성은 틈이 날 때마다 개인적인 자리에 나를 불렀고, 여러 가지 이야기를 했다. …(중략)…그는 자신이 육문중학 시절에 길회선 철도 반대투쟁으로 옥살이를 했던 경험을 이야기하면서 자기는 운이 좋아 옥살이을 길게 하지는 않았지만 다른 동지들은 처형당하거나 수십년씩 감옥살이를 한 사람이 많다면서 투옥 경험의 좋은 점과 나쁜 점을 말했다. …(중략)… 그는 일본어는 물론이고, 중국어를 유창하게 구사하며, 러시아어도 좀 한다고 했다. 혁명사 박물관에 전시된 그의 옛날 사회과학 도서를 보면 대개가 일본어 중국어로 번역된 책들이었다. 초창기에는 주로 신문물에 관한 일본 도서를 읽었던 것 같다.

  "내가 처음 과학을 접한 것은 만주로 가서 아버님이 내주시던 '10월 혁명'과 '파리 코뮌'에 관한 일본어 번역판으로 나온 책이었소. 체르니셉스키의 『무엇을 할 것인가』도 그 무렵에 읽고 감동을 받았소. 처음에는 소설을 별로 읽지 못하고 신사조에 관해서만 열심히

탐구했디. 무송을 떠나서 화전에 있던 화성의숙에 가보니 민족주의
자들이 청년들을 키우느라고 세운 이 년제 정치학교였는데 한 육십
여명의 학생들이 있두만. 개중에는 독립군 부대에서 추천을 받고
혼 스무 살이 넘는 청년들두 있대서. 그중에는 나중에 같이 투쟁하
게 된 동지들두 있었다. 화전읍내에 아버님 친구분이 있었는데 거
기서 책을 많이 빌려 보구 동무들과 토론도 많이 했디. 『공산당 선
언』, 『자본론』, 『임금로동과 자본』 등을 그 무렵에야 읽었소. 본격
적으로 다방면이 책을 본 건 육문중학교에 들어가서요. 학생총회에
서 내가 도서주임으로 매번 선출되었디요. 육문중학교에는 당시에
최신 진보적인 서적들이 많았소. 특히 식민지 민족 문제와 제국주
의에 관한 레닌의 평론들은 매우 유익했어요. 거기서 만든 독서회
가 '타도 제국주의 동맹'의 모체가 됐소. 고리키의 『어머니』, 『해연
의 노래』, 오스트롭스키의 『강철은 어떻게 단련되었는가』도 당시에
밤을 새우며 읽은 책들이었소. 나중에는 톨스토이의 『부활』이나 알
렉세이 톨스토이의 『고난의 길』 같은 책들도 읽었지. 도스토옙스키
나 세익스피어도 보았는데 거 다 위대한 작가디만. 인민들 입장에
서 보문 반동적이요. 나중에 산에서 빨치산 투쟁할 때에는 책을 구
할 수가 없어서 주로 우리가 만든 등사판 신문에 나온 동지들의 글
을 보았소. 동아일보나 일본 신문은 조선촌에 선을 대어서 보름치
씩 모아다 보았고, 어쩌다가 정치공작 나갔던 동무들이 서울서 출
판되어 나온 묵은 책과 잡지들을 민가에서 구해오는 일이 있었는데
우리 글로 된 거이 반가워서 광고까지 빼지 않고 봤디요. 한번은 한
작가의 소설을 봤는데 머 발가락이 어쨌다는 제목이오. 끝까지 읽

고나서 우리 인민들의 실상을 생각하니 통탄스러웠소. 물론 그 작가는 서울에서 살았으니 눈보라속에 있는 우리의 투쟁은 몰랐을 테지만 주위 인민들의 참상은 날마다 보았을게 아니요. 이런 식으로 문학예술을 해서는 안됩니다."[51]

김일성은 위원중학교에서의 공산주의 서적 독서와 독서모임 조직이 원인이 되어 체포돼 감옥 생활을 하게 되고, 출옥후 결국 학교생활에 적응하지 못하고 퇴교하게 된다. 『회고록 세기와 더불어』에는 이 과정이 비교적 상세하게 기술돼 있다. 또 위원중학교에서의 퇴교가 나중에 동북항일연군에 가담하게 된 배경이 되었다는 구조로 돼있는 것이 김일성의 17세 때 위원중학교 퇴교, 또는 중퇴 언저리에 대한 상황 설명이다.

우리는 이런 준비에 기초하여 1927년 8월 28일 복산공원의 약왕묘 지하실에서 조선공산주의 청년동맹을 결성하는 모임을 가졌다. 모임에는 최창걸, 김원우, 계영춘, 김혁, 차광수, 허륜, 박소심, 박근원, 한영애를 비롯한 반제청년동맹 핵심들과 청년 공산주의자들이 참가하였다.

내가 보고를 하였는데 그 내용은 이미 소책자로 세상에 나왔다.

그날 우리는 《ㅌ,ㄷ》를 뭇던 때처럼 서로 어깨를 걸고 한 덩어리가 되어 《인터나쇼날》의 노래를 불렀다. 조선공산주의 청년 동맹은 반제청년동맹의 핵심들을 골간으로 하고, 여러 혁명조직들에서 단

---

51) 황석영, 『황석영 자전 수인 1 경계를 넘다』, 경기 : 문학동네 , 2017. pp. 213-214.

련되고 검열된 청년들로 무어진 반제민족해방과 공산주의를 위하여 투쟁하는 비합법적인 청년조직이었다. 조선공산주의 청년동맹은 조선청년 공산주의자들의 선봉대로서 각계각층 대중단체들을 조직지도하는 전위조직이었다. …(중략)…

일본이 길림-회령 사이의 철도를 강제로라도 부설하여야겠다는 야심을 품은 것은 명치시대부터였다. 일본제국주의자들은 이 철도에 거대한 전략적 의의를 부여하고 있었다. …(중략)… 우리는 길회선 철도 부설공사를 반대하는 대중적인 반일투쟁을 조직하기 위하여 1928년[52] 10월 상순 북산공원의 약왕묘 지하실에서 공청과 반제청년 동맹 조직 책임자들의 회의를 하였다. 그 회의에서는 투쟁과정에 내들어야 할 구호와 투쟁방법, 행동 방향을 조직하고 구체적인 분공조직도 하였다. 시위에 들고나갈 프랑카드와 성토문, 삐라에 담을 내용도 상세하게 토론하였다. …(중략)…

1929년 가을의 길림은 벌써 반일 운동가들이 와글거리던 조선의 해외 정치운동의 중심지가 아니었다. 이런 때 길림 제5중학교 학생들이 독서회에서 쓸데없이 떠들어낸 것이 실머리가 되어 우리 동무들이 체포되기 시작하였다. 방금 왕청문에서 돌아와 사태를 수습하기 위해 뛰여다니던 나도 반동군벌당국에 걸려들었다. 5중학교의 학생들이 육문중학교의 공청조직도 다 불었던 것이다. 경찰들은 학생운동의 지도자들을 일망타진하였다고 하면서 우리에게 매일같이 무지막지한 고문을 들이댔다. 그때까지 우리가 벌려온 투쟁내용과 길림시내에 거미줄처럼 늘여져있던 조직망을 들춰내고 그 배후세

---

52) 김일성이 16세 때였다.

력을 알아내자는 것이었다.

우리는 좌익서적을 읽었다는 것 이외에 다른 말은 입밖에 내지 않기로 하였다. ···(중략)···

내가 손가락 비트는 고문을 당하고 있던 어느 날 화성의숙 숙장을 하던 최동오 선생이 심문실 한 쪽에 세워놓은 간막이 뒤에서 나를 퍼뜩 내다보다가 사라졌다. 넘도 예상치 않았던 일이여서 처음에는 혹시 무슨 착각이라도 하지 않았는가 하고 자기 눈을 의심하였다. ··· 우리는 얼마후 길림감옥으로 넘어갔다. 길림감옥은 간수가 가운데 앉아있으면서 사방을 감시할 수 있게 동서남북으로 복도를 내고 그 복도의 량옆에 감방들이 붙어있는 십자형 건물이었다.

내가 갇혀있던 감방은 북쪽 복도의 오른쪽으로부터 두 번째 칸이였다. 북향이어서 일년 내내 햇볕이 들지 않아 곰팡이 냄새가 지독하게 나고 겨울이면 벽에 성에가 하얗게 돋아 녹을 줄 몰랐다. 우리가 감옥으로 이송되였을 때는 가을이였는데 감방은 겨울처럼 찼다.

군벌당국은 죄수들을 다루는데서 심한 민족적 차별을 두었다. 간수들은《조선놈》이니,《조선 망국노》니 하는 모욕적인 말을 하며 무거운 쇠덩어리가 매달린 족쇄를 조선학생들의 발목에 채웠다.···(중략)···

나는 1930년 5월초에 길림감옥을 나섰다. 궁륭식으로 된 감옥문을 나서는 나의 가슴은 신념과 열정으로 차고넘치였다. ···(중략)···

이러는 사이에 흩어졌던 동무들이 내가 감옥에서 나왔다는 소식을 듣고 하나둘씩 나한테 모여들었다. 나는 길림지구 공청과 반제청년동맹, 반일로동조합, 농민동맹 핵심들과 적들의 백색테로가 강화되는 조건에서 어떻게 하면 조직을 빨리 복구정비하고 군중을 묶어세우겠는가 하는 문제에 대해 토론하였다. …(중략)…

박일파와 마찬가지로 김혁과 박소심도 복교가 가능하다면 한 해 공부를 더하여 중학과정을 어떻게 하나 끝내라고 권고하였다. 리광한 교장이 공산주의를 리해하는 사람이니 김성주가 한 해 공부를 더하겠다고 청원하면 그것을 거절하지 않으리라는 것이었다.

나는 공부는 자습으로도 얼마든지 할 수 있다. 인민이 우리를 기다리고 파괴된 조직들이 우리를 기다리는데 어려운 국면에 접어든 혁명을 외면하고 학창으로 되돌아갈 수 없지 않느냐고 하면서 그들의 권고에 응하지 않았다.

중학공부를 단념하고 막상 길림을 떠나자고 하니 별의별 생각이 다 났다. 아버지가 생전에 조국에 나가 공부하라고 하면서 엄동설한에 나를 홀몸으로 고향에 내보내던 일, 내가 학교에서 돌아오면 책상앞에 앉혀놓고 조선 력사와 조선지리를 가르쳐 주던 일, …(중략)…

육문중학교를 중퇴하고 인민들 속으로 들어간 것은 나의 인생에서 하나의 전환점이라고 할 수 있다. 이때로부터 나의 지하활동이 시작되었고 직업적인 혁명가로서의 나의 새로운 인생이 시작되었다. …(중략)…

나는 사도황구에 머무는 기간 고제봉, 고재룡 동무들을 도와 소년 탐험대와 농민동맹, 반일 부녀회를 무어주는 한편 동남만 각지에 널려있는 혁명조직 성원들과의 련계를 짓기 위해 노력하였다. 고제봉을 통해 룡정, 화룡, 길림의 련락소에 보낸 나의 편지를 받고 김혁, 차광수, 계영춘, 김준, 채수항, 김중권 등 10여 명의 동무들이 사도황구로 찾아왔다. 그들은 모두 공청과 반제청년동맹의 지휘 성원들이었다.

나는 그들의 말을 듣고 동만을 뒤흔들고 있는 폭동이 예상했던 것보다 더 격렬한 단계에 이르렀다는 것을 알게 되었다.

이 폭동의 주력을 담당한 것이 바로 만주지방에 거주하고 있던 조선사람들이었고 그들을 폭동에로 선동하고 인도한 것이 한빈, 박윤세와 같은 사람들이었다. 그들은 중국당에 전당하려면 실천 투쟁에서 공로를 세워 그 당의 인정을 받아야 한다고 하면서 폭동에 궐기하라고 호소하였다.

당시로 말하면 동북지방에 있던 조선 공산주의자들이 국제당의 1국1당 원칙에 따라 당 재건운동을 포기하고 중국당에 적을 옮기기 위한 공작을 맹렬하게 하고 있을 때였다.

중국당에서도 실천 투쟁을 통한 검열과 개별적인 심의를 거쳐 개인의 자격으로서만 당에 들어올 수 있다는 원칙 밑에 조선의 공산주의자들을 받아들이겠다고 선포하였다.

김일성에게 아부하는 작가들의 주장에 대해 일일이 반박하는 것은 무의미한 일이며, 그들의 오류는 너무 분명한 것들이다. 김일성의 공산주의 공부는 공식 교육을 통해 이루어진 것은 아니며, 마르크시즘과 레니니즘의 원리들을 깨우쳤다고 북한사람들이 주장했지만 믿기는 어려운 것들이다. 그의 교육은 항일 조선인 민족주의자, 또는 중국인 공산주의 빨치산들과 지내는 과정

에서 얻어진 것들이라고 보아야 할 것이다. 김일성의 믿음은 만
주의 중국공산주의자 항일유격대에서 항일 활동을 하면서 얻어
진 것들이라고 보아야 할 것이다.

김일성의 공산주의 이해에 가장 큰 영향을 미친 것은 아무래도
웨이정민[53]이었을 것이다. 웨이정민은 김일성이 1935년부터
1941년까지 항일 유격대 생활을 할 때 김일성의 상관이기도 하
고, 동지이기도 했다. 웨이는 1932년 중국공산당이 만주로 파견
한 인물이다. 그는 1934년 동만주 특별위원회의 서기가 됐다.
웨이는 1935년 모스크바에서 열린 코민테른 제7차 대회에 중국
공산당 대표로 참가했다. 귀국후 웨이는 양징위[54] 아래에서 동북
항일연군의 정치위원회 주임을 했다. 양징위는 김일성에게 공산
주의를 가르친 인물이며 김일성과 가장 가까운 인물이었다.

웨이는 모스크바와 옌안(延安)에 있는 캉성(康生)[55]에게 편지를
보내 1930년대 만주에서 있었던 동북항일연군의 활동을 보고했
다. 웨이는 유격대에게 공산주의를 전파하기 위해 노력했으며,
유격대에게 레닌에 대해서도 가르쳤다. 웨이는 백마를 타고 자

---

53) 魏拯民(1909-1941.3.8.) 본명은 관유우웨이(關有維).
54) 楊靖宇(1905.2.13.-1940.2.23.)
55) 캉성(康生 · 1898.-1975.12.16.), 본명은 장쭝커(張宗可), 산둥(山東)성 출신으
로 중국공산당 중앙정치국 상무위원, 당 부주, 전국인민대표대회 부위원장, 전국
인민정치협상회의 부위원장, 정협 부주석 등 지내. 캉성은 1925년에 중국공산당
입당, 혁명과 전쟁의 시기에 장기간 비밀공작을 했다. 1966년 이후에는 린뱌오(林
彪)·장칭(江靑) 등과 결탁해서 문화혁명을 주도했다. 1975년 12월 16일 베이징에
서 병으로 사망했다. 문화혁명이 1976년에 끝나고 덩샤오핑(鄧小平)이 주도하는
개혁개방의 시대가 시작된 뒤인 1980년, 중국공산당은 그가 범한 죄상이 엄중하
다는 판단을 내려 당적을 박탈했다.

랑스러워했으며, 1940년 4월 15일 캉성에게 보낸 편지에서 그 백마가 죽었다고 전했다. 웨이 자신도 건강이 안 좋아 1941년 3월 8일 만주에서 사망했다.[56]

　김일성은 웨이로부터 많은 것을 배웠으며, 여러 가지로 웨이를 모방하려 했다.[57] 평양의 혁명박물관에는 김일성이 백마를 타고 있는 거대한 그림이 있으며, 다른 방에는 웨이의 사진이 전시돼 있다. 조선인들과 중국인들은 김일성이 항일련군 시절 공산주의를 이해하도록 안내했으나, 김일성은 이해하지 못했다.

---

56) 웨이의 죽음에 대해 중국 관영 검색엔진 바이두는 웨이가 밀고를 당해 사도구(四道溝) 밀영에서 1941년 3월 8일 중병에 걸린 채 11명의 유격대를 데리고 화뎬(樺甸)현 쓰다오거우(四道溝)에서 11명의 빨치산들과 함께 100명의 일본군과 만주국 군대에 포위당해 전투하던 중 사망했다고 기록했다.
〈https://baike.baidu.com/item/魏拯民〉

57) 김일성이 웨이정민을 모방하려 했다는 서대숙의 주장과 김정은이 2018년 10월 백마를 타고 백두산을 오르는 모습을 과시한 행동을 한 것은 서로 관련된 사건인 것으로 판단된다. 2019년 12월 조선중앙통신의 다음 뉴스를 국내 신문이 전재한 내용을 참조. 김정은 북한 국무위원장이 군 간부들과 함께 백마를 타고 백두산에 올랐다. 지난 10월 말을 타고 백두산에 오른 지 49일 만이다. 김정은의 이번 백두산 오르기에는 아내 리설주도 함께했다. 조선중앙통신은 4일 "최고영도자 동지께서는 동행한 (군) 지휘성원들과 함께 군마를 타시고 백두대지를 힘차게 달리시며 백두광야에 뜨거운 선혈을 뿌려 조선혁명사의 첫 페이지를 장엄히 아로새겨온 빨치산의 피어린 역사를 뜨겁게 안아보시었다"고 보도했다. 백마를 타고 백두산에 오르는 김정은은 박정천 육군 총참모장과 군종 사령관, 군단장 등 군 간부들이 대거 수행했다. 자신이 미국에 비핵화 협상 시한으로 제시한 연말이 다가오는데도 협상이 교착 상태에 머물고 있는 데 대해 군사적 도발에 나설 수 있음을 내비친 것이란 분석이 나온다. 김정은은 지난 10월 16일에도 백마를 타고 백두산에 올랐다. 당시엔 여동생인 김여정 노동당 제1부부장이 동행했다. 이번에는 김여정은 빠지고 리설주가 김정은의 뒤를 따랐다. 현송월 노동당 선전선동부 부부장도 함께 백두산에 말을 타고 올랐다.
〈http://news.chosun.com/site/data/html_dir/2019/12/04/2019120401218.html〉

김성주가 김일성이라는 가명을 쓰기 시작한 것은 감옥에서 나와 항일련군에 참여하던 시절이었다. 1945년에 나온 남한의 출판물에 따르면, 북한사람들은 지린성 우자쯔(五家子)[58] 마을에 있던 유격대 동료가 '하나의 별'이라는 뜻의 '일성(一星)'이라는 이름을 지어주었다고 주장한다고 되어있다. 김일성은 나중에 '일성'을 발음은 같고 한자는 다른 '일성(日成)'이라는 이름으로 바꾸었다. 그의 이름과 아이덴티티에 대해서는 많은 논란이 있어왔다. 북한 최고지도자가 된 김일성이 만주의 중국공산당 동북항일연군에 참여하던 김일성이지만, 동명이인의 김일성이 2~3명이 있다는 주장이 한국에서 제기돼 왔다. 그러나 이 주장은 잘못된 것으로 보인다. 김성주와 김일성이라는 이름은 일본 경찰의 기록에 나타나며, 그의 빨치산 활동에 대해서는 1945년 해방 이전의 중국과 조선 간행물에 나타난다. 더구나 1930년대 말에 일본 경찰이 촬영한 사진에도 김일성이 유격대원들과 함께 촬영한 사진이 있으며, 그 사진에서는 김일성을 식별할 수 있다. 그 사진들은 북한의 혁명박물관에도 전시돼 있고, 일본 패전후에 만주의 중국공산당원들이 복사한 것들도 있다.

빨치산[59] 활동의 시작

김일성의 빨치산 활동은 몇 가지 이유로 중요하다. 첫째로, 그

---

58) 우자쯔 유지(遺址)는 지린(吉林)성 창춘(長春)시 솽양(雙陽)구 산허(山河)가에 있다. 청동기 시대의 유지로 3000년 전 동주(東周)시기의 유적으로 1980년에 정식 발굴됐다. 면적은 38만㎡로 석관과 모닥불 유적과 석기가 발견됐다. 2013년 5월 중점 문물보호단위로 지정됐다.

가 처음으로 알려진 것이 그가 항일 빨치산 활동에 참여한 것 때문이었고, 그의 활동 후반부에 일본이 그를 체포하는 데 도움이 될 정보에 현상금을 걸었기 때문에 중요하다. 둘째는 북한 사람들이 그들의 혁명의 전통을 연결시킨 것이 바로 빨치산 활동이기 때문이었다. 그들은 다른 혁명 활동들은 국민당 군대이건 중국공산당 군대이건 마찬가지로, 중요하지 않다고 주장한다. 그들의 혁명의 역사는 김일성의 빨치산 활동으로 채워져있고, 다른 활동들은 왜 비교적 중요하지 않은가에 대해서만 언급된다. 그리고 또 다른 이유는 북한의 핵심 정치지도자 그룹은 이들 빨치산 그룹으로 구성돼 있다. 김일성은 이 그룹을 권력을 강화하는 데 이용해왔고, 현재 북한의 열쇠를 쥐고있는 사람들도 바로 이 그룹으로부터 훈련을 받은 이 그룹의 자녀들이다.

이런 이유들 때문에, 그리고 김일성 전기 집필자들과 북한의

---

59) partisan : (프랑스어로 '동지' 또는 '당파'라는 뜻의 'parti'에서 유래) 일정한 조직 체계에 의하지 않는 비정규군의 별칭. 스페인어에서 유래한 빨치산(소규모 전투)와 거의 같은 뜻으로 사용한다. 정규군과는 별도로 적의 배후에서 통신소, 경비가 허술한 기지, 병기·연료·탄약 등 물자를 저장하는 곳, 교통의 요지들을 주로 공격한다. 단독·소부대의 행동으로 적을 기습하여 전과를 올리고 신속하게 빠져나와 일반 민중 속에 숨어 반격을 피한다. 따라서 일반 민중의 지원이나 협조가 없어서는 안 되며, 활동지역의 지형 등 그 특색에 대해 자세히 알고 있어야 한다. 한국의 빨치산은 항일무장투쟁을 하던 일제강점기와 6·25전쟁 전후에 있었다. 6·25전쟁 중 빨치산은 반(反)공산주의 빨치산과 공산주의 빨치산으로 나뉜다. 그러나 보통 빨치산이라고 하면 6·25전쟁 전후에 지리산 부근을 근거지로 활동했던 공비를 일컫는다. 공비는 6·25전쟁 중 후방교란의 목적으로 다양한 빨치산식의 전투를 벌였으나, 6·25전쟁이 국제연합(UN)군의 승리로 끝나자 곧 괴멸되었다. // "빨치산" 한국 브리태니커 온라인, 〈http://premium.britannica.co.kr/bol/topic.asp?mtt_id=44283〉 [2020. 4. 2]〉

역사가들이 다소 이상한 주장들을 하고있기 때문에 김일성이 했다는 빨치산 활동을 정확한 관점으로 보는 것은 중요하며, 김일성이 한 활동을 신뢰하지 않는다기보다는 팩트와 픽션을 구분해야 한다는 것이다. 이야기의 시작은 1933년부터 1945년까지 유지된 일본의 괴뢰정권 만주국이 존재하던 기간에 만주의 일본군에게 조직적인 노력을 주로 한 것은 조선인들이 아니라 중국공산주의자들에 의한 것이었다. 믿을 수 없는 어려움 속에서도 조직적인 노력이 이뤄진 것은 중국 공산주의자들에 의한 것이었고, 만주의 조선인들은 개별적으로 중국인들 조직에 가담한 것

이었지, 조선인 공산주의자들에 의한 별도의 조직적인 노력으로 이뤄지지 않았다. 더구나 지적해두어야 할 것은 중국공산주의자들도 궁극적으로는 만주에서 쫓겨나 일본이 2차 대전에서 패전하기 한참 전인 1941년에 소련으로 갔다는 사실이다.

김의 회고록엔 1932년 '무장대오를 조직하던 시절'이라고 설명했다.

김일성은 자신이 1932년 4월 25일 남만주의 조그만 마을 안투(安圖)[60]에서 빨치산 그룹을 조직했으며, 이 빨치산 그룹이 1936년 2월에 '조선인민혁명군'으로 확장됐다고 주장한다. 그는 자신이 이 부대의 지휘관으로, 1945년까지 만주에서

---

60) 안투현은 옌볜(延邊) 조선족자치주 관할지역으로, 지린성 동부, 조선족자치주 서남부에 있고, 남부는 북한과 접경하고 있다. 2020년 현재 현 인구의 20.9%가 조선족으로 구성돼있다.

수많은 항일 투쟁을 성공적으로 벌이다가 조선으로 돌아왔다고 주장한다. 그는 자신이 항일투쟁을 계속하기 위해 1940년 전술상 부대를 해산하고 소규모 작전을 벌였다는 점은 인정한다.

김일성이 첫 번째 빨치산 그룹을 조직한 것은 1932년 4월 5일이었다고 주장하지만, 이 주장은 1968년 김의 자서전이 출판되기 전에는 어디에서도 나타나지 않았다. 이 버전에는 김일성이 조직한 이 빨치산 그룹이 모두 18명이었는데, 김일성 자신을 제외하고는 차광수라는 빨치산 이외의 이름이 나오지 않는다. 차광수는 그해 7월에 죽었다. 그 이전 버전에는 빨치산 조직이 구성된 것은 1932년 봄이며, 이영배와 김철희라는 두 명 이외에는 북한 전기집필자들이 쓴 어떤 간행물에도 나타나지 않는다. 다른 버전에서는 그 빨치산 그룹이 1931년 겨울에 조직됐다고 기록돼있으며, 또 다른 버전에서는 김일성이 안투에서 빨치산 활동을 하기 전에 이미 빨치산 조직이 구성돼 있었다고 나온다.

북한의 전기 집필자들과 역사가들이 김일성의 과거를 잘라 맞추기는 어려운 일이었을 것이다. 그런 사실이 존재하지 않았기 때문이 아니라 김일성이 빨치산 활동을 시작한 날짜를 가장 이른 것으로 찾아내야 하는 필요성 때문이었다. 북한은 1978년 2월 갑자기 "1948년 2월 8일 창군된 조선인민군이 김일성이 빨치산 그룹을 조직한 1932년 4월 25일에 사실상 창군된 것"이라고 발표했다.[61] 이후 29년 동안 북한은 2월 8일을 창군 기념일로 기념해오다가 1978년부터 4월 25일이 창군 기념일이라면서 46주년 기념행사를 벌였다. 조선인민군은 1982년 4월 25일을 50

김일성이 회고록 『세기와 더불어』에서 "혁명전우"로 묘사한 중국인 친구 장웨이화(張蔚華 ,왼쪽)와 김일성의 동생 김철주. 장은 만주 푸쑹(撫松)지방의 부잣집 아들로 김일성에게 자금을 지원했다.

주년 기념일이라면서 기념행사를 벌였다.

북한 역사가들은 또한 다른 조선인 빨치산 그룹들이 남만주와 동만주에서 이 무렵에 조직됐다고 주장했다. 왕칭(王淸)지역에 이광, 김철, 최춘국, 옌지(延吉)에 최현, 김동규, 훈춘에 이봉수, 안길, 허룽(和龍)에 남창수, 박용선 등의 리스트가 제시됐다. 북한 역사가들은 이들 조직과 다른 빨치산 조직들도 김일성이 조직한 것이며, 그 목적은

자신이 말하는 조선인민혁명군을 1934년 봄에 조직하기 위한 것이었다고 한다. 김일성 전기의 나중 버전에서는 이 날짜가 1936년 2월로 바뀌었다. 이렇게 날짜가 오락가락하는 것보다 더 중요한 것은 이런 조직을 실제로 김일성이 조직했느냐 하는 문

---

61) 문재인 대통령이 2019년 6월 6일 현충일 추념사를 하면서 "약산 김원봉 선생이 이끌던 조선의용대가 편입되어 마침내 민족의 독립운동 역량을 집결했습니다. 광복 후 대한민국 국군 창설의 뿌리가 되고, 나아가 한ㆍ미동맹의 토대가 되었습니다"라고 한 것과 무슨 관련이 있는지 연구해볼 가치가 있는 것으로 보인다. 조선의용대(朝鮮義勇隊, 영어: Korean Volunteers Army) 또는 조선항일의용군(朝鮮抗日義勇隊) 혹은 국제여단(國際旅團)은 대장 김원봉과 조선민족혁명당의 주도로 1938년 10월 10일 중국 후베이성 한커우(漢口)에서 결성된 독립군이다.

제였다. 물론 그런 빨치산 조직에 대한 아무런 기록도 남아있지 않다. 중국 유격대 아래에서 작전을 하는 조선인 그룹에 관해 만들어진 것은 이름뿐이었다. 유사한 이름의 조선혁명군이라는 그룹이 있기는 했는데, 이 그룹은 양세봉이 지휘하는 '조선민족군'이 있었다. 양세봉의 나이는 김일성 나이의 두 배는 되는 사람이었으며, 양세봉은 나중에 한국 정부로부터 조선 독립에 기여한 공로로 1962년에 사후 훈장을 추서받았다.

김일성의 빨치산 그룹 조직원들은 중국 유격대의 지휘 아래 싸웠다. 그들은 수가 많았지만 남·동·북 만주의 중국군 서로 다른 부대에 흩어져있었다. 이들 조선인들에게는 통일된 지휘체계가 없었다. 그러나 지적해두어야 할 것은 조선인 빨치산들이 가장 많이 모여있던 곳은 동·남 만주였고, 이 지역은 김일성이 활동하던 지역이었다. 김은 가장 잘 알려진 빨치산 지도자이긴 했으나, 조선인들 가운데에는 김일성만큼 유명한 빨치산은 많았고, 대부분 김보다 위였거나 동료들이었다. 이홍광, 안봉학, 김책, 이학만, 최용곤, 최현, 천광 등이 그들이었다. 이들 중에는 다른 지역에서 활동한 사람들도 있었고, 김은 개인적으로 만난 일은 없어도, 최소한 그들의 빨치산 활동에 대해서는 알고 있었다.

여러 부대의 많은 빨치산들은 일본군에게 죽거나, 투항했다. 전쟁에서 살아남아 북한으로 돌아와 자신들의 투쟁 이야기를 할 수 있었던 빨치산들의 숫자는 남녀 합해 120명 정도였다. 대부분의 생존자들은 과거를 회상하도록 요청받았고, 그들의 이야기는 책으로 출판됐으며, 반복해서 잡지와 신문에 실렸다. 그들은 김일성 이외의 지도자들에 대해서는 회고하기를 거부했고, 일본군에 항복한 지도자들은 회고되지 않았다. 김일이나 최용곤 같은 인물들은 압력을 견디어내어야 했으며, 그들의 빨치산 활동을 회고하지 못하도록 금지시켰다. 과거를 회고하도록 강요당하지 않은 다른 빨치산들은 김일성과는 관련이 없는, 북만주에서 싸운 사람들이었다. 예를 들면, 임해, 김창덕, 김광협 같은 인물들은 김일성이 없는 북만주에서 일본군과 싸운 사람들이었다.

김일성이 유격대 생활을 시작한 것은 1932년 그가 20세 정도였을 때라고 보는 것이 합리적일 것이다. 초기의 몇 가지 기록에 보면, 그는 양성용이라는 중국인 빨치산의 지휘에 따라 일했다. 양은 일본 경찰의 보고에 따르면, 왕칭 부근의 평범한 빨치산였으며, 중국군 저항군 부대에서 싸우다 1935년 9월 사망했다. 왜 이런저런 모순이 있는지에 대해서는 이렇고 저런 모순된 주장을 이해하는 것은 어려운 일이 아니며, 그들이 김일성의 기록에 대해서는 정당성을 상실하지 않을 수 없다. 우리는 아마 김일성의 기록에 대해서는 그들이 정의를 행하지 않았다고 보아도 될 것이다.

(2) 김일성과 동북항일련군
(Kim and the Northeast Anti-Japanese United Army)

만주지역에 흩어져 있던 중국인과 조선인 빨치산들을 묶은 것은 동북항일연군이었다. 중국인 지휘관은 양징위[62]였다. 김일성

과 그의 빨치산들이 1932년부터 1941년까지 만주에서 일본과
싸운 것은 이 군대의 아래 조직으로서 싸운 것이었다. 이 군대는
분명한 공산주의자들이었으며 조선인들이 아니었다. 김일성이
만주에서 일본과 싸운 것은 중국인들의 지휘 아래 싸운 것이었
고, 조선인들의 조직으로 싸운 것이 아니었다. 이 부대의 작전을
분석하는 것이 나의 목표는 아니다. 그러나 김일성이 자신의 혁
명 전통을 만주에서 벌인 일본에 대한 빨치산 활동에 연결시키
고 있기 때문에 항일연군과 이 부대에 대한 항일연군의 참여에
대해 따져보는 것은 중요하다.

항일련군

동북항일련군의 기원은 남만주 판스[63] 지역의 빨치산 그룹이
제32홍군으로 재편된 1932년으로 거슬러 올라간다. 판스의 제
32홍군은 쓰촨성의 제31홍군의 뒤를 이어 명명된 군이며, 1932
년 1월 중국공산당 만주 지방 위원회 본부는 선양에서 하얼빈으
로 근거지를 옮겼으며, 그 지역의 여러 종류의 공산주의자 빨치
산그룹들이 32홍군 지휘체계 아래로 편성됐다. 1933년 9월 18
일 일본의 두 번째 만주 침공에 때를 맞추어 양징위는 32군을 재
편해서 동북인민혁명군 내부에 첫 번째 독립사단을 만들었는데
병력은 300명 정도였다. 다음 해인 1934년 11월 양징위는 두 번
째 독립사단을 만들었고, 이 두 번 째 사단은 동북인민혁명군이

---

62) 楊靖宇(1905년 2월 13일~ 1940년 2월 23일)
63) 판스(磐石)시는 지린성 중남부에 위치해 있다. 인구는 2016년 현재 52만 978명.
　 한족과 조선족이 함께 거주하는 지역이다.

라는 독립군조직을 만들었는데 이 두 개의 사단은 주로 남만주
지역에서 활동하곤 했다. 양은 그 부대의 사령관의 직을 맡고,
양징위는 조선인 이홍광을 제1사단 사단장으로, 중국인 차오궈
안에게 제2사단 사단장을 맡겼다.

동만주 산터우와이에서는 1934년 3월 추진이라는 조선인 빨치
산이 이끄는 제2군이 조직됐다. 이 부대는 1934년 5월 젠다오
5 · 30 사건을 기념하기 위해 두 개의 사단으로 확대됐다. 추진
은 제1독립사단 지휘관으로, 왕더타이를 정치위원으로 임명하
고, 중국인 팡전성을 제2독립사단 사단장으로 지명했다. 이 부
대가 흩어져있던 1000여명의 중국인과 조선인 빨치산들을 한
데 모았다. 이들 중 중국인 부대는 둥창잉이라는 중국인이 이끌
었다. 이 부대의 대부분은 젠다오 출신의 조선인들이었다. 북만
주에서는 자오상즈의 지휘 아래 제3군이 조직됐는데, 1933년 가
을 주허[64] 지역의 공산군 빨치산들과 통합됐다. 다음 해에 자오
상즈와 동료 리자오린[65]은 400여명의 빨치산들과 함께 일본군
과 싸웠다. 제3군이 조직된 것은 1935년 1월 28일 이었다.

동북 만주에서는 왕더린[66] 이라는 빨치산이 리옌루[67]와 통합해
서 제4군을 형성했다.

리옌루는 스중형의 빨치산들과 다른 빨치산 리더들을 묶어서

---

64) 주허(珠河)현은 나중에 자오상즈의 이름을 따 상즈(尙志)시로 개명했다. 헤이룽장
성 동남부에 위치해있다.

65) 리자오린(李兆麟), 랴오닝성 덩타(燈塔)시 화쯔(華子)진 출신. 중국공산당 북만주
성 당위원회 간부, 동북항일연군 창립자 중의 한 사람. 주허(珠河) 항일유격대 부대
장, 하얼빈 동부지역 담당 정치위원, 동북항일연군 제6군 대리 정치부 주임, 제3군
정치부 주임, 북만주 항일연군 총정치부 주임 동북 항일연군 제3로군 총사령관.

미산[68] 지역에 적당한 크기의 그룹 본부를 만들었다. 4군 내에는 김진국, 이진복 등 조선인들이 많았다. 무단장과 닝안 부근에 있던 빨치산 그룹들은 일본이 만주를 점령한 직후에 조직됐고, 이 그룹에는 200명 안팎의 빨치산들이 있었으나, 저우바오중(周保中)[69]과 핑난양(平南洋)[70]이 이끄는 빨치산 그룹으로 통합됐다. 저우바오중은 제2군 빨치산들과 함께 일한 적도 있었으나, 1934

---

66) 왕더린(王德林), 산둥성 지난(沂南)현 출신, 1895년, 기근을 피해 동북으로 이주, 벌목공, 농업노동 등을 했다. 1917년, 지린(吉林)군 제1여단 제3영 영장(營長). 1932년, 부하들을 이끌고 항일활동 시작, 1932년 2월 8일, 중국공산당원 리옌루(李延祿) 등의 도움으로 "중국국민구국군(中國國民救國軍)"조직을 선포하고 총지휘를 맡음. 1932년 3월8일, 하이린(海林) 동역 전투에서 아마노(天野)소장이 지휘하는 일본군 보병 제15여단을 패배시킴. 일본군의 길림-회령 철로와 무단장(牡丹江)철교 건설자재를 불태워 일본군의 병참선에 심각한 타격을 가함. 1932년 7월, 항일구국군의 숫자는 3만 5,000여명으로 늘어남. 국민당 난징(南京)정부는 왕더린을 닝안(寧安) 경비사령관으로 임명, 공산당 소탕작전의 밀명을 내렸으나 왕더린은 이를 거절하고, 닝안 경비사령관직을 사임한다. 1932년 10월초, 항일구국군은 무단장(牡丹江) 일원에서 전투를 계속해서 2개월만에 일본으로부터 연길(延吉), 훈춘(琿春) 등 10여개 도시를 수복한다. 그에게는 "구국군 상승(常勝)장군"의 별명이 붙는다. 1932년 11월 하순, 일본군은 구국군 소탕작전에 나서고 왕더린은 국민당 정부에 구원을 요청했으나 국민당 정부는 이를 무시해서 구국군대는 병력을 잃고 산림으로 잠복한다. 1933년 1월 그는 부상병들을 이끌고 소련 경내로 피신, 모스크바까지 가서 스탈린을 접견한다. 1933년 5월5일, 그는 유럽과 홍콩을 거쳐 상하이로 귀국해서 군자금을 모아 항일구국군에 전달한다. 1935년, 중국공산당은 동북항일연군을 설립하기로 결정하고 왕더린을 총사령관에 임명했으나 건강이 나빠져 취임은 못한다. 1938년 12월 사망. 다음해 2월, 옌안(延安)에서 발행되는《해방(解放)》주간에 "애국청년들은 민족 노영웅 왕더린의 애국 분투 정신을 학습하자"는 글이 실렸다.

67) 리옌루(李延祿·1895~1985), 지린(吉林)성 옌지(延吉) 출신. 1931년 중국공산당 입당. 동북항일연군 제4군 창건인. 1929년 공산혁명 공작에 참가. 제1기에서 제5기까지 전국인민대표 대회 대표, 제3기에서 5기까지 전인대 상무위원을 지냈다.

68) 미산(密山)시는 헤이룽장(黑龍江)성 지시(鷄西)시 관할의 현급 도시, 헤이룽장성 동남부에 있다. 인구는 43만 명, 인민해방군의 탄약제조업, 전기 수리창 등이 있다.

년 9월 제5군을 조직하고, 길동(吉東) 빨치산 그룹의 차이스잉과 류한싱 같은 지도자들을 지명했다. 더 북쪽으로는 쑹아리강 남쪽의 자무스[71] 부근의 탕위안 빨치산 그룹은 시에 웨이둥의 리더십 아래 제6군으로 재편됐다. 탕위안 빨치산 그룹들은 쑹아리강 둑 이쪽 지역 저쪽 지역 옮겨다니며 여러 차례 재편되다가 나중에는 샤융지에의 지휘를 받게 됐다.

이 6개 군의 병력은 중국인과 조선인 공산주의자들, 청년 지원자들, 항일 민족주의자 무장병력으로 구성됐다. 일본군들은 이 병력의 숫자가 1만 5000명 정도일 것이라고 추산했다. 이 그룹에서는 사망자도 많았고, 도망자도 많았지만, 1930년대 중반에는 중국공산당 만주 당위원회의 지시와 모스크바에 있는 캉성의 지시를 받았다. 1936년 1월 중국공산당의 활동을 지도하기 위해 코민테른에서 만주로 파견된 한서우쿠이(韓守奎로 추정)는 1936

---

69) 저우바오중(周保中 · 1902~1964), 윈난(雲南)성 대리(大理) 출신의 소수민족 백족(白族)이다. 동북항일연군의 창립자. 1926년, 국민혁명군 제6군 단장, 부사단장. 1927년 중국공산당 입당. 1931년 일본 관동군이 만주를 침공한 9 · 18 사변이 나자 소련에서 귀국, 1932년 7월, 하얼빈 중국공산당 만주(滿洲)성 군사위원회 서기로 임명됐다. 1945년 9월 중순, 동북항일연군 교도여단을 확대해서 동북인민자위군을 편성해서 총사령관 겸 정치위원을 맡았다. 1949년 중화인민공화국 정부 수립 후 윈난성 인민정부 부주석, 서남 군정위원회 정법위원회 주임 겸 민정부장에 임명됐다. 1955년 1급 해방군 훈장, 1급 독립자유훈장, 1급 해방훈장을 받았다. 1964년 2월22일 베이징에서 병으로 사망했다.

70) 핑난양(平南洋)은 12명의 농민이 구성한 항일 조직. 설립자는 리징푸. 소총으로 무장하고 일본계 은행을 털고, 가난한 중국인을 돕는 활도를 했다. 조직이 100명으로 늘어나기도 했으며, 하얼빈 근교에서 일본인 6명을 타살하기도 했다.

71) 자무스(佳木斯)시는 헤이룽장(黑龍江)성의 중심 도시중 하나. 2017년 인구는 234만명. 쑹화강, 헤이룽강, 우수리강 이 만나는 삼강(三江)평원의 배후지에 건설된 도시.

년 4월 16일 체포됐는데, 그가 만주에서의 중국공산당 활동을 많이 노출시켰다.

1935년에 열린 코민테른 제7차 총회는 모든 반제국주의 세력들이 통일전선을 구축할 것을 촉구했고, 중국공산당은 1935년에 8·1선언을 발표했다. 이 선언에 호응해서 6개 군 리더들은 1935년 10월 12일 마오쩌둥과 장카이섹(蔣介石)을 포함한 전체의 항일 지도자들에게 이들 6개 군과 만주에 있던 나머지 항일 병력들이 통일전선을 형성하도록 촉구했다. 그 직후인 1936년 1월 28일 이들 6개 군의 리더들은 싼장(三江)평원에 있는 탕위안 지역에서 회합을 갖고, 동북항일련군이라는 통합군을 만들기로 합의했다고 발표했다.

이 그룹들은 많은 전투를 했고, 사망자도 많았다. 그러나 일본군들은 1931년 만주에 대한 공격을 강화했고, 1937년에는 중국 본토를 침공했다. 일본의 지배에 대한 만주에서의 저항도 강화됐다. 저항의 주력은 남, 남동, 북, 동북 만주에 있었고, 1930년에는 더 많은 무장 빨치산들이 조직되고 항일련군에 가담했다. 중·소 국경지대 하바롭스크 라오허(饒河)[72]에서는 중국이름 '리바오만'으로 알려진 조선인 빨치산 리더 이학만[73]이 이끄는 제7군[74]이 조직됐다. 이런 식으로 해서 항일연군은 모두 11개 군으로 이루어졌다. 제8군은 제6군이 확장되어 셰원둥이 이끌었으며, 이란과 팡정지역에 근거를 두고 있었다. 제9군은 제3군이 확

---

72) 라오허현은 헤이룽장(黑龍江)성 동북쪽 우수리강 중하류에 위치해 있다. 중국과 러시아 접경지대 128㎞에 걸쳐있다. 모두 27개 소수 민족들이 살고있으며, 조선족 마을도 있다.

장된 부대로 싼장 지역의 퉁화에 근거지가 있었으며, 리화탕이 이끌었다. 1936년 11월에는 아무르강 연안 하바롭스크 부근의 푸위안에서 조직된 것으로 발표됐다.

서로 다른 지역에서 활동하는 여러 부대가 늘어나자 한 부대와 다른 부대의 활동을 조정하는 것은 어려운 일이었고, 모두가 마을이나 도시에서 멀리 떨어진 농촌이나 삼림지역에서 빨치산 활동에 종사하기 때문에 엄격한 컨트롤이란 사실상 불가능했다. 각 부대들은 활동을 하기는 했으나, 일본군이나 만주국에 대규모의 도전이 되지는 않았다. 그들의 활동을 조정하기 위한 노력으로, 이들 11개 부대들은 1936년에서 1938년 사이에 3개의 군으로 재편됐다. 제1로군은 제2로군과 합해 1938년 5월 11일 양징위의 지휘아래 남만주에서 주로 활동하는 제1로군으로 재편됐다. 제2로군은 1937년 1월 4, 5, 7, 8, 10군이 합해져서 저우바

---

73) 1934년 3월 동만주 지역에서도 반일유격대 및 반일의용군을 규합하여 동북 인민 혁명군 제2군 제1독립사가 조직되었다. 이 부대는 한국인 주진(朱鎭)이 사장을 맡았고, 그 외 참모장을 비롯한 핵심 간부들도 모두 한국인으로 구성되었으며, 전체 병력 역시 한국인이 주축을 이루고 있었다. 1934년 5월 제2독립사가 추가로 조직되면서 각각 옌지(延吉)와 화룽(和龍), 왕칭(王淸)과 훈춘(琿春)을 중심으로 활동하였다. 한국인들이 동북 인민 혁명군 제2군의 주력을 이루게 된 것은 1국(國) 1당(黨)의 원칙에 따라 만주에서 활동하던 조선공산당원들이 중국공산당으로 흡수되었기 때문이다. 북만주의 미산(密山) 일대에서 이학만(李學萬)을 주축으로 활약하던 반일유격대가 동북 인민 혁명군 제4군에 편제되었으며, 탕위안(湯原)유격대가 동북 인민 혁명군 제6군으로 편제되어 활약하였다. 일제는 만주국과 함께 혹심한 탄압을 자행하였으나, 동북 인민 혁명군은 적의 포위를 뚫고 남만주와 북만주의 평야 지대로 진출하여 유격전을 벌이며 치열한 무장투쟁을 전개하였다. 〈https://terms.naver.com/entry.nhn?docId=5845818&cid=40942&categoryId=33384[네이버 지식백과] 동북인민혁명군 [東北人民革命軍] (두산백과)
74) 항일 유격부대 근거지 지도 참조

오중이 지휘하는 동만주에서 조직됐다. 제3로군은 3, 6, 9, 11군
이 합해져서 자오상즈의 지휘 아래 북만주에서 활동하도록 조직
됐다. 항일련군의 지휘부는 1930년대 후반부에 급격히 바뀌었
다. 표 2.1에 나오는 지휘관 명단은 중국과 일본의 자료를 통해
작성된 것이다. 그들의 빨치산 활동 이해에 도움을 주기 위해 지
도와 표를 하나씩 붙였다.[75]

이것이 1932년부터 1941년까지 항일전투에 참가한 조선인 빨
치산들이 참여한 항일련군이다. 이 부대의 톱 리더들은 중국인
공산주의자들이었다. 조선인들은 이들 부대에 흩어져 있었고,
주로 동만주 지역에서 활동한 제2군에 집중돼 있었다. 이 지역
은 오랫동안 조선인들이 이주 정착한 지역으로, 수적으로 중국
인보다 조선인이 많았다. 어느 부대에나 용감한 조선인 빨치산
들이 있었고, 이들 가운데에 나중에 제7군 지휘관이 된 이학만
이 있었다. 김일성과 그의 무장 빨치산들이 소속된 부대는 제2
군이었다.

김일성과 제2군

1934년 3월에 조직된 제2군의 지휘관은 추진이라는 이름의 조
선인이었고, 정치위원은 왕더타이[76]라는 중국인이었다. 왕더타
이는 나중에 추진을 이어 지휘관이 된다. 추진은 일본군에 대한
도발로 유명한 훌륭한 전사였다. 그는 1935년 2월 일본 경찰 이
란 분소에 체포됐으며, 이들은 돈과 상을 받았다. 김일성은 이

---

75) Dae-Sook, Suh, Kim Il Sung : the North Korean Leader , New York :
    Columbia University Press, 1988. pp. 19-20.

제2군 제2독립사단 제1중대 3지대에서 전사 생활을 시작해서 나중에 제6사단 지휘관의 지위에까지 오른다. 그는 김일, 최현, 안길 등 유명한 조선인 전사들과 함께 활동했으며, 그는 이 부대에서 자신의 위치를 다졌다.

1936년 일본군애 대한 공동 작전을 위해 제2군과 제5군이 재편됐을 때 빨치산 그룹내에서 김일성은 두각을 나타냈다. 그는 중국인 지휘관 차이스잉과 부지휘관 푸셴밍의 정치위원이었다. 그는 또한 '김일성 부대'로 불리던 자신의 부대를 이끌고 있었는데, 지린과 무단장 사이의 어무 지역에서 100명 정도의 부대를 이끌고 활동했다. 그러나 중국인 학교를 다녔고, 유창한 중국어를 구사한 김일성이었지만 조선인이 중국인 군대에서 지위 상승을 하는 것은 어려운 일이었다. 제2군 지휘관 왕더타이는 1936년 11월 7일 푸쑹에서 일본군 제7기병대와 벌인 전투에서 전사한다. 제2군 지휘관은 중국인 저우수둥이 맡게 되는데, 저우 역시 1937년 4월 24일 안투 전투에서 죽는다. 제2군 지휘관은 또 다른 중국인 웨이정민이 맡게 된다. 조선인 빨치산들도 많은 희생을 당하는데, 예를 들면 김일성보다 네 살 위의 김명팔이 있었는데, 그 역시 1937년 10월 목숨을 잃는다. 일본군 대장 이시카와 시게요시는 1936년 10월 10일 툰화 지역에서 안봉학이란 조선인 빨치산이 이끄는 부대와의 전투에서 죽는다.

만주의 일본군들은 공산 빨치산들을 진압하기 위해 여러 차례의 작전을 벌인다. 관동군의 관심은 중국 본토를 공략하기 위해

---

76) 동북항일연군 화뎬 대사기(大事記)에 기록이 보인다.
  〈blog.sina.com.cn/s/blo...〉

만주에 거점을 확보하는 것이었다. 일본은 탄광과 목재산업, 그리고 다른 천연자원을 공산빨치산 그룹의 간섭을 받지않고 관리하기를 원했다. 관동군과 만주국 경찰의 진압 작전으로 결국 항일연군의 작전은 종식된다.

만주지역의 중국공산당 빨치산들에 대한 마지막 진압작전은 지린에 주둔하고 있던 관동군 제2독립 보안사단의 사단장에 노조에 쇼도쿠[77] 대장이 취임함으로써 전개된다.

1939년 10월 일본군 지휘관과 만주국 정부가 만나 노조에의 진압작전에 3000만 엔을 투입하기로 한다. 1941년 3월 31일까지가 진압작전 완료기간이었다. 노조에는 후쿠베 구니오 중령이

---

77) 노조에 쇼도쿠(野副昌德)는 중국측에는 1940년 항일영웅 양징위를 죽게 한 배경 인물로 기록돼 있다. 1940년 2월 23일, 지린(吉林) 명장(蒙江)현 한 산골짜기에서 양징위 부대는 일본군의 포위공격을 받았다. 오후 4시 30분쯤 양징위는 전사했다. 양징위의 사망 현장을 일본 기자가 《진중일기(陣中日記)》에서 이렇게 기록했다. "양징위가 죽은 후 그를 살해한 일본 경찰 니시노야(西谷)는 자신이 죽인 빨치산이 그 유명한 양징위인 것을 확인하고는 목놓아 울었다. 함께 양징위를 죽인 기시타니 류이치로(岸谷隆一郎)도 당혹해하며 "도대체 왜 영하 34도에 그렇게 전투를 고집했나"라고 말했다. 1939년 10월 1일에서 1941년 3월 19일까지 노조에 쇼토쿠는 일본군 6400, 만주국 군대 2만5000명을 동원하고, 통화(通化), 지린(吉林), 간도(間島) 지방 경찰 3만 4131명을 동원했으며 총병력 약 7만 5000~8만 명을 동원해서 양징위와 웨이정민(魏拯民)이 이끄는 항일연군 제1로군에 대한 대토벌을 진행했다. 노조에 쇼토쿠 부대는 이른바 "다니(진드기) 전술", 끝까지 추적하는 전술을 적용해서 항일연군 제1로군에 큰 손실을 입히고 1172명을 죽이는 전과를 올렸다. 중국인 빨치산 사망자 가운데에는 양징위(揚靖宇), 차오야판(曹亞范), 천한장(陳翰章), 팡전성(方振聲)등 고급장교들이 포함돼있었다.
위키피디아 일본어판에는 노조에 쇼토쿠에 관해 다음과 같이 올라있다.
野副 昌德(노조에 마사노리, 1887년 11월 20일 - 1981년 11월 2일). 일본 육군. 최종계급은 중장. 사가(佐賀)현 출신. 1910년 5월 일본 육군사관학교 22기 졸업. 12월 보병 소위로 임관. 1937년 4월 보병 제46연대 수비대장에 취임, 8월 보병 대령으로 승진, 9월에 보병 제55연대장에 발령이 나면서 중일전쟁에 출전했다.

라는 능력있는 '사냥꾼'의 도움을 받았는데, 후쿠베는 전투와 설득 두 갈래의 전략을 제시했다. 설득 작전은 만약 공산주의를 포기하고 투항하면 처벌을 면해주고 상금을 주겠다는 것이었다. 후쿠베의 전략은 성공적이었다. 항복한 빨치산들은 공산주의를 포기했을 뿐만 아니라 빨치산 리더들 체포에 협력했다.

일본의 토벌 작전이 강화될 것을 예상한 남만주의 제1로군은 조직을 재편한다. 제1로군의 1군과 2군을 3개의 방면군으로 재편했다. 제1로군 재편 때 김일성은 제2방면군 지휘관이 된다. 제2방면군은 주민들이 대부분 조선인들이던 간도[78]가 활동지역이었다.

1938년 11월 제1로군의 지도부 명단은 다음과 같다.

---

77) 항저우만 상륙작전, 난징 전투, 광둥(廣東)작전 등에 참전했다. 1938년 12월 육군 도야마(戶山)학교 간사로 전임. 1939년 8월 육군 소장으로 진급해서 제2독립수비대장으로 발령나 만주에 부임한다. 1941년 3월 독립혼성 제7여단장으로 중국 전선에 출정한다. 1942년 7월 마에바시(前橋) 육군예비사관학교 교장으로 전보. 1943년 6월 육군 중장으로 승진, 제63 사단장으로 발령나 베이징(北京) 주변 경비를 담당한다. 1945년 3월 9일 서부군 관구사령부 관할 예비역으로 편입됐다가 다음날 다시 소집돼 구루메(久留米) 제1육군예비사관학교 교장에 취임하고, 8월 27일 제303사단장으로 발령난다. 1981년 11월 급성 신부전으로 사망.

78) 간도라는 지명은 병자호란 뒤에 청나라 측이 이 지역을 봉금지역(封禁地域 : 이주 금지의 무인공간지대)으로 정하고 청국인이나 조선인 모두의 입주를 불허하는 공간 지대로 삼은 뒤, 청나라와 조선 사이에 놓인 섬[島]과 같은 땅이라는 데서 유래한 것으로 보인다. 그러나 조선 후기에 우리 농민들이 이 지역을 새로 개간한 땅이라는 뜻에서 '간도(墾島)'라고 적었으며, 또 조선의 정북(正北)과 정동(正東) 사이에 위치한 방향인 간방(艮方)에 있는 땅이라 하여 '간도(艮島)'라고도 적었다. 간도는 서간도와 동간도로 구분된다. 서간도는 압록강과 송화강(松花江)의 상류 지방인 백두산 일대(白頭山一帶)를 가리키며, 동간도는 북간도라고도 하며 훈춘(琿春) · 왕청(汪淸) · 연길(延吉) · 화룡(和龍)의 네 현(縣)으로 나누어져 있는 두만강 북부의 만주 땅을 말하는데, 보통 간도라고 하면 동간도를 말한다.

Commander-in-chief : 양징위

Deputy commander : 웨이정민

Chief of staff : 팡전성(方振聲)[79]

Political commissar : 천광(조선인)

통화 주재 제1방면군 지휘관 : 차오야판(曹亞范)

간도지역 제2방면군 지휘관 : 김일성

지린 지역 제3방면군 지휘관 : 천한장(陳翰章)

노조에가 이끄는 일본군 진압작전이 강화된 이후 김일성을 제

---

78) 즉, 간도는 노야령산맥(老爺嶺山脈)과 흑산령산맥(黑山嶺山脈) 사이의 일대 분지와 혼동강(混同江)과 목단령산맥(牧丹嶺山脈) 사이의 분지를 아우르는 지명이다. 지역의 기후는 전형적인 대륙성 기후로 10월 중순부터 5월 초순에 걸쳐 강설과 결빙이 계속된다. 주민은 주로 농업과 목축업에 종사하는 한편, 임업이 성하며 연길시(延吉市)에서는 훈춘재(琿春材)·간도재(間島材)로 불리는 목재를 산출한다. 연길 분지는 한민족이 최초로 벼를 이식한 곳으로 수도작(水稻作)이 행해지며, 그 밖에 콩·수수·옥수수·보리 등도 재배된다. 광물 자원으로는 석탄·유모혈암(油母頁岩)·구리·납 등의 매장이 풍부하다. 용정(龍井)에서는 제강, 노두구(老頭溝)·화룡에서는 탄광, 천보산(天寶山)에는 구리·납 등이 산출된다. [네이버 지식백과] 간도 [間島] (한국민족문화대백과, 한국학중앙연구원)

중국 검색엔진 바이두(百度)는 간도에 대해 다음과 같은 설명을 달아놓았다.

간도는 한국인들이 투먼(圖們)강 이북 하이란(海蘭)강 이남의 중국 영토 연변에 대해 칭하는 이름이다. 간도에는 옌지(延吉), 왕칭(汪淸), 허룽(和龍), 훈춘(琿春) 4개의 현급시가 포함된다. 중국에서는 "間島"라는 지명을 쓰지 않는다. 일본 제국주의가 수립한 만주국은 이 지역에 간도성(省)을 설립하고 성도(省都)를 룽징(龍井)으로 정했다. 이른바 간도라는 지역은 예부터 중국의 고유영토였으며, 현재는 중국 지린성 옌벤 조선족자치주에 속한다. 청말에 한국과 일본은 일방적으로 영토주권 분쟁을 일으켜 1909년 9월 4일 중일 쌍방 대표단이 베이징에서 《도문강중한계무조약(圖們江中韓界務條約)》을 체결했다. 한국은 일방적으로 이를 "간도협약(間島協約)"이라고 부른다. 이 협약으로 간도는 중국영토임이 확정됐으며, 현재 조선과 한국을 포함하여 간도가 중국 영토임을 승인하고 있다.

⟨https://baike.baidu.com/item/間島/8323380?fr=aladdin⟩

외한 이들 지도부는 죽거나 항복했다. 제1로군 총지휘관 양징위를 체포하기 위한 작전 과정에서 일본군들은 양이 가장 믿던 전 제1사단 지휘관이었다가 일본군에 투항한 청빈(程斌)의 안내를 받았다. 양징위는 1940년 2월 23일 통화 지역의 멍장(蒙江)전투[80]에서 전사했다. 양징위는 1주일 동안 청빈의 추적을 받았으며, 양징위를 죽인 부대는 멍장 지역의 경찰 진압작전 부대의 니시타니(西谷) 기요진의 지휘 아래 움직였고, 기시타니 류이치로(岸谷隆一郎)가 이끄는 통화(通化) 경찰부대 소속이었다.

양의 참모 팡전성(方振聲)은 1940년 2월 15일 일본군에 체포돼 처형당했다. 제1방면군 지휘관 차오야판은 1940년 4월 8일 내부 다툼 끝에 자신의 부하에게 죽음을 당했다. 제3방면군 지

---

79) 팡전성(方振聲· ~1940) 지린 출신. 중국공산당 당원, 1931년 항일무장투쟁에 참가, 1935년 이후´ 동북인민혁명군 제2군 독립사단 제3단 단장, 동북항일연군 제2군 제2사 제5단 단장을 지냈다. 무단장(牡丹江) 상류 지역에서 빨치산 활동을 전개했다. 1936년 제5군을 따라 무단장 하류 지역으로 이동했다. 1937년 독립여단 여단장으로 부하들과 함께 남하 활동을 했다. 이후 제1로군 양징위 부대에서 경비여단 여단장을 지냈다. 1940년 1월 지린 화뎬에서 일본군에 포로가 됐다. 1940년 1월 15일 창춘에서 사망했다.

80) 멍장(蒙江)전투 : 1939년 11월 ~ 1940년 1월 동북항일련군 제1로군 경위여단등 부대가 지린성 멍장현 경내에서 일본군과 만주국 군대의 토벌전에 맞서 싸운 전투. 1939년 10월, 동북항일연군 제1로군 총부는 화뎬(樺甸)현에서 회의를 열어 일본군과 만주국 군대의 토벌작전 형세가 엄중하다고 판단, 부대를 유격전에 맞는 소부대로 나누어 전력을 보존하기로 결정한다. 제1로군은 총사령 양징위의 지휘에 따라 경위여단과 소년 철혈대가 화뎬에서 멍장현으로 진입했다가 11월 22일 매복 중이던 일본군과 만주국 군대의 공격을 받고 싸워 적 30여명을 죽였다. 12월 7일, 양징위가 이끄는 부대는 룽취안(龍泉)진 북부에서 일본군 기마부대와 조우전을 벌여 10인을 죽인다. 9일´10일, 룽취안 진 부근에서 일본군 부대와 또다시 두 차례의 접전을 벌인다. 1940년 1월20일, 양징위 부대는 일본군과 만주국 군대 2만 5000명이 처놓은 함정에 빠져 많은 병력을 잃고 부대가 존폐위기에 빠지게 된다.

휘관 천한장은 남만주에서 북만주까지 오랫동안 추적을 당하다
가 1940년 12월 8일 일본군에게 목숨을 잃었다. 양징위가 죽은
다음 제1로군 지휘관은 웨이정민이 될 것으로 생각됐다. 웨이정
민은 1940년 3월 13~15일 사흘간 화쉰 지역에 있는 정치위원
천광의 캠프에서 회의를 소집했다. 이 회의에는 제1로군에 남은
11명의 지도급 인물들이 여러 그룹을 대표해서 참가했는데 한인
화, 김광학, 최현, 김재범, 김일성, 천광 등의 인물이 있었다. 희
생자가 더 많아질 것을 우려해서 웨이정민은 모든 부대에 일본
군과의 직접 대결을 피하게 하고 주민들과 가까이 하는 전술을
택했다. 그러나 이 전술은 통하지 않았다. 김광학과 김재범 두
조직원이 주민들과 함께 지내기 위해 마을로 갔다가 체포됐다.

제1로군의 최후는 정치위원 천광이 1941년 1월 30일 일본군에
항복하고, 일본군들을 자신의 부하들이 있던 은신처로 안내함으
로써 이뤄졌다. 그 직후 웨이정민은 1941년 3월 8일 화롄에서 죽
음을 당했다. 다른 조직원들도 체포되거나 투항했다. 이 가운데
에는 박득범도 있었는데 그는 일본군에게 남은 빨치산들의 활동
에 관한 많은 정보를 제공해서 더 이상 제1로군의 항전이 불가능
하게 만들었다. 제1로군의 지휘관 가운데 투항도 하지 않고, 체
포되거나 죽지도 않은 조직원은 김일성이 유일했다. 항일연군의
패배가 분명해지고, 제2로군과 제3로군도 패배했을 때 김일성은
소련으로 도주했다. 김일성은 웨이정민에게 자신은 제2로군 지
휘관 저우바오중을 따라 소련으로 가겠다고 했으나, 웨이정민은
허가를 보류한 것으로 알려져 있다. 김일성은 1941년 3월 웨이정

민이 죽은 직후 훈춘 지역의 메이린이라는 삼림지대를 통과해서 블라디보스토크로 건너갔다. 노조에의 진압군은 항일련군을 소탕하는 데 성공했으며, 1941년 3월 12일 항일련군의 해체를 명령했다. 일본군과 만주국은 1941년 3월 19일 예정보다 2주 앞서 합동 축하회를 열었다.

만주의 공산 빨치산들에 관해서는 여러 가지 리포트가 있으나, 중국측 자료이건 일본측 자료이건 과장과 축소가 있었다. 일본측 자료는 당시 1932년부터 1940년까지 약 1만 5000명의 빨치산들이 활동했다고 돼있고, 중국측 자료에는 항일연군 11개군 산하에 3만여 명의 빨치산들이 활동했다고 되어있다, 그들 각자의 주장이야 어떻든 만주에서의 투쟁은 일본군이나 중국군 모두에게 커다란 시련이었다.

(3) 빨치산 활동

항일연군에 대한 이 글은 김일성과 그의 빨치산들의 성공적인 전적들을 부정하거나 축소하기 위한 것이 아니다. 김일성이 제1로군 중국인 상급자나 다른 조선인 동료들보다 오래 견딘 것은 칭찬해야할 만한 것이다. 그가 공산 빨치산으로서 항복하지 않고, 그를 잡기 위해 일본군들이 여러 차례 공격을 했는데도 투항하지 않았고, 망명하라는 유혹에도 넘어가지 않았다. 일본군들이 김일성을 체포할 수 있는 정보를 제공하는 경우에 주겠다고 한 상금은 2만엔이었고, 양징위에게는 20만 엔이 걸려있었지만,

나중에는 현상금이 똑같아졌다. 한때는 일본군 진압작전 병력이 김일성을 죽였다고 생각했고, 현상금과 상장까지 지급한 일이 있었지만, 김일성은 다른 지역에서 나타났다.

앞으로 살펴보겠지만, 김일성의 전적은 인상적인 것이었지만 그의 기록을 손상하는 것은 과장된 주장이었다. 그는 부자들로부터 빼앗아 가난한 사람들에게 나눠주는 관대하고 정의로운 지도자의 이미지를 구축하려고 했고, 조선의 공산화 혁명을 위해 싸우는 이미지를 구축하려고 했다. 성공적인 빨치산 전사로서의 그의 명성은 관대함 때문에 쌓아올려진 것이 아니라, 일본인과 조선인 협력자들을 대할 때 보여준 거친 성격 때문에 쌓아올려진 것이었다. 젊은이가 자신의 동료들은 대부분 일본에 협력했는데, 자신만 무기를 들고 싸운 것은 긍정적인 기록이었다. 김일성은 자신이 1935년 이전에 남만주와 동만주에서 많은 작전을 했지만 이들 대부분은 소규모 전투들이었다. 그가 참가한 전투는 대체로 1936년에 시작해서 1940년에 끝났다.

항일련군의 조선인들

김일성은 항일련군 이전의 소속에 대해서는 말하지 않았다. 그는 1932년 4월 25일 조선인 항일 빨치산 조직을 만들었다고 주장했다. 그는 1933년 3월에는 왕칭 지역에서 싸웠고, 4월에는 샤오왕칭에서, 그리고 9월에는 둥닝 지역에서 일본군과 싸웠다고 주장한다. 그는 또한 1934년 3월 그의 빨치산 그룹을 조선인 민혁명군으로 재조직했다고 주장하면서 1934년에서 1936년 사이에 무단장시 근처의 닝안 지역으로 두 차례 갔다고 주장한다. 김일성의 노력은 조선인으로서의 아이덴티티를 주장하고, 자신과 중국공산주의 빨치산 그룹과의 협조 관계의 전통을 세우려고 한 것으로 보인다.

김일성은 양세봉[81]이 이끄는 조선 민족주의자 그룹에 소속해있다가, 우이청이 이끄는 중국인 그룹을 위해 싸웠다. 우이청은 공산 빨치산 리더가 아니었다. 김은 우이청에 대해 1933년 6월 처

---

81) 1896(고종 33)~1934. 독립운동가. 일명 양서봉(梁瑞鳳)·양윤봉(梁允奉). 호는 벽해(碧海). 평안북도 철산 출신. 1919년 3·1운동 직후 평안북도 삭주군에 있는 천마산(天摩山)을 근거로 무장항일운동을 전개하던 천마산대 독립군에 입대해 일제의 통치기관 파괴, 친일파 숙청 활동을 하였다. 1920년 만주로 건너가 광복군총영(光復軍總營)에서 활동하였다. 1923년 육군주만참의부(陸軍駐滿參議府)가 결성되자 소대장으로 활발한 국내진입작전을 전개하였으며, 뒤에는 제3중대장으로 승진하였다. 1929년 재만 각 단체가 통합하여 국민부(國民府)를 조직할 때 참여하였으며, 국민부가 소속 독립군으로 조선혁명군을 편성하자 제1중대장이 되었다. 1931년 신빈현(新賓縣)에서 일본군의 기습을 받아 주요 간부 다수가 붙잡히는 신빈사건 이후 조선혁명군을 개편하여 총사령이 되었다. 1932년 일본군이 만주사변을 일으켜 만주를 석권하자, 재만 중국군과의 연합작전을 펼치기로 하고 중국의 용군 총사령관 이춘윤(李春潤)과 협의하여 한·중연합군을 편성하였다. 이해 3월 한·중연합군은 일본군이 점령하고 있던 영릉가성(永陵街城)을 공격하여 탈환하였고, 1933년 흥경(興京)을 공격하여 일본군을 격퇴시켰다. 이와 같이 중국군과 연합작전을 성공적으로 수행하는 한편, 전투에서 소모되는 혁명군을 보충하기 위해 조선혁명군 군관학교를 설립하고 교장으로서 직접 군대를 양성하는 데 주력하였다. 그 뒤 흥경성전투·노구대전투(老溝臺戰鬪)·쾌대모자전투(快大帽子戰鬪)에 참전하여 연전연승을 거두었다. 1934년 8월(음력), 전부터 잘 알고 있던 일본 경찰 밀정인 박창해(朴昌海)의 계략에 빠져 대원 여러 명과 같이 환인현 소황구(小荒溝)에서 일본군에 포위되어, 치열한 전투 끝에 전사하였다. 1962년 건국훈장 독립장이 추서되었다. 참고문헌 : 『대한민국독립유공인물록』(국가보훈처, 1997), 『독립운동사』 5(독립운동사편찬위원회, 1973), 『대한민국독립운동공훈사』(김후경·신재홍, 한국민족운동연구소, 1971), 『무장독립운동비사』(채근식, 대한민국 공보처, 1949), // [네이버 지식백과] 양세봉 [梁世奉] (한국민족문화대백과, 한국학중앙연구원)

음 우이청과 만났으며, 그때 김은 1933년 4월 이광이 이끄는 조
선인 빨치산 30명 정도를 중국인들에게 살해당한 사건을 해결하
기 위해 뤄즈거우[82]를 방문했을 때였다고 주장했다.

  김일성은 1992년 11월 25일 평양에서 발행된 『회고록 세기와
더불어 3』[83]에서 우이청(吳義成)[84]과 만난 데 대해 다음과 같이
기록했다.

  일제는 로흑산 일대에 웅거하고 있던 악명높은 토비대장 동산호를
매수하여 리광의 별동대를 전원 참살하게 하였다.

   유격대는 구국군의 행패가 두려워 밤에만 행군하고 낮에는 행군
조차 하지 못하는 형편이었다. 구국군과의 관계를 해결하지 않고서
는 조선사람이 살아서 숨조차 쉴 수 없었다. 구국군과의 관계를 적
대적 관계로부터 동맹관계로 전환시키는 것은 조선 공산주의자들
에게 있어서 혁명을 계속하느냐 마느냐 하는 운명적인 문제로 다시
금 상정되었다.

   나는 용단을 내려 구국군 전방사령인 오의성을 찾아가기로 결심

---

82) 뤄쯔거우(羅子溝)진은 왕칭(汪淸)현에서 동북부로 100㎞ 떨어진 곳에 있다. 김일
성이 회고록 『세기와 더불어』에서 '라자구' 라고 표기한 곳이 이곳이다. 일반적으
로 '구(溝)'란 계곡을 뜻한다. 마을 면적은 1490.73㎢, 2017년 현재 상주인구는
1만 8137명이다.

83) 김일성, 『세기와 더불어』 3 , 평양 : 조선로동당출판사 , 1992. pp. 170-181.

84) 우이청(吳義成 · 오의성)은 지린성 둔화(敦化)출신. 1887년생으로 왕더린(王德林)
부대의 분대장을 했다. 13세 연상의 왕더린을 따라 몇 년간 빨치산 생활을 했다.
1931년 9 · 18사변 후 왕더린이 항일 활동을 하자 우이청도 항일활동을 했다. 우
이청은 왕더린, 리옌루, 저우바오중 등을 지휘관으로 삼아 따라 다녔다. 나중에
저우바오중의 뒤를 이어 소련 경내로 진입한다.

하였다. 왕덕림이 간도당에서 떠나가버린 후 구국군의 실권은 그가 쥐고 있었다. 오의성을 잘 설복하면 김명산 사건과 리광 별동대 참살사건으로 하여 동만땅에 빚어진 유격활동의 경직 상태를 종식시키고 우리 혁명이 직면하고 있는 난국을 얼마든지 타개할 수 있을 것이라는 신심이 생기였다.

나는 오의성과의 담판을 성사시키기 위하여 반성위와 함께 진지한 의논을 하였다. 반성위는 나의 결심이 정당한 것이라고 긍정해주면서도 오 사령한테로 직접 찾아가는 것은 삼가라고 말하였다. 중국사람이 간다면 모르겠지만 조선사람이 가서는 오의성같이 자존심이 강하고 편견이 심한 사람을 위여낼 수 없을 것이라고 하였다. 반성위는 오 사령이나 채 사령을 돌려 세우자면 그의 배후에서 모사 노릇을 하는 리청천이 작간질을 하지 못하게 해야 하는데 그것도 문제라고 하였다. 나는 반성위의 반대를 무릅쓰고 어떤 장애가 있든 가야겠다고 고집하였다. …(중략)…

반성위가 훈춘현으로 떠난 다음 동만의 각 현에 있는 유격대 대표들은 왕청에 모여서 회의를 열고 통일전선 문제를 심각하게 토의하였다. 이 회의에서도 중심을 이룬 안건은 구국군과의 동맹문제였다. 이를테면 오의성, 채세영, 사충항 등의 구국군이 집결되여 있는 라자구에 누가 담판을 가느냐 하는 문제였다.

나는 구국군의 집결처에 내가 가야 한다는 것을 완강히 주장하였다. 회의는 호위성원이 100명 정도 따라가는 조건에서 나의 라자구 행이 가능하다는 결론을 내리고 나의 주장을 받아들이였다. 오의성을 찾아가는 경로가 이처럼 간단치 않았다. …(중략)…

나는 진한장과 호진민에게 편지를 쓰고 뒤이어 오의성과 채세영에게도 서한을 보내여 우리가 라자구로 가는 취지를 밝히였다. 발신인 이름 옆에는 격을 갖추느라고 네모나게 생긴 큼직한 도장도 찍었다.

편지를 발송한 다음 라자구 지방의 혁명조직을 통해 오의성 부대의 동태를 알아보았는데 반응이 좋았다. 라자구의 지하조직들은 구국군이 시내 입구에 《조선인 반일 유격대를 환영한다!》는 구호를 써붙인 사실까지도 우리에게 통보해주었다.

나는 선발된 100여 명의 대원들을 데리고 라자구로 떠났다. 새 군복을 입고 새 총에 새 가죽가방을 메고 질서정연하게 행군해가는 우리 부대의 모습은 참으로 장관이었다.

나는 백마를 타고 맨 앞장에서 대오를 인솔하였다.

태령구에 도착한 우리는 반일 인민유격대의 라자구 입성에 관한 성명을 발표하고 오의성 부대에 전령병을 파견한 다음 거기서 회답을 기다리며 하루밤 류숙하였다. …(중략)…

오의성은 수염을 길게 드리운 풍채좋은 사나이였다. 손님이 와도 일어나지 않고 호랑이 가죽위에 비스듬히 누워서 담화도 하고 차도 마시는 거만한 사람이라는 소문을 들었는데 그날은 격식을 차려 깍듯이 나를 맞이하였다. 그런데 손님에게 차를 대접하는 중국식 례절만은 지키지 않았다.

나는 첫 인사로 《장학량의 구 동북군에서 많은 부대들이 일본군에 투항할 때 사령님네 부대가 항일에 나선 것을 애국적 항거로 높이 평가합니다》라고 겸손하게 말했다.

오의성은 그 말을 듣자 입가에 미소를 짓고 부관을 시켜 차를 가져오게 하였다.

《내 김 대장이 일본놈과 잘 싸운다는 소문을 들어서 다 알고있소. 당신네 군대는 수가 적으면서도 일본놈과 잘 싸우는데 우리는 수더구가 많지만 당신네들처럼 일본놈과 잘 싸우지 못해. 우리 사람들한테서 들으니까 당신이 데리구 온 군대들이 알쭌히 새 총을 메구 왔다는데 그걸 몇 자루 우리한테 있는 낡은 총과 바꾸지 않겠소?》

담판은 오의성의 이런 인사로부터 시작되였다. 인사치고는 아주 까다로운 인사였다. 한쪽으로는 추어올리고 한쪽으로는 응해나서기 곤란한 흥정을 붙여 상대방의 속을 떠보려는 오 사령의 모습을 보면서 나는 그가 쓴밥단밥 다 먹어본 외교의 능수이고 능구렁이라고 판단하였다. 수천 명의 부하들을 거느리고 있는 전방사령이 새 총 몇 자루가 탐나서 례의도 없이 첫 대면이 그런 주문을 한다고는 생각되지 않았다.

《바꿀 게 있나요. 그런 것쯤은 거저 줄 수도 있습니다.》

나는 오 사령의 제의를 흔연히 받아들이면서도 넌지시 꼬리를 달았다.

《그거 뭐 궁색스럽게 그런 놀음을 할 거나 있습니까. 일본군대와 한바탕 싸우면 될 터인데. 그렇지만 정 요구한다면 그까짓거 거저 줄 수도 있습니다.》

오의성은 수염을 내리쓴 다음 다른 각도에서 또 들이댔다.

《그런데 당신네 거 공산당이란 건 무엇인가? 저 진한장이란 사람은 공산당이 나쁘지 않다고 하지만 난 통 믿을 수가 없거든. 주보중

두 공산당인데 내 고문으로 있을 때 보니까 무얼하는지 꾸물꾸물하는 게 마음에 안 들더군. 그래서 그 사람을 쥐내깔렸지. 그런데 당신네 공산당은 상공당도 마스고 다닌다면서?》

《우리가 무엇 때문에 상공당을 마스겠습니까. 그건 나쁜 사람들이 공산당한테 죄를 뒤집어씌우기 위하여 꾸며낸 선전이지요.》 …(중략)…

일제의 만주 강점이 화제에 오를 때마다 오의성은 시꺼먼 눈썹을 푸들푸들 떨며 비분강개한 표정을 지었다. 그는 동산호가 리광을 참살한 데 대해서도 격분을 표시하였다.

《그것들은 원래 토배기 비적 패거리들인데 우리하구는 갈래가 달라. 그 동산호가 왜놈의 하수인이 되다니. 그 놈팽이들이 김 사령네 부대를 해친 건 천벌을 받을 일이야. 우리 중화민족 가운데 그런 악마가 있다는 건 참 부끄러운 일이거든.》

나는 그 말을 듣고 다시한번 오 사령의 인끔을 가늠할 수 있었다.

나는 담판 결과와 오의성의 환대에 만족하였다.

오 사령은 틀도 차리고 사상적으로는 국민당 테두리를 벗어나지 못한 사람이었지만 그것은 본질적인 문제가 아니었다. 중요한 것은 그의 항일의지와 구국열이 남달리 강하다는 것이었다. 사상을 따지고 계급을 따지고 민족을 따지면서 제한성만 들춰내면 합작을 성사시킬 수 없었다. 공동전선의 경륜은 우리로 하여금 그런 제한성을 무시하게 하였다.

김일성은 우이청을 만나러 가기 전에 한 회의에서 자신이 우이청이 조선인과 함께 활동하고, 조선인들을 적대적으로 대하지 않게 설득할 수 있다고 주장했다. 김일성은 우이청과의 이 회담에서 중형과 리싼샤를 포함한 우이청의 병력을 자신의 지휘 아래 두게 됐다고 주장했으나, 이 주장은 성립하기 어려운 주장이었다.

우이청은 잘 알려진 중국인 지휘관이었으며, 마잔산과 리두의 병력을 물려받았다. 이 둘은 1931년 일본이 만주를 점령하자 소련으로 달아난 인물들이었다. 일본 보고서에 따르면, 우이청은 수천 명의 중국인 빨치산을 거느리고 있었다. 이와 관련 김일성이 1932년 4월에 18명의 빨치산들을 조직한 점에 유의할 필요가 있다. 중국인과 조선인들 사이의 불화는 자주 있는 일이 아니었다. 그러나 때로 중국인들의 조선인들에 대한 차별은 참을 수 없는 정도였다. 중국인 부대에서 자신의 역할에 대해 잘 알 수 없었던 많은 조선인들은 중국인 부대를 떠나 조선인 지휘관이 지휘하는 빨치산 부대로 옮겨 갔다. 조선인 지휘관 추진이 이끌던 제2로군이 그런 부대였으며, 이 부대가 활동하던 간도지역은 조선인 주민들이 중국인보다 많던 곳이었다. 동만주의 간도지역은 조선인과 중국인 비율이 78대 22였으며, 남만주에서는 그 비율이 역전돼 조선인과 중국인 비율이 20대 80이었다. 대부분 조선인들은 농사를 짓고 있었으며, 그 지역 경작지의 절반 정도를 경작하고 있었다.

항일연군에서 민족 갈등은 1935년 1월 민생단 사건을 통해 드러났다. 민생단은 일본경찰의 전위 조직이었으며, 조선인 주민들이 마적들의 약탈을 방지하기 위해 조직한 병력이었다. 민생단원들은 신분을 마적으로 위장하기도 했고, 빨치산 캠프에 침투하기도 했고, 민생단으로 돌아갈 때는 유격대의 위치, 숫자, 무장 상황 등의 정보들을 가지고 귀환했다. 민생단은 1932년 2월에서 7월까지 짧은 기간에만 존재했으나, 빨치산과 조선인 간첩들은 나중에까지도 민생단 단원이라고 불렸다.

비슷한 기능의 조직에 '협조회'가 있었는데, 1934년 9월 6일 옌지 주재 일본군 중령 가토 하쿠지로가 조직한 것이었다. 조직의 회장은 김동한이라는 이름의 조선인 협조자였고, 간도 지역에 8195명의 조직원들이 있었다. 이 조직은 공개적으로 빨치산 리더들을 암살하기도 했고, 빨치산의 투항을 유도하기도 했으며, 정보제공자에게 상금을 제공하기도 했다. 협조회는 1936년 12월 27일까지 활동했고, '교와카이(협화회)'로 알려진 다른 조직에 흡수됐다.

조선인과 중국인 빨치산들 사이의 적대감이 노출된 것은 협조회 조직원이 제2군의 무장 캠프에 침투했을 때였다. 그 협조회 조직원은 한용호라는 빨치산이 바이차이거우로 먹을 것을 팔러 갔다는 사실을 알고 있었다. 조직원은 자신이 한용호의 친구라고 속이고, 빨치산 캠프에 침투해서 빨치산 기지에 관한 중요한 정보를 가지고 달아났다. 캠프로 돌아온 한용호는 무고하다는 주장을 했으나, 조사 끝에 처형됐다. 한용호는 죽기 직전에 또 다른 사람의 이름을 댔으며, 수사와 처형의 파도가 제2군 전체에 확산됐고, 사령관 추진과 정치위원 이상묵까지 파동에 휘말렸다. 추진은 탈출했다가 일본군에게 체포돼 처형됐고, 이상묵은 일본군에게 민생단에 관한 많은 정보를 제공했고 항일련군 내의 중국인과 조선인 관계에 관한 많은 정보를 누설했다.

이 사건 이후 중국인 왕더타이가 추진의 뒤를 이어 제2군의 지휘관이 됐다. 지휘관 교체보다도 더 나쁜 일은 조선인 빨치산 모두에게 의심이 제기됐다는 점이었다. 많은 조선인들이 의심을 받아 고문을 당했다. 예를 들어 허영호는 제2중대 지휘자에서 즉각 해임됐고, 훈춘 지역에서는 최학철과 약 60명의 지휘관들이 추방당했다. 한 보고서에 따르면, 화가 난 조선인 빨치산들은 중국인 지휘관 왕씨를 보복을 위해 암살하려는 음모를 짜기도 했다.

제2군 정치위원 웨이정민은 민생단 문제를 해결하기 위해 1935년 2월 24일부터 3월 3일까지 왕칭 지역의 다이황거우에서 회의를 개최했다. 이 회의에서 과도한 처벌 사례가 인정됐고, 중국인들에 의해 수정되기도 했다. 지휘관급에서 특별한 인사 변화는 없었지만, 중국인들은 조선인들에게 항일련군에 남아 다시 싸우자고 설득했다. 나중에 도망하기는 했지만 김재수는 어떤 지역에서 중국인과 조선인들 부대가 분리되기도 했다고 전했다. 그러나 조선인들에 대한 편견은 계속됐고, 많은 조선인들이 항일련군을 떠났다. 예를 들어 탕위안에서는 아편 중독자 지휘관 샤원제는 자신의 조선인 부하 이인건에게 지시해서 납치된 조선인 인질들의 귀를 잘라 오라고 했으나 이인건이 명령에 불복종하자 샤는 이인건을 민생단이라고 호칭하면서 그 자리에서 총살

시켰다. 이 부대의 조선인 다섯 명은 탈출해서 그 사건을 제3군 사령관 자오상쯔에게 보고했다. 자오는 샤윈제 관련 사항을 수정하고 샤윈제의 자리를 인정했다. 그러나 항일련군은 더 이상 같은 장소에 있을 수 없었고, 많은 조선인들은 항일련군을 떠났다.

---

85) 김일성과 북한이 김일성의 만주 항일 투쟁과 관련, 가장 중요시하는 것이 이 보천보 전투인데 이에 대한 국내의 평가와 중국의 평가는 다소 다르다.
(민족문화대백과) 1937년 6월 4일 항일 유격대가 함경남도 갑산군 보천면 보천보(현재 북한의 행정구역상 양강도 보천군 보천읍)를 습격하여 승리했다는 전투. 북한의 주장에 따르면, 이 전투는 1937년 3월 서강회의에서 조선인민혁명군(동북항일연군)이 국내 진공작전을 펴기로 결정함에 따라 김일성(金日成) 지휘하에 수행된 것으로, 작전은 최현(崔賢)의 인솔하에 한 부대를 무산 방향으로 진출시키고, 또 다른 한 부대를 국경 지대인 임강·장백으로 진출시켜 일본군 군사력을 분산시키는 것으로부터 시작되었다. 1937년 5월 하순 김일성이 주력 부대를 편성, 보천보 일대를 정찰하고 공격 준비를 마쳤을 때, 무산 지역에 진출한 부대가 적의 공격으로 포위될 상황이 되자 당초 예정된 작전 개시일을 앞당겨 보천보에 있는 일본군을 공격하였다. 공격은 1937년 6월 4일 밤 10시 조선인민혁명군 주력부대 150명이 2개의 습격조와 2개의 차단조, 1개의 정치공작조로 나뉘어, 제1습격조는 일제 경찰관 주재소·면사무소·소방서를 공격하고, 제2습격조는 우편국·농사시험장·산림보호구를 습격하여 기관 건물들을 전소시키고 일본 군경을 전멸시켰다. 공격이 계속되는 동안 정치공작조는 김일성 작성의 조국광복회 10대 강령과 포고문, 그 밖의 격문들을 뿌리면서 정치선전을 전개하였다. 포고문의 내용은 '조선인민들은 조선인민혁명군에 호응하여 일제 통치를 분쇄하고 조선인민의 정부를 수립할 것'을 호소하는 것이었다. 조선인민혁명군은 이로써 국내 진공의 목적을 달성하고 철수를 하였는데, 철수 시 많은 주민들이 이들을 도와 노획물자 운반에 동참하는 등 가담을 하였다. 조선인민혁명군은 구시산과 간삼봉(間三峰)에서 추격하는 일본군을 또다시 격퇴하였다. 북한에서는 이 전투를 김일성의 항일 무장투쟁 중 가장 큰 성과라고 말한다. 그러나 이때의 공격부대가 김일성의 부대가 아니라 또 다른 김일성이라는 사람이 이끈 부대였다는 설, 보천보가 인구 1300여 명의 작은 마을이고 무장 병력은 주재소 순사 5명뿐이었으며 이들을 상대로 한 물자 보급 투쟁이었다는 주장이 있는 것 등으로 볼 때, 북한에서 역사적인 항일 승리 전투라고 하는 것은 과대평가이다.

북한 역사가들은 김일성이 조선인과 중국인들 불화 사건에서 중재에 큰 역할을 했다고 주장한다. 1935년 2월과 3월 웨이정민의 후원 아래 열린 회의의 기록이 있으나, 김일성은 이 회의에 참석하지 않았다. 김일성 회고록의 초기 버전에서는 이 회의에 참석한 조선인 대표들 송일, 김성도 등을 종파주의자라고 비난했으나, 나중 버전에서는 이들의 이름을 삭제했다. 김성도는 현장에 없었으며, 송일은 대표단을 이끌고 참석했으나, 나중에 민생단이라고 오해를 받아 처형됐다.

더 중요한 결과는 김일성 자신의 항일연군내 역할이었다. 대부분의 겁많은 조선인들은 도망갔고, 중국인과 조선인들의 협력 관계는 어려워졌다. 김일성은 중국어와 중국 교육 배경 때문에 중국인들이 믿는 조선인이었다. 잔류한 조선인들에게 중국인 지도자들은 특별관 관심을 보여주었고 잘 대해주었다. 특히 만주에서 모든 민족들이 단결할 것을 촉구한 중국공산당의 8·1 선언 이후에는 더욱 그랬다.

보천보[85) 공격과 조선인 조직

김일성이 빨치산 생활을 하던 기간 중 벌인 가장 성공적인 작전은 만주국경 지대에 있는 조선인 마을을 공격한 일이었다. 제1로군 제2군 6사 김일성의 부대는 1937년 6월 4일 200명에 가까운 병력으로 한 마을을 공격해서 관공서와 일본 경찰 주재소와 초등학교, 우체국을 불태운 사건이었다. 그는 그 지방 사람들에게서 4000엔을 빼앗고, 1만 6000엔 상당의 피해를 입혔다. 김일성 부대는 그날 마을을 점령하고, 다음 날 아침 일찍 만주로 퇴각해갔다. 당황한 일본 경찰들은 6월 5일 김일성 부대를 추적하기 시작했다. 김일성은 그 일본 경찰들도 공격해서 주재소장 오카와를 포함한 7명을 죽였다. 이어진 작전에서 김일성은 제4군 지휘관 최현의 도움을 받았으며, 최현은 1937년 6월 9일 장백 지역에 있는 얼스다오거우(二十道溝)[86] 무산에 대한 비슷한 공격을 했다. 합동공격은 요코야마 목재 캠프의 주재소에 대해서도 있었으며, 일본군 10여명이 죽고, 9명의 인질과 총기, 탄약을 노획한 것으로 되어있다. 이것이 김을 일본군들에게 유명하게 만든 공격이었다.

 이 습격 사건은 군사적 충격만으로도 중요하지만, 일본군에게 더욱 중요한 것은 '한인조국광복회'[87]라고 알려진 항일 통일전선 조직과 공동 작전으로 이뤄졌다는 사실이었다. 이 조직의 조직원들은 김일성의 제6사와 접촉하여 반 년 전부터 습격을 준비

85) (중국 관영 검색엔진 바이두) 보천보(普天堡) 일대는 삼림지대이다. 군사지리적으로 항일부대의 유격활동에 유리한 곳이다. 때문에 일본군은 이곳에 20여개의 경찰 기관을 설치해두었고, 2km마다 보(堡)를 설치하고 도로도 개설해두었다. 국경경비를 강화하기 위해 보천보 거리에는 경찰주재소와 소방대, 면사무소, 우체국, 산림보호국,농업시험장 등 식민통치 기구를 설치해서 인민들을 진압하기 용이하게 대비했다. 1937년 봄, 조선인민혁명군(동북항일연군 제6사)은 과거 몇 년간의 무장투쟁 경험을 총괄하여, 조선 국경내로 대부대를 진격시키는 계획을 수립했다. 인민혁명군 부대를 세 갈래로 나누어 최현 부대는 푸쏭에서 안투를 거쳐 두만강 연안에서 북부 국경일대로 진입하고, 다른 한 부대는 강을 따라 백두산 일대로 진입하고, 김일성이 이끄는 주력부대는 혜산방향에서 조선국경내로 진입한다는 계획이었다. 이 작전의 목표는 국내의 일본군에 타격을 가하고, 백두산 일대에서 진입하는 제2사의 임무는 조선내로 진입하는 다른 두 부대를 배후지원하는 것이었다. 1937년 6월 2일, 김일성이 이끄는 주력부대는 군사요충 보천보를 공격했다.
86) 백두산 동쪽과 압록강 사이의 대협곡.

했으며, 김일성은 자신이 이 조직의 회장이었다고 주장했다.[88] 그러나 그 조직의 활동에 관한 기록은 분명히 되어 있다.

---

87) 한인조국광복회에 대한 중국측의 견해는 다음과 같다.

조선공산당은 공산주의 인터내셔널의 지시에 따라 해산한 이후, 만주지구에서 활동하던 조선인 공산주의자에 대해 1국1당의 원칙에 따라 중국공산당에 가입하도록 했다. 동북인민혁명군과 동북항일련군내의 조선인 공산주의자들에게도 같은 원칙을 적용해서 중국공산당에 가입하도록 했다. 그러나 조선인 공산주의자들의 최종 목표는 조선의 독립을 쟁취하는 것이었다. 공산주의 인터내셔널과 중국공산당은 공산주의 인터내셔널 제7차대표대회를 전후해서 중국 경내의 소수민족에 대한 정책을 변경했다. 공산주의 인터내셔널 제7차 대표대회의 방침은 조선인들이 만주에서 "조국광복회"를 조직하기로 결정했기 때문에 동북항일련군 내의 조선인들도 인민혁명군을 조직하기로 했고, 중국공산당은 공산주의 인터내셔널 기관지를 통해 "동북인민 반일 통일전선"을 구성하는 동시에 "민족혁명당"을 조직해서 간도지역의 조선인 항일 통일전선 정당(1935년 11월)을 만들도록 했다. 그러나 조선인 부대의 독립활동이 전략상 불리하므로 군사조직상 완전한 독립을 실행하지는 않고 연합하는 방식을 채택해서 "항일련군"이라고 칭하도록 했다. 동북항일련군과 같은 시기에 항일련군내의 조선인 부대에 완전한 독립을 주지 않았다. 조선인이 대부분을 점하는 항일연군 제2군은 조중변경지대 백두산 지역에 진입해서 '조국광복회'를 만들도록 했다. 이후 제2군 고급간부 회의인 둥강(東岡)회의(1936년 5월)의 결정에 따라 '만주한인조국광복회'를 조직하게 된다. 광복회는 오성륜(전광, 1900-1947), 이상준(李東光, 1904-1935), 엄수명 등 3인이 발기하여 "전 민족은 계급, 성별, 지위, 당파, 연령, 종교 등을 물론하고 백의의 동포로서 일치 단결하여 왜구들과의 전투를 끝까지 하여 조국의 광복을 달성한다"는 선언을 발표한다.

88) 김일성은 자신의 회고록 『세기와 더불어』 제4권을 조국광복회에 대한 자신의 견해를 밝히는 것으로 끝맺고 있다. 김일성이 왜 자신의 회고록을 조국광복회의 결성으로 끝맺었는지 그 이유는 알려지지 않고 있다. 김일성은 논리상 조국광복회의 결성을 이야기하고, 그다음에는 조국광복회와 함께 작전을 벌인 보천보 전투를 이야기해야 논리가 이어지며, 이후 소련으로 가는 이야기까지 해야 그의 회고록이 완결을 이룰 수 있음에도 모두 네 권으로 이뤄진 김일성 회고록은 조국광복회의 결성으로 끝맺고 있으며, 논리상 회고록을 더 쓸 수 없었던 이유가 무엇인지 궁금하다. 또 이 부분이 한반도의 정권 수립에 관해 중국공산당과 의견 충돌이 있었다고 보는 것도 한 이유가 될 것이다. 중국내의 조선족 자치주의 성립과 조선민주주의 인민공화국의 수립이 공산주의 인터내셔널과 중국공산당, 그리고 김일성 사이의 논리의 충돌이 있었던 것으로 추정된다. 김일성이 북한의 공산주의 정당을 "조선공산당"이라고 호칭하지 않고 "조선노동당"이라고 호칭한 데에도 의문이 남는다.

그 조직은 1935년 중국공산당의 8·1선언에 따라 만주에서 1936년 6월 10일에 설립됐다. 이 협회는 8개 장 14개 조항으로 된 헌장이 문서로 남아있으며, 가장 중요한 역할을 한 인물은 항일련군에서 김일성의 상급자였던 천광이었다.[89] 천광은 코민테른에서 돌아온 웨이정민의 지시를 받았다. 이 협회의 지회들은 조선 국경내의 접경 마을 여러 곳에 조직돼 있었으며, 권용벽이 조직한 장백공작위원회, 박달과 박금철이 조직한 갑산작전위원회, 그리고 최경화가 조직한 강구리 조직위원회가 있었다. 김일성은 1937년 6월 보천보를 습격할 때 갑산그룹 조직원을 동원한

---

89) 김일성은 회고록 『세기와 더불어』 제4권 말미에 공산주의 인터내셔널과 중국공산당, 그리고 자신과의 관계에 대해 다음과 같은 기록을 남겼다. : 우리는 조선공산주의자들이 조국해방을 위하여 싸우는 것은 민족적 권리라는 것을 인식시키고, 그것이 결코 프롤레타리아 국제주의와 모순되지 않는다는 것을 납득시키는 데 상당한 시간과 정력을 바치지 않으면 안 되었다. 이와 함께 우리는 자신의 투철한 조국애와 민족해방을 위한 실천투쟁으로서 공산주의자들이야말로 진정으로 나라를 사랑하고 민족을 사랑하는 애국자들이라는 것을 온 민족앞에 과시하였으며, 드디어는 민족해방 투쟁의 진두에 떳떳이 나서게 되었다.
　우리의 이러한 장구한 희생적인 투쟁의 결과로 보람찬 결실을 보게 되는 것이 바로 조국광복회 창립이다.
　그러므로 우리는《조국광복회》라는 명칭 자체도 당당하게 내달고 강령의 첫 조항에 우리 민족 성원 전체의 자력으로 조국 광복을 이룩하고 동만유격 근거지에 세웠던 것과 같은 진정한 인민의 정부를 세우려 한다는 데 대하여서도 뚜렷이 하여야 한다. …(중략)…
　우리는 조국광복회 10대 강령에서 이처럼 주권문제의 해결을 조선민족앞에 나선 일차적 과제로 제시하고 인민들에게 민주주의적 자유와 권리를 보장하며 사회의 민주주의적 발전을 이룩하기 위한 과업과 해외교포들의 민족적 권리를 옹호하기 위한 과업을 비롯하여 여러 가지 정치적 과제들을 제시하였다.
　조국광복회 조직은 김일성과 나중에 중국공산당이 결별을 하게 된 계기가 된 것으로 추정된다. 또한 김일성이 조국광복회를 조직한 것은 일본과의 투쟁에서 일본이 패망할 경우 한반도에 민족주의자들과의 통일전선을 염두에 둔 것이라는 논리가 가능하다.

것을 보면 이 조직에서 맡은 역할이 있었던 것으로 추정되지만, 이 작전 이외에 특별한 연결은 없었다. 여러 지회와의 조직적 업무는 천광의 업무였던 것으로 보인다.

천광은 조선인들에게는 '오성륜'으로 알려진 유명한 혁명가였다. 그 조직의 선언은 오성륜, 엄수명, 이상준 3인 위원회가 서명한 것이었다. 이 3인 가운데에서는 오성륜이 제일 유명했다. 오성륜은 김익상과 함께 1922년 3월 28일 상하이에서 다나카 기이치 남작을 암살할 계획을 세웠으나, 다나카를 뒤따라 배에서 내리던 무고한 여성을 살해했을 뿐이었다. 오성륜은 즉각 체포돼 상하이 일본 영사관에 갇혀 있었다. 그는 1922년 5월 2일 탈출해서, 유럽과 소련을 거쳐 만주로 돌아와 항일련군에 귀환했다. 오성륜은 항일련군 내에서는 천광으로 알려져 있었으며, 양징위나 웨이정민과 함께 일했다. 실제로 오는 항일련군 내에서 김일성의 상급자였으며, 웨이 아래의 정치위원이었으나 김일성은 사단 지휘관 중의 한 명이었다. 웨이정민은 자신이 참가한 제1로군 마지막 회의를 오성륜의 작전본부에서 개최했다. 김일성은 이 회의에 참석했으며, 천광을 잘 알고 있었으나, 천광이나 오성륜이라는 이름을 한 번도 거론하지 않았다.

김일성이 자신을 한인조국광복회의 조직원이라고 주장하지 않더라도, 그의 군사 작전은 인상적이었다. 보천보에 대한 습격 사건이 중요한 것은 김일성이 항일연군이 조직한 지하조직과 함께 만주에서 국경을 넘어 조선으로 들어가서 작전을 했기 때문이었다. 김일성의 초기 만주 빨치산 활동은 1936년 10월 한국신문에 보도됐는데, 조선일보에 실린 한 기사는 김일성이 40명을 데리고 1936년 10월 4일 실리우다오거우라는 이름의 조그만 마을에 사는 조선인 농부 박흥용을 찾아가 소와 곡물들을 빼앗아 갔다고 기록했다. 김일성의 활동에 대해서는 많은 기사들이 있었고, 이 기사들은 김일성의 마적활동과 일반적인 비난이 주류를 이루었다. 이런 비난은 만주의 조선인 이민자들의 괴로움에 공감을 보내는 기사들이었다. 당시 1930년대에 한글 신문이 일본의 검열 아래에서 조선인 공산주의자들의 활동을 보도하는 것은 쉬운 일이 아니었다. 그러나 일본은 김일성의 보천보 습격을 커다란 화제로 만들려고 했고, 김일성의 빨치산 활동은 김일성이 일본 군인과 경찰을 죽이는데 능력있는 빨치산이었기 때문에 만주와 조선에서 즉각적인 주목을 받았다.

김일성의 빨치산 활동

김일성의 빨치산 활동에 대한 일본의 많은 자료들은 주로 이 기간에 대해 기록하고 있다. 물론 김일성의 주장은 기간이 이보다 더 길다. 그의 활동에 대해 상세히 묘사할 필요는 없다. 그러나 김이 어떻게 싸웠고, 어떻게 빨치산들을 모집했는지, 그가 어떻게 필수품과 무기들을 조달했는지, 그리고 그가 어떻게 행동했는지는 알아야 할 것이다.

조선으로 습격해가기 전에 김일성 부대는 150명 정도였으며, 차오궈안[90]이 이끄는 같은 수의 빨치산들도 합류했다. 김일성 부대는 1937년 2월 일본 진압군과 조우했으며, 백두산 장백지역에서 여러 차례 전투를 치렀다. 특별히 기록해둘 것은 1937년 2월 26일에 있었던 리명수[91] 전투이다. 약 50명의 빨치산으로 이루어진 파견대가 일본군을 공격했는데, 일본의 진압군이 그 파견대를 추적했다. 250명의 병력으로 구성된 김일성 부대가 눈덮인 고지대에서 머리에 흰 두건을 쓰고 공격을 했다. 전날 밤 5피트가 넘는 눈이 내렸다. 김과 차오의 빨치산들은 일본군을 패배시키고, 가와다 중위가 지휘하는 13명의 장교를 죽였고, 14명의 일본군 병사가 부상을 했으며, 무라야마 마사시게 중위를 포함한 17명을 포로로 잡았다.

　김일성은 1938년에서 1939년 사이 주로 남만주와 남동만주에서 싸웠다. 1938년 4월 26일 류다오거우 습격, 1939년 5월 다시 조선내 습격 등 김일성의 활동에 관한 많은 자료가 있다. 1940년 초 김일성을 몇 달 동안 추적하던 마에다 다케시가 이끄는 일본 특수경찰과의 전투는 주목할 만하다. 3월 13일 마에다는 마침내 허룽 지역 다이마루거우에서 김일성에게 바짝 다가섰다가 김일성 부대의 공격을 받았다. 이 공격 후 김일성은 빨리 이동해야 했기 때문에 포로들을 풀어준 것으로 알려졌다. 마에

---

90) 차오궈안(曹國安, 1900~1936), 동북항일련군 제1군 제2사 사장, 본명은 위더쥔(于德俊), 위쉐타오(于學韜)라는 이름도 사용했다. 동북항일연군의 전사. 1900년 12월17일, 지린성 융지(永吉)현의 농민 가정에서 출생했다. 2명의 누나와 6명의 형이 있었다. 1936년12월 일본 수비대와 경찰대대가 항일연군 제6사를 공격할 때 차오궈안은 일부 병력을 이끌고 지원활동을 하던 중 복부 관통상을 입고 출혈과다로 36세에 죽었다.

91) 리명수역(鯉明水驛)은 양강도 삼지연군의 한 철도역이다. 리명수 (鯉明水)는 소백산에서 발원하여 압록강으로 유입하는 하천이다. 이 하천을 따라 삼지연선이 지난다.

다의 경찰병력은 김일성을 추적해서 1940년 3월 25일 안투 지역 홍치허에서 김에게 따라붙었다. 이 전투에서 김일성은 250명의 병력을 동원해서 150명의 마에다 병력을 완패시켰다. 김일성은 지휘관 마에다 다케시를 포함한 57명의 일본 경찰 간부와 17명의 노무병력을 죽였고, 많은 경찰 간부와 노무병력을 부상시켰다. 김일성은 13명의 포로와 많은 탄약, 그리고 무기를 마에다 부대로부터 노획했다. 조선인 포로들에게 김은 조선의 공산주의 혁명에 관해 연설했으며, 그 포로들이 자발적으로 빨치산 부대에 가담할 것을 요구했다. 김일성은 이들에게 언젠가는 조선으로 공격해갈 것이라고 약속했다. 1940년 7월 그의 부대는 병력이 최대 340명에 이르렀으며, 이들 중에는 최현, 최춘국, 김동규, 안길이 있었다. 그러나 김일성 부대는 일본 관동군 노조에 쇼도쿠 부대의 공격 대상이 됐으며, 이 때문에 김 자신도 1940년 8월부터는 소규모 단위 부대로 만들었다고 스스로 인정했다.

김의 부대는 1937년에서 1940년 사이에 최대 300명에 이르렀지만, 때로는 50명 이하의 병력으로 작전을 하는 일도 있었다. 이 사실이 그의 노력을 과소평가 하기 위한 것은 아니다. 김일성 부대 작전의 본질은 여러 개의 작은 중대나 파견대로 나뉘어서 깊은 산악지역 한 곳에서 다른 곳으로 이동하는 것이었다. 일본 진압군들이 끊임없이 추적하는 가운데 작전을 수행하는 것은 대단히 힘든 일이었다. 희생을 줄이기 위해서 김일성 부대의 작전은 대부분 히트 앤드 런 식이었다. 겨울에는 특히 희생자들이 많았다. 그는 1936~1937년 겨울에는 몇 명의 부대원들과 함께 눈덮인 산악지대에서 대부분의 시간을 보냈다.

　김은 중국인 쿠리(苦力)와 조선인 농부들에서 부대원을 충원해야 했다. 마을을 습격해서 젊은이들을 납치해서 훈련을 시켜 조직을 채워야 했다. 예를 들어 보천보 습격전투에서 김은 90명 가량의 조선인 젊은이들을 조직원으로 충원했다. 장교들을 모집하기 위해서 제2군은 훈련학교를 광고하는 전단을 인쇄하기도 했다. 합격 기준에는 나이와 중국, 중국공산주의에 대한 충성도도 포함돼 있었고, 아편을 피우면 안 된다는 금지조항도 있었다. 이 전단들은 중국어로 인쇄됐고, 만주에 사는 중국인과 조선인들에게 뿌려졌다. 김의 원칙은 그러나 인질로 잡는 방식이었다.

　빨치산들이 식량을 획득하는 방법에는 몇 가지가 있었다. 가장 보편적인 방식은 조선인 부자들에게 요청하거나 인질을 잡는 방식이었다. 때로는 작은 마을을 공격해서 필수품을 획득하기도 했다. 때로는 아편이나 인삼을 재배하는 농민들에게 보호해준 대가로 수확물을 확보하기도 했다. 김일성은 때로 농민들을 협박해서 필요한 물자와 돈을 모으기도 했다. 그가 농부들이나 일본인 협조자들에게 자주 하던 말은 "총이 있으면 총을 내놓고, 사람이 있으면 사람을, 돈이 있으면 돈을, 물건이 있으면 물건을 내놓으라"는 것이었다. 김일성은 요구에 불응하는 사람들 위협하는 수단으로는 인질의 귀를 자르거나, 그래도 말을 안 들으면 머리를 자르기도 했다.

　빨치산들에게 괴롭힘을 당한 조선인 이민자들에 관한 조선어 신문들의 보도는 많았다. 김의 빨치산들은 김재홍이라는 조선인

광산업 부자로부터 5000엔을 가져갔으며, 현장에서 현금이 없는 경우에는 나중에 지급한다는 메모를 받기도 했다. 김은 종종 식량 확보에 대한 어려움과 겨울 한가운데에서 입을 것이 없는 혹독한 환경에 대해 이야기하곤 했다. 김일성과 그의 동료들은 때로는 이삼일을 굶고 지내기도 했고, 소금과 물만으로 견디기도 했다. 그의 부대들이 사용한 방법은 지하 빨치산들로서는 비정상적인 것이 아니었다.

김일성의 빨치산 부대 내부의 활동을 알아내기 위해 일본경찰은 지선옥이라는 여성을 파견하는데, 남편이 김일성 부대에 가담했던 인물이었다. 그녀는 겉으로는 3년 동안 못본 남편을 찾아온 것으로 위장했다. 그녀는 정체가 들통 나거나 고문으로 견딜 수 없게 될 경우 삼키면 죽는 독약을 소지하고 있었다. 그녀는 1939년 8월 김의 빨치산 가운데 오정흡이 지휘하는 제7파견대에서 식모 겸 침모로 1년 가까이 일했다. 그녀는 한익수라는 빨치산이 내보냈다. 그녀 몸이 약하고 산악으로 이동해야 할 경우 함께 이동할 수 없다는 것이 이유였다. 지선옥은 처음 빨치산 부대에 가담했을 때 김일성으로부터 나흘 동안 개인적인 심문을 받았다. 그녀는 32명으로 구성된 여성 파견대에 가담하도록 허용됐다.

그녀가 가담한 직후 김일성 부대는 류라는 지주 중국인을 습격해서 류를 인질로 잡고 식량과 입을 것을 빼앗았다. 지선옥과 다른 여성들은 빨치산들을 위한 옷을 만들었다. 거듭된 요청 끝에 그녀는 남편을 만나는 것이 허용됐으나, 남편은 다른 부대로 전출됐다. 1939년 11월 오정흡은 자신이 이끄는 제7파견대의 기습

작전 도중 죽고, 오백용이 후임자가 된다. 지선옥은 김일성이 능력있는 리더이며, 전투를 하지 않는 시간에 김일성은 공산주의 인터내셔널과 조선 민족주의를 지속적으로 연설했다고 보고한다. 그녀는 또한 1939년 10월 11일 8명의 러시아인들과 두 명의 통역이 와서 열흘 가까이 머물면서 허룽 지역의 싼다오거우 부근 숲에서 김일성과 무언가를 의논했다고 보고했다. 그녀는 3개월에 한 번 정도 러시아인들이 김일성 부대에 탄약을 공급한 것으로 의심했다. 그녀는 빨치산 생활에서 가장 힘든 일은 배고품과 추위였다고 고백했다.

무기 조달에 관해 김일성은 일본군으로부터 노획한 것이라고 말했다. 이 방법은 조선인 빨치산들이 무기를 조달하는 방법중의 하나였고, 대부분은 중국쪽에서, 때로는 탄약을 그 지역에서 구입하기도 했다. 무기를 불법 거래하거나 화기 구매, 제2군 군수장교였던 최현이 공급해준 것이었다. 때로는 만주국 경찰들이 자신들의 무기와 탄약을 돈벌기 위해 내다 팔기도 했다. 중국인 지휘관 팡전성도 이런 방식으로 무기와 탄약을 조달했다.

또 다른 방법은 무기를 제작하는 것이었다. 예를 들어 박영순은 조잡한 형태의 폭탄을 만들었는데 조선인들은 '연길폭탄'이라고 불렀다. 간단한 총기와 피스톨 수리는 빨치산 자신들이 했다. 아마도 가장 주목할 만한 일은 빨치산들이 자주 국경을 넘어 연해주로 가서 소련 무기를 구입했다는 사실이었다. 이런 관행은 제2로군 7군 활동지역이던 하바롭스크에서 북부지역 전반에 걸쳐 이루어지고 있었다. 제7군 지휘관 이학만은 국경을 넘어 소련으로 가서 많은 무기와 탄약을 조달해서 돌아오곤 했다.

빨치산으로서 김일성이 한 일은 여러 가지였다. 그는 일본 진압군과 싸웠다. 그는 완전히 패배했지만, 일본군을 두려워하지 않은 것으로 전해진다. 그가 두려워한 것은 배고픔과 추위, 그리고 조직원들의 탈주였다. 김봉준, 임우성, 박덕범, 한인화, 김재범 등이 달아났다. 심지어는 김의 제1로군 상급자인 천광은 일본군에 투항해서 일본 진압군이 김일성을 추적하는 데 도움을 주었다. 그러나 김은 탈출해서 살아남았다. 김일성의 부하들 가운데 최현과 박덕범은 심각한 싸움을 했고, 박덕범이 일본군에 투항한 뒤 일본군이 최현을 추적하는 작업에 가담하기도 했다. 김이 목재 캠프나 광산촌에 대한 여러 차례의 습격작전으로 가담시킨 조직원들은 김의 공산주의 혁명을 믿지 않았으며, 항상 도망갈 기회를 찾았다.

(4) 1941~1945 소련에서의 활동

김일성이 자신의 소련에서의 은신에 대해 조용히 있던 때에 그의 행적에 관해서는 많은 리포트가 있었다. 김은 1941년 3월 8일 웨이정민[92]이 죽은 뒤에 일본군의 추적을 피하기 위해 소련으로 들어간 것이라는 말들이 있었다. 웨이는 김의 상급자이자 멘토였고, 웨이의 죽음은 김에게 남만주에서의 항일 유격 활동을 그만할 때가 왔다는 판단을 하게 했다. 웨이의 자서전적 기록에

---

92) 魏拯民 (1909-1941)

는, 웨이와 김 사이에 동지애를 담은 스토리가 나와 있다. 일본에 맞서서 중국인과 조선인이 공동투쟁을 한다는 감정이 있었다. 김은 건강이 좋지 않은 웨이를 항상 돌봤고, 귀한 약도 구해주었으며, 먹을 게 귀해지면 먹을 것도 구해주었다. 그 보답으로 웨이는 냉면을 준비해두었다가 김이 자신의 캠프를 방문하면 대접했다. 웨이는 김의 냉면사랑은 잘 알고 있었고, 자신이 냉면을 잘 만들 줄 알았으며, 재료를 구하기 힘들 때에도 냉면을 만들어 대접했다.

김은 훈춘에서 출발해서 메이리의 숲을 이용하고, 두만강 강둑을 따라 블라디보스토크의 서쪽 지역으로 들어갔다. 김은 6명과 함께 소련국경을 넘었으며, 그의 신원이 확인된 것은 저우바오중에 의해서였다. 저우바오중은 제2로군 지휘관이었으며, 김보다 이른 1940년에 소련으로 건너갔다. 김은 저우바오중이 이끄는 중국 유격대의 3개의 캠프에 합류했다. 민주조선 기자였다가 나중에 한국으로 망명한 한 기자에 따르면, 김일성은 1941년에 소련으로 갔으며, 김이 이에 관해 이야기한 내용이 1947년 8월 15일자 민주조선에 게재됐다고 했다.

중국인과 조선인 빨치산들이 소련으로 건너간 것은 전술적으로 필요한 일이었으나 상식적인 일은 아니었다. 보다 더 유명한

---

93) 리두(李杜, 1880—1956), 랴오닝성 이현(義縣) 출신, 동북강무당(東北講武堂)을 졸업하고, 1931년 9·18 사변이 발발하자 동북군(東北軍) 제24여단 여단장을 맡았다. 1933년 1월, 이끌던 부대의 항일투쟁이 실패하자 병력을 이끌고 소련으로 건너갔다. 5월에 유럽을 거쳐 귀국해서 쑹칭링(宋慶齡)조직의 항일운동에 참여했다. 1949년 중화인민공화국 수립이후 인민정치협상회의 전국위원회 위원으로 선출됐다. 1956년 8월 23일 76세로 병사했다.

중국인 가운데 리두[93]가 있는데 그는 1930년대에 소련으로 갔다. 저우바오중 이외에도 쿵셴잉[94]과 차이스잉도 소련으로 갔고, 7군단의 조선인 지휘관 이학만[95]도 국경을 넘어 소련으로 갔다. 북한 점령에 관한 러시아측 연구에 따르면, B.G. 사포즈니코프 (Sapozhnikov) 대장이 1936~1937년에 걸친 중국인과 조선인 빨치산들의 소련 입국에 간여했다. 이 장군은 자신이 러시아 연안지방에 근무하던 시절에 조사를 벌였던 한 사건에 관해 서술

---

94) 쿵셴잉(孔憲英, 1917.3.-1940.5), 산둥성 르자오(日照)시 출신으로 1938년 공산 혁명에 가담하고 1940년 5월 전사했다.

95) 1931년 9월 일제가 만주사변을 일으켜 만주지역을 장악하고, 이듬해에는 괴뢰정부인 만주국을 세우면서 이 일대의 정세가 크게 동요하였다. 그러나 중국공산당은 좌경화된 전술을 고집하여 각종 항일 무장 단체들을 적대하면서 효과적으로 대응하지 못하고 있었다. 결국 1933년 1월 중국공산당 중앙은 만주성 위원회에 서한(만주의 각급 당부 및 전 당원에게 주는 편지-만주의 상황과 우리 당의 임무에 대하여)을 보내 좌경화된 전술을 수정하고, 모든 반일(反日)역량을 통합하여 반일 반제(反帝)투쟁을 전개하도록 지시하였다. 이 과정에서 만주 각 지역의 반일 유격대를 규합한 '동북 인민 혁명군'이 조직되었다. 중국공산당 만주성(滿洲省) 위원회는 판스현[磐石縣] 위원회에 홍군(紅軍) 제32군 남만(南滿)유격대를 동북 인민 혁명군(東北 人民 革命軍) 제1군 독립사(獨立師)로 개편하도록 지시하여, 일제의 만주침략 2주년이 되는 1933년 9월 18일 정식으로 출범시켰다. 동북 인민 혁명군은 만주에서 최초로 결성된 중국공산당 계통의 정규군이었다. 중국인 양징위[楊靖宇]가 총사령과 정치위원을 겸하여 맡았고, 16개 부대 약 720여 명의 병력을 갖추고 있었으며, 지방무장대 약 1000여 명을 그 영향 아래 두었다. 특히 동북 인민 혁명군에는 다수의 한국인이 가담하고 있었는데, 이들은 주요 직책을 역임하며 핵심적인 역할을 담당하기도 하였다. 이홍광(李紅光)은 제1군 독립사의 참모장을 맡았으며, 이후 조직이 확대되어 1934년 11월 2개의 독립사로 분화되는 과정에서 제1독립사의 사장(師長)을 맡았다. 여기에는 이홍광 외에도 박호(朴浩), 한호(韓浩) 등이 간부로 활동하였다고 전한다. 특히 이홍광이 이끄는 병력은 1935년 2월 평안북도 후창군(厚昌郡) 동흥읍(東興邑)을 습격하였는데, 이는 1930년대 만주의 항일 무장세력이 처음으로 압록강을 건너 국내 진입 작전을 벌인 사건으로 중요한 의의가 있다.

한 일이 있다. 그는 1936년과 1937년 무장 빨치산들이 국경을 넘어 소련으로 들어오는 사건을 조사하도록 지시를 받았다. 그는 Kim Soy(김소이 또는 김소위)라는 통역을 데리고 3분의 2는 조선인이고, 3분의 1은 중국인으로 구성된 60명의 무장 빨치산들이 Pak In-ch'ol 이라는 조선인 빨치산의 지휘로 국경을 넘어온 사건을 조사했다. 사포즈니코프 장군은 이들 대부분이 부상을 당하고 굶주려 있었으며, 지휘자는 왼팔에 부상을 입고있었다고 말했다. 장군은 이들을 도와준 뒤에 1936년 4월 이들을 만주로 되돌려 보냈다. 장군은 이들이 당시 상황에서 순수한 항

---

95) 1934년 3월 동만주 지역에서도 반일유격대 및 반일의용군을 규합하여 동북 인민 혁명군 제2군 제1독립사가 조직되었다. 이 부대는 조선인 주진(朱鎭)이 사장을 맡았고, 그 외 참모장을 비롯한 핵심 간부들도 모두 조선인으로 구성되었으며, 전체 병력 역시 조선인이 주축을 이루고 있었다. 1934년 5월 제2독립사가 추가로 조직되면서 각각 옌지(延吉)와 화룽(和龍), 왕칭(王淸)과 훈춘(琿春)을 중심으로 활동하였다. 조선인들이 동북 인민 혁명군 제2군의 주력을 이루게 된 것은 1국(國) 1당(黨)의 원칙에 따라 만주에서 활동하던 조선공산당원들이 중국공산당으로 흡수되었기 때문이다. 그 밖에 북만주의 미산(密山) 일대에서 이학만(李學萬)을 주축으로 활약하던 반일유격대가 동북 인민 혁명군 제4군에 편제되었으며, 탕위안(湯原) 유격대가 동북 인민 혁명군 제6군으로 편제되어 활약하였다. 일제는 만주국과 함께 혹심한 탄압을 자행하였으나, 동북 인민 혁명군은 적의 포위를 뚫고 남만주와 북만주의 평야 지대로 진출하여 유격전을 벌이며 치열한 무장투쟁을 전개하였다. 동북 인민 혁명군을 중심으로 한 만주 일대에서의 항일 무장투쟁은 1935년 7월 개최된 코민테른 제7차 대회와 중국공산당 중앙위원회가 발표한 '8·1선언'을 계기로 중대한 전환점을 맞게 되었다. '8·1선언'은 항일 민족 통일전선의 결성을 제안한 것으로 당파와 민족, 계층을 망라한 항일연합군을 조직할 것을 명시하였다. 이에 따라 만주지역에서도 모든 무장조직을 하나로 통합하기 위한 움직임이 본격화되었다. 종래의 동북 인민 혁명군은 만주지역의 여러 항일 무장단체들과 통합하여 3로(路) 11군(軍)의 '동북항일련군(東北抗日聯軍)'으로 재편성되었다. 이로써 만주지역의 무장투쟁은 다시 새로운 국면으로 접어들게 되었다. / [네이버 지식백과] 동북인민혁명군 [東北人民革命軍] (두산백과)

일 빨치산인지, 빨치산으로 위장한 일본군 간첩들인지 구분하기 어려운 상황이었다고 증언했다.

소련은 1930년대 말 러시아 연해주에 거주하는 조선인들을 카자흐스탄과 우즈베키스탄으로 이주시킨 후 1940년대에는 중국인과 조선인 빨치산들의 월경을 환영했다. 항일연군의 생존자들은 1940년에서 1941년 사이에 여러 차례에 걸쳐 소련으로 월경해 들어갔다. 그들은 세 군데의 캠프에 나뉘어서 수용되고 훈련을 받았다. 세 군데의 캠프는 블라디보스토크 부근의 오케안스카야 필드 스쿨, 닐콜스크 부근의 보로실로프 캠프, 하바롭스크 남부 부근의 삼림지역에 있던 훈련 캠프였다. 조선인 빨치산들은 이 세 캠프에 나뉘어 수용돼 있었고, 김일성은 오케안스카야 필드 스쿨에서 군사훈련을 받았다. 김일성은 여기서 저우바오중 휘하의 제2로군과 제3로군 출신의 조선인들, 이 가운데에는 최용건, 김책, 김광협을 만났다. 그러나 제1로군 출신으로 김일성 휘하의 서철, 안길, 최춘국 등은 니콜스크와 블라디보스토크 남부의 캠프들에 수용돼 있었다.

소련이 이들을 훈련시킨 목적은 소련군이 벌일지도 모르는 만주에서의 일본군과의 전투에 대비하기 위한 것이었다. 이

소련에서의 김일성 (1943년), 왼쪽부터 김일성, 성명 미상, 최현, 안길

빨치산들은 만주에서는 패배를 하고 소련으로 넘어왔지만, 일본
군과 싸운 경험도 있고 싸울 의지도 갖고 있었다. 김일성은 조그
만 파견대를 이끌었고, 둥닝[96] 근처의 만주로 다시 들어가서 다
시 일본군과 싸웠다는 산발적인 보고가 있었다. 한 보고는 김일
성, 최현, 차이스잉과 150여 명의 빨치산들은 3개의 파견대로
재편되어서 50명의 다른 빨치산들과 함께 보로실로프 캠프에서
이만에 있는 제57 근위사단 소속 소련장교의 지휘를 받았다고
했다. 그 리포트는 김일성이 제2파견대를 이끌었고, 부하들에게
반일 노래를 가르쳤다는 내용도 담고 있었다. 김은 만주로 돌아
와 1941년 4월 26일 고가가 이끄는 일본 경찰대와 싸웠다는 이
야기도 있었다. 다른 보고에는 소련에서 만주로 돌아온 유격대
들에는 안길, 강건, 김일, 이봉수 등도 있었다.

1943년 2월에 작성된 한 중요한 보고서에는 소련에서 훈련받
은 박길성이라는 이름의 조선인 빨치산이 체포된 내용이 포함돼
있었다. 박은 1943년 1월 4일 체포됐는데, 소련에서 훈련받고
만주로 다시 돌아온 조선인 빨치산 중의 한 명이었다. 박은 그
보고서에서 하바롭스크 캠프에는 바실리예프라는 이름의 소련
군 장교의 지휘를 받는 700명 정도의 조선일 빨치산들이 있었
다. 그러나 저우바오중과 장서우젠 같은 중국군 지휘자들은 소
련당국으로부터 지휘를 받지 않고 중국공산당의 지휘를 받으려
했으나 허용되지 않았다는 내용도 있었다. 박길성은 자신이 만
주로 되돌아온 이후 조선인 만주 지하조직 지도자 허형식이

---

96) 둥닝(東寧)시는 헤이룽장성 동남부에 위치한 도시로 남쪽은 지린성 연변조선족
　　자치주 왕칭현, 훈춘과 인접해 있다.

1943년 8월 3일 살해됐고, 만주에서의 작전은 다시 조직돼야 했다. 김책은 1942년 9월에 지하조직의 지휘관으로 선출됐다가 다시 소련으로 귀환하라는 명령을 받았다.

소련에서 돌아와 체포된 조선인들 가운데 한흥선과 김춘섭도 있었다. 그들은 소련과 일본의 전쟁을 예상해서 소련에서 받은 군사훈련 이야기를 했다. 조선인 빨치산들에 대한 소련군의 훈련내용은 자세히 알려져있지는 않지만, 낙하산 훈련 같은 것도 있었다. 사포즈니코프 대장은 그런 훈련에 연관돼 있었고, 소련군들은 2차대전 종전 무렵에 하얼빈 근처에 낙하산으로 투하된 부대와 함께 1945년 8월 국경을 넘는 것으로 되어 있었다. 김일성은 한반도로 되돌아 온 직후 어느 즐거운 자리에서 자신이 평양으로 돌아오는 광경을 극적으로 만들기 위해 낙하산으로 투하하는 것도 계획했었는데 일본군이 빨리 항복하는 바람에 무산됐다는 이야기를 한 일이 있다.

박길성은 소련이 극동군 사령부 산하에 만주의 항일 유격대를 모집해서 병력 1만 명 이상 규모의 국제연합군을 만들어 항일작전을 준비했다는 이야기를 공개한 일이 있다. 소련 극동군 사령부는 만주에서 월경한 빨치산들을 훈련시키기 위해 연합군내에 몇 명의 장교를 지명했다. 박에 따르면, 하바롭스크 부근의 캠프에서는 제2로군 지휘관 저우바오중과 장서우젠은 대령으로, 김책과 펑중원은 중령으로, 왕밍구이와 볜펑샹, 창광디와 박길성에게는 소령 계급이 주어졌다. 보로실로프 캠프와 오케안스카야 필드 스쿨에서도 비슷한 계급 책정이 이뤄졌을 것이며, 김일성은 소련 극동군 산하 국제연합군 제88사단에서 소령 계급을 받은 것으로 알려졌다. 김이 처음으로 평양에 나타났을 때 소련군 제복을 입고 있었는데 계급은 대위, 또는 소령인 것으로 보도됐다.

김정숙과 김혜순[97]

김일성이 만주에서 함께 싸웠던 김정숙[98]과 결혼한 것은 소련에서 머물고 있던 5년 기간에 일어난 일이었다. 김정숙의 기록은 일본 경찰의 파일에 나타나 있었으며, 북한 주민들은 그녀가 김일성과 가까운 동료로 기억했으나 와이프는 아니었다. 김정숙은 1919년 12월 24일 함경북도 회령의 가난한 농가의 둘째 딸로 출생했다. 김정숙은 성장배경이 김일성과 비슷했으나 일곱 살 아래였다. 김정숙은 어머니를 따라 연길에 있는 아버지를 만나기 위해 갔으나 이미 사망한 뒤였다. 김정숙은 열여섯 살 때인

---

97) 조선일보 김일성 애처 체포(1940년) 기사 : 조선일보 1940년 07월 05일 ▶노조에 쇼도쿠(野副昌德) 소장이 이끈 노조에(野副) 토벌대 산하 나가시마 다마지로(長島玉次郎)의 나가시마(長島) 공작대가 토벌 작전 중 제2방면군장 김일성의 처 김혜순(金惠順)을 체포하였다고 1940년 7월 조선일보가 보도하였다. 아래는 동북항일연군 1로군의 제2방면군(第二方面軍) 여자청년부장(女子靑年部長) 김혜순(金惠順)이 나오는 1941년 3월경 작성된 노조에(野副) 토벌대 문서 2가지이다.
소화 1 5년 1 1 월 1 2 日 p.14부터 1940년 10월 23일자 동북항일연군 제1로군 조직표가 나온다. 제2방면군장 김일성, 나이 29세. ▶1940년 10월 23일은 김일성이 소만국경을 넘어 너머 소련으로 도주한 날이다. 이 날자의 1로군 조직표에는 김혜순이 나오지 않는다. ▶아래 1941년 3월의 조직표에 여자청년부장 김혜순이 나옴. 최종 토벌 성과표에, 양징위 사후 1로군 총지휘자였던 위증민 (魏拯民, Wei Zhengmin, 1909 ~ 1941.03.08)도 토벌되었다고 나오므로 그의 사후에 작성된 것이다.

1935년에 부엌 도우미로 김일성의 부대 대원이 됐다. 김정숙은 빨치산들을 위해 힘든 일을 많이 했고, 1937년 여름 음식과 생필품을 구하던 중 첩보원으로 일한 것으로 판단돼 일본군에 체포됐다.

김정숙은 풀려나서 다시 빨치산 부대에 합류했다. 빨치산들을 위해 요리도 하고, 바느질도 하고, 빨래도 하다가 1939년에는 김일성의 목숨을 구해준 일도 있었다. 일본군 대장 노조에 쇼도쿠는 만주에서 벌인 작전을 통해 김일성과 빨치산들을 체포하려고 했는데, 그 휘하의 헌병 상사 나가시마 다마지로가 김혜순이라는

98) 김일성(金日成)의 첫번째 부인이자 김정일(金正日)의 친모이다. 함경북도 회령의 빈농가정에서 태어나, 어린 시절 부모를 따라 만주의 길림성(吉林省)연길현(延吉縣)으로 이주하였다.어릴 때부터 아동단에 가입하여 반일활동을 하였으며, 1933년에 공산청년단에 가입하였다. 1935년 9월에 항일유격대에 가입하여 1936년 이후 김일성이 지휘하는 항일연군 제1로군 6사에서 활동하였으며, 제1로군 6사가 주도하던 조국광복회 조직사업을 위해 공작원으로 장백현에 파견된 적이 있었다. 그러나 항일유격대 기간동안 주로 음식과 재봉 등의 일을 하였다. 북한측 문헌들에 의하면 그녀가 김일성을 처음 만난 것은 1935년 3월경이었으며, 당시 이들의 만남은 업무적인 것이었다고 한다. 1940년 10월 23일 김일성부대가 일제의 토벌을 피해 소만국경을 넘어 소련으로 이동할 때도 김일성과 함께 있었고, 그들은 이 국경을 넘기 직전에 결혼한 것으로 알려져 있다. 소련에서 김정일과 둘째 아들(전쟁 전에 익사)을 출산하였다. 광복이 되자 여성 유격대원들과 1945년 11월 25일 함경북도 웅기항을 통해 북한으로 돌아왔다. 1949년 9월 22일 30세의 나이로 요절하였는데, 아이를 낳다가 사망한 것으로 알려졌다.이후 북한의 우상화작업과정에서 '김정숙군', '김정숙교원대학' 등에 그의 이름을 붙여 추모하였다. 〈https://terms.naver.com/entry.nhn?docId=553349&cid=46629&categoryId=46629〉참고문헌 : 『김일성과 민주항일전쟁』(와다하루끼 저, 이종석 옮김, 창작과 비평사, 1992), 『東北抗日遊擊日記』(周保中, 北京, 人民出版社, 1991), 『東北地區革命歷史文件匯集』61(甲)~65(甲)(東北地區革命歷史文件匯集編輯委員會, 白城市, 中央黨案館·遼寧省黨案館·吉林省黨案館·黑龍江省黨案館 共同出版, 1990~1992), 『炎の女性 金正淑』(山下正子, 東京, 雄山閣出版株式會社, 1990), [네이버 지식백과] 김정숙 [金正淑] (한국민족문화대백과, 한국학중앙연구원)

이름의 여성 빨치산을 체포했다. 이 김혜순은 자신이 김일성의 처라고 주장했다. 김혜순은 1940년 4월 6일 체포됐는데, 자신과 다른 여성 한 명과 두 명의 남성이 있었으며, 자신은 부상을 입어 남겨졌다고 말했다. 일본군은 김혜순을 이용해서 김일성을 유인하는 작전을 폈으나 성공하지 못했다. 그 김혜순에 대한 자료는 중국이나 북한측 자료에는 어디에도 나타나지 않는다.

김정숙은 김일성을 따라 소련으로 갔고 거기서 결혼을 했다. 1942년 2월 16일 아들을 낳았는데 러시아 이름은 Yura, 조선 이름은 정일이었다. 김정숙의 둘째 아들 Shura(김평일)는 1944년에 출생했으나, 1947년 7월 평양의 수영장에서 사고로 익사했다. 김정숙은 평양에서 딸도 한 명 낳았는데 이름이 김경희였으나, 이 딸의 행방은 알려지지 않았다. 김정숙은 1949년 9월 22일 사생아를 출산 하다가 사망했다. 이 아기는 평양에 있던 소련 점령군 장군들이 Vera라고 이름지었다. 김정숙은 북한의 퍼스트 레이디였고, 소련 점령군 참모 N. G. Lebedev 대장은 쾌활하고 마음씨 좋은 김정숙이 배고픈 소련군 장군들에게 항상 푸짐한 양의 음식을 조리해준 것으로 기억했다. 김정일이 힘센 위치를 확보한 이후 김정숙을 위한 동상과 기념관이 회령에 세워졌으나, 김정숙의 공적은 김일성의 와이프로서가 아니라 조선혁명에 기여한 빨치산으로서, 그리고 김정일의 어머니로서였다.

일본 점령기의 후반기 조선과 만주의 상황에서 김의 배경과 환경은 항일빨치산 활동을 하기에 괜찮은 것이었다. 이렇다 할 가정배경도 없고, 가족이나 친구로부터의 기본적인 지원이 없는 젊은이가 체제 전복적인 공산주의자 그룹에 가담해 조국을 위해 싸운다는 것은 괜찮은 일이었다. 항일련군은 중국 빨치산 부대였고, 중국과 조선의 공산주의를 위해 일본과 싸웠다. 그는 많은 패배를 경험했지만, 몇 번의 인상적인 승리도 거두었다. 김일성은 만주에서 현상이 붙은 수배자였다. 그는 별다른 지원도 받지 못한 상태에서 희망없는 싸움을 계속했고, 잘 견디면서 일본군에게 결고 항복하지 않았다. 그는 자신의 주위 사람들에게 조선의 독립 이유를 연설했고, 가장 어두운 시절의 독립운동 기간이었지만 공산주의의 필요성과 항일정신을 강화할 것을 강조했다. 일본 토벌작전이 만주의 빨치산들을 부수고 말았지만, 그는 소련으로 도망 가서 소련 당국으로부터 훈련을 받은 뒤 조국이 해방됐을 때 북조선으로 돌아왔다.

　김일성의 과거를 폄하하기 위해 한국 당국은 그가 가짜라고 했고, 그의 혁명적 과거를 부인했다. 그러나 김은 가짜가 아니다. 실제로 1910년에 조선왕조가 무너진 뒤 수많은 애국자들이 평생을 걸고 일본과 싸우다가 일본의 지배가 35년 만에 종결된 뒤 한반도로 돌아왔다. 이 기간 자유를 위해 싸우다가 스러진 사람들도 많았다. 김이 투쟁한 기간은 비록 짧았고, 그의 공헌은 다른 사람들의 공헌에 비하면 별다른 것이 아니지만, 그가 중국공산주의자들의 조직 아래에서 싸웠지만 인정받을 만한 가치가 있는 것이었다.

　더욱 심각한 어려움은 그가 자신의 이미지를 세우기 위해 중국이나 소련과의 관련성을 부인한 것이었다. 북한 사람들은 김일성이 조선의 해방을 위해 홀로 싸웠다고 강조하면서 있지도 않은 기록을 만들어내고, 중국 빨치산들과의 가까운 관계에 대한 증거는 압도적으로 많은데도, 그는 그런 기록을 부인했고, 그 때문에 그의 혁명적 이미지는 오히려 손상됐다. 많은 조선인들이 누가 자신들을 돕건 관계없이 일본과 싸웠다. 공산주의를 경멸하는 조선의 민족주의자들도 소련의 도움을 받았고, 1920년대 코민테른의 지원을 받았다.

김의 이미지 고양작업은 여러 분야에서 극단적으로 진행됐다. 예를 들어 그의 효심은 김일성이 어린 시절 부모들의 영향이 별로 없었는데도 강조됐다. 그의 의도는 자신이 혁명적인 가정에서 태어난 효성스러운 조선이 아들이라는 이미지를 구축하는 것이었다. 교육을 제대로 받지 않은 조선 젊은이로서, 자신이 스스로 적으로 설정한 일본인들과의 투쟁으로 젊은 시절의 대부분을 보낸 것 치고는 칭찬할 만한 기록을 갖고 싶어했다. 그러나 그가 공산주의 교리에 대해서는 수준 이하의 것이었으며 부끄러워할 일이 아니었다. 김일성은 자신이 4학년들에게 변증법적 유물론을 가르쳤고, 자신은 8학년 때 학교에서 쫓겨났는데 그런 정도로는 훌륭한 마르크시스트라고 할 수 없었다.

김의 주장을 반박하기는 어려운 일이 아니다. 그러나 김의 잘못된 주장보다 더욱 중요한 것은 조선공산주의와 조선의 혁명 정신을 바로 세우기 위해 바친 그의 노력이다. 김의 중국 커넥션과 소련 커넥션은 한반도 북반부에서 전개된 그의 미래에는 대단히 긍정적인 영향을 미쳤다. 그러나 김 자신이 한 것은 무엇이

든 조선을 위해서였고, 조선의 이름으로 행한 것이었지만 의도
된 결과를 만들어내지는 못했다. 그의 중국에서의 빨치산 활동
은 항상 승리한 것도 아니었고, 실패로 끝난 셈이었다. 그의 주
장과 고집은 어느 정도는 인정할 만한 것이었다. 또한 김일성의
중국 커넥션과 소련 커넥션은 정치적으로는 행운이라고 볼 수도
있었고, 다른 혁명가들과는 다른 경력을 보여주는 것이었다.

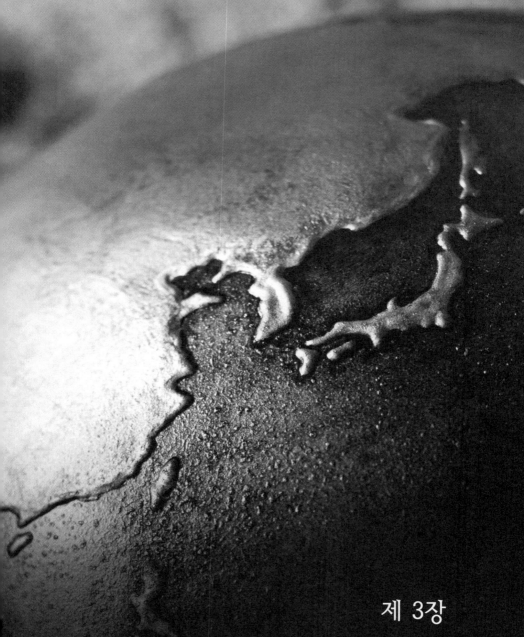

제 3장

저우바오중(周保中):『동북항일유격일기(東北抗日遊撃日記)』,
　　　　　『저우바오중장군전(周保中將軍傳)』과 김일성

저우바오중(周保中)

저우바오중(周保中)의 『東北抗日遊擊日記』
1991년판 표지사진, 인민일보사

저우바오중장군전(『周保中將軍傳』)
2015년판 표지사진, 趙素芬저, 北京 解放軍出版社

저우바오중의 『東北抗日遊擊日記』
2015년판 표지사진, 北京 解放軍出版社

제 3장

저우바오중(周保中) : 『동북항일유격일기(東北抗日遊擊日記)』[99], 『저우바오중장군전(周保中將軍傳)[100]』과 김일성

—

1)『저우바오중장군전(周保中將軍傳)』과 김일성 (2014년 5월 발행)

　중국공산당 당교 교수 자오수펀이 펴낸 이『저우바오중 장군전』은 1987년 해방군출판사가 출판한 뒤 지금까지 30년 가까이 흘렀다. 이제 유관부문의 비준을 거쳐 이 책을 해방군출판사에서 재차 수정해서 발행한다. 이는 중국공산당사와 군사(軍史)연구의 중요한 성과로, 특히 동북항일연군 투쟁사 연구에 대해서나, 직접 작용하는 지도적 의의를 지니고 있다.

　저우바오중은 청소년 시절부터 구국구민의 길을 모색했고, 동

---

99) 周保中,『東北抗日遊擊日記』, 北京：人民日報社, 1991 / 周保中,『東北抗日遊擊日記』, 北京：解放軍出版社, 2015 / 趙素芬,『周保中將軍傳』, 北京：解放軍出版社, 2015

100) 趙素芬,『周保中將軍傳』, 해방군출판사, 北京, 2015년 1월 제2판

남아로 진출해서 호법(護法)운동[101]과 북벌전쟁[102]에 참가했다. 대혁명 실패 후 성풍혈우(腥風血雨) 속에서 저우바오중은 린보 취(林伯渠)의 인도 아래 고관후록(高官厚祿)의 자리를 의연히 포 기하고 혁명의 길로 나서서, 중국공산당 활동에 참가, 당의 영도 아래 병운(兵運) 공작과 상하이(上海) 지하공작에 참여했다. 이 후 당중앙과 저우언라이(周恩來) 동지에게 발탁돼 소련으로 유 학을 떠났다.

소련에서 3년간 유학을 하는 동안 저우바오중의 마르크스레닌 주의 이론 수준과 정치 소양, 군사이론과 지휘책략에서 진일보 제고됐다. 국가와 국가 관계, 당과 당 관계의 어지럽고 복잡한 관계에 대해 일정한 경험을 쌓고 사고할 기회를 가졌다. 그는 모 스크바 중산대학 시절 왕밍(王明)[103]과 좌경 종파주의자들에 대 한 견결한 투쟁을 진행했고, 왕밍의 무함 박해를 받았다.

저우바오중은 1931년 9월 18일 일본제국주의가 중국 침략전쟁 을 일으키자 항일운동을 벌이기 위해 귀국했다. 그는 모스크바 에서 상하이로 귀국해서 당 중앙과 저우언라이의 계획에 따라

---

101) 호법운동은 1917년 7월에서 1918년 5월까지 손문(孫文)이 주도한《중화민국임 시약법(中華民國臨時約法)》지키기 운동으로 북양군벌을 반대하고 새로운 민주 공화국의 법통을 지키기 위한 운동이었다.

102) 북벌전쟁은 장제스(蔣介石)를 총사령관으로 1926년에서 1928년간에 진행된 국 민당군의 중국공산당 소탕작전이었다.

103) 왕밍(王明, 1904.~1974.3.27.), 본명 천사오위(陳紹禹), 안후이(安徽) 진자이 (金寨)현 출신. 1925년 중국공산당 입당, 정치국원. 1930년 소련에서 귀국후 "리리싼(李立三)노선 반대"의 구호를 내걸고 1931년 1월 제6기 중앙위원회 4차 전체회의에서 중앙영도권을 탈취, 1934년까지, 교조주의를 실시했다. 친 소 련 좌경 모험주의 노선으로 중국공산당에 많은 혼란을 끼쳤다. 1956년 소련으 로 도망갔다가 1974년 3월 27일 모스크바에서 사망했다.

루이진(瑞金)[104] 소비에트 지역으로 파견됐다. 루이진 소비에트에서 그는 여러 가지로 오해를 받아 동북 항일전선으로 파견되게 된다. 이후 동북에서 14년간 항일투쟁을 하는 동안 그는 지휘관으로서 중국공산당 당사와 군사, 국사에서 무시할 수 없는 공헌을 하게된다.

1932년 이후 그는 만주성(省) 당 군사위원회 서기로서 국민당 장제스(蔣介石)가 동북지구에 병력을 전혀 남겨놓지 않은 곤란한 상황에서 중국공산당이 주도하는 항일역량을 건설해서, 이 지역에서 중국공산당의 영도적 지위를 강화해 놓았다. 저우바오중은 왕더린(王德林), 리두(李杜) 등 의용군 부대에서 중요한 직무를 담당하고, 여러 차례 전투를 지휘했다. 그는 의용군 부대의 단결과 발전, 그리고 중국공산당이 동북 항일무장대오에서 영도적 지위를 확보하고, 항일 민족통일전선을 건립하는 데 중요한 공헌을 했다,

1933년 이후 저우바오중은 공산당이 이끄는 동북항일연군 제5군과 제2로군을 창건하고, 동북 항일유격 근거지를 마련했다. 1936년 이후 길동(吉東)지역 저우바오중, 남만(南滿) 양징위(楊靖宇), 북만(北滿) 자오상즈(趙尙志)가 당 중앙과의 연락이 끊어진 가운데 당정군을 직접 이끄는 곤란을 겪어야 했다.

1938년 이후 항전은 고난의 단계에 진입했다. 1938년 자오상

104) 루이진(瑞金) 장시(江西)성의 동남부에 있는 현급 도시로 중국공산당 최초의 해방구로 기록돼 있다. 면적은 2448㎢, 2017년 상주인구 70만 4202명. 중국공산당 중앙과 '중화소비에트공화국' 임시중앙정부가 있었다. 만리장정의 출발지이기도 하다. 현재는 중국공산당의 홍색 교육 현장으로 이용되고 있다.

즈가 국경을 넘어갔다가 소련에 1년 반 억류되는 일이 발생했다. 1940년에는 양징위 등 100여 명의 중고급 장령들이 국경지방에서 영웅스러운 희생을 당했다. 이 두 차례의 '보리(伯力)하바로프스크회의'를 통해 저우바오중은 동북항일 전장에서 당정군을 총지휘하는 위치에 올랐다.

1941년 이후 그는 동북지구 항전의 전반을 지휘하는 동시에 항일연군 부대의 훈련과 정찰을 담당하는 항일연군 교도여단을 조직했다. 그는 소련 홍군의 극동 홍기군 제88 독립보병여단(중국 동북항일연군 교도여단) 여단장이 됐다. 소련군의 편제는 일원화가 원칙이었으므로, 88여단의 당정군 전반의 업무가 저우바오중 한 사람의 지휘로 통일됐다.

동북항일연군은 14년의 전투과정에서 시종일관 조선인민들과 어깨를 나란히 하는 작전을 펼쳤다. 그와 양징위 등 장령들은 조선인민들의 광복을 위해 많은 조선 간부들을 양성해서 중국과 조선의 혁명을 위한 종자를 뿌렸다. 저우바오중은 소련과의 관계에 대해서는 독립적이고 자주적인 입장을 시종 견지했다. 전 세계 반(反)파시스트 통일전선의 대국을 위해 결코 비굴하지 않은 자세로 소련의 원조를 받아들였다. 중국공산당의 동북항일련군에 대한 절대적인 영도적 지위를 옹위하고, 동북항일투쟁의 견고하고 정확한 정치 방향과 정책 책략을 보호하는 데 저우바오중은 거대한 공헌을 했다.

그는 항전 후기에 20여 개의 항일유격 소부대를 편성해서 소련군이 동북에서 일본에 대한 반격작전을 전개할 때 적 후방 깊이

들어가서 유격활동을 전개했다. 그는 많은 전투지도원 등에게 군복을 벗고, 자무스(佳木斯), 무단장(牧丹江), 징포후(鏡泊湖) 등지에서 소규모 유격부대를 조직해서 '보이지 않는 전선'을 구축했다. 이 전선에서 그는 일군들에게 여러 방면에서 타격을 가했다. 1944년 가을 저우바오중은 궁환칭(宮煥卿)을 우두머리로 하는 40여 명의 잠복부대를 조직해서 살해하는 '추호참안(秋湖慘案)' 사건을 만들어냈다.

저우바오중이 보여준 유격 무장역량은 일본군의 요새 깊숙이 침투해서, 정확한 정찰을 수행했다. 그는 소련 프룬제 군사학원 (Frunze military academy)[105]에서 군사기능과 이론을 학습했는데, 군사 사태의 발전을 과학적으로 예측하는 과정을 이수했다. 그는 1942년 동북지방을 13개 지역으로 나누어 근거지를 점령하기 위한 1만여 글자의 전략 대강(大綱)을 만들고, 소규모 유격부대가 10여년간 동북지역의 군사지리와 지형, 지세 등을 관찰한 결과를 묶어 『일본 관동군 전략 요도(要圖)』를 만들었는데 이 자료는 소련 극동군 3개 방면군 연대급 이상의 군관들이 한 권씩 갖고 있어야 하는 자료가 됐다. 소련군의 능력은 강한 것이어서 일본군에게 궤멸적 타격을 안겨주었다. 소련군은 극동의 전장터에서 극히 어려운 지리적 조건 아래서도 일본 관동군의 방어선에 정확한 타격을 가했으며, 그런 소련군의 능력 덕분에 항일련군의 공헌과 희생이 가능했던 것이었다.

1945년 8월 8일 밤 100여 명의 특견대원들이 적의 후방에 낙

---

105) Frunze military academy는 모스크바에 있는 소련의 종합고등 군사학교. 레닌의 지시에 따라 1918년 10월 7일 창립됐다.

하산으로 투하된 후 3~5인이 한 조가 되어 무전기로 일본군의 동태를 소련 극동군에 보고를 해서 일본군에 대한 공습과 포격을 가능하게 하는 역할을 했다. 대부분의 항일련군 대원들이 조국의 해방 전야에 희생됐지만, 이에 대해 소련 극동군 총사령부 바실리예프스키 원수는 88여단에 보낸 축전에서 이렇게 치하했다. "88여단의 영용한 중국 전사들, 여러분들이 생명과 선혈을 바쳐 획득한 정보가 우리 극동군의 중국 동부 진공에 중대한 작용을 했음을 감사드린다. 특히 경비가 삼엄한 일본 관동군 요새에 대한 정찰 정보는 중국 전사들의 우수한 품격과 완강한 전투정신을 고도로 구현한 것이었다. 중국 영웅들의 전투정신에 나는 소련 인민들을 대표해서 감사드리며 숭고한 경의를 표하는 바이다."

1945년 저우바오중은 항일연군 부대를 지휘해서 일본에 대한 대진공에 참여했으며, 동북 지역의 57개 전략 요충을 선점했다. 그는 팔로군[106]과 신4군[107] 주력과 교묘하게 힘을 합해 신속하게 동북에 근거지를 구축하고, 선발대의 역할을 다 해냈다. 저우바

---

106) 팔로군(八路軍), 국민혁명군 제8로군의 약칭. 이후 국민혁명군 제18집단군으로 개칭. 중국공산당이 직접 지휘한 항일무장역량으로, 현 중국 인민해방군의 전신이다. 1937년 8월 22일, 국공 합작 시기 국민당 정부 군사위원회는 홍군의 주력 부대를 팔로군으로 개편한다는 발표를 했다. 8월 25일, 중국공산당 중앙군사위원회는 공농홍군 제1, 제2, 제4방면군과 서북홍군 등을 국민혁명군 제8로군으로 개편했다. 주더(朱德)가 총사령관, 펑더화이(彭德懷)가 부사령관, 예젠잉(葉劍英)이 참모장을 맡는 등 홍군 지휘부가 그대로 팔로군 지휘부가 됐다. 홍군 정치부가 팔로군 정치부로 편입됐으며, 런비스(任弼時)가 정치부 주임, 덩샤오핑(鄧小平)이 부주임으로 임명되고 제115사단, 120사단, 129사단이 배속됐다. 115사단장에 린뱌오(林彪), 부사단장에 녜룽전(聶榮臻), 120사단장에 허룽(賀龍), 부사단장 샤오커, 129사단장 류보청(劉伯承), 부사단장 쉬샹첸(徐向前)으로 임명됐다.

오중이 동북인민들과 함께 14년간 벌인 항일투쟁은 20여 만의 일본침략군을 섬멸했을 뿐만 아니라, 일본 파시스트들의 중국 내지 침략을 저지시켰다.

저우바오중은 문무를 겸비해서 14년간의 고난의 세월속에서도 그가 직접 편찬한 전문과 보고서, 서신, 각 단계의 중요문건과 기초적인 통계수치들 200여 만 자 분량과 그가 직접 쓴 100여 만 글자의 유격일기는 국보급으로 보존돼왔다. 이 저작물은 저우바오중의 대표작일 뿐만 아니라, 동북항일연군이 준의(遵義) 회의[108] 이래 관철해온 당 중앙의 정치노선을 잘 자각한 결과 성취한 성과이기도 하다.

제2차 세계대전 반파시스트 전쟁 과정에서 중국 동북지방의 전쟁 환경은 극히 열악했다. 비오듯 쏟아지는 총탄속에서 실탄은 떨어지고, 식량도 바닥났으며, 거기에다가 천지에 가득한 빙설과 배고픔이 심각했지만 그 어느 것도 저우바오중의 견고한 신념을 동요시키지는 못했다.

1949년 10월 1일 중화인민공화국 정부 수립 이후에도 저우바오중은 전투를 계속했으며, 혁명 건설의 제1선에서 일했다. 중국 공산당은 그에게 가장 위망이 높은 소수민족 간부의 한 명으로

---

107) 신4군(新四軍), 정식 명칭은 "국민혁명군 육군 신편 제4군" 제2차 국공합작 기간에 공농홍군과 유격대를 합해 만든 부대로 국민당 군대 전투서열에 포함돼 있었다. 1949년 1월 제3야전군으로 개편됐다.

108) 준이(遵義)회의는 1935년 1월 중국공산당 중앙정치국이 구이저우(貴州) 준이에서 혁명 노선에 관한 회의를 갖고 보구(博古), 왕밍(王明), 리더(李德) 등의 좌경적 군사지휘노선상의 착오를 비판하고 마오쩌둥(毛澤東)을 당 중앙의 지도자로 옹립한 회의.

선정해서 1급 훈장 3개를 수여했다. 마오쩌둥(毛澤東) 동지는 그런 저우바오중을 높게 평가해서 "우리 민족의 영웅", "의용군 영수(領袖)", "당의 노선을 일관되게 집행한 항일연군 동지"라고 평가했다. "바오중 동지가 동북에서 14년간 항일투쟁을 벌인 공로는 노래해도 좋고, 눈물을 흘려도 좋은 한 편의 시"라고 표현하기도 했다.

1964년 저우바오중 동지가 병으로 서거하자 당중앙은 그를 당중앙위 후보위원을 추서했다. 이 책의 저자 자오수펀 교수는 저우바오중 동지의 부인 왕이쯔(王一知)와 함께 저우바오중 동지의 18년 투쟁 족적을 실지 조사해서 1987년에 저우바오중 전기를 완성했다. 해방군 출판사는 자오수펀 교수의 연구업적을 이 한 권의 책으로 펴냈다.

2014년 5월
마치빈(馬齊彬)[109] 샤오이핑(肖一平) 왕중칭(王仲淸)

"우의장존(友誼長存)"[110]
해방전쟁 기간중에 조선노동당과 인민들은 중국 동북지방에서 전개된 3년간의 해방전쟁을 지원했다. 조선의 국토 북부는 민주연군[111]의 후방에 해당했기 때문에 커다란 작용을 했다. 이런 성

---

109) 신4군 제2사단 정치처 선전팀장을 지냈다. 중국공산당 당교 당사교육연구실 주임을 지냈다.
110) 趙素芬, 『周保中將軍傳』, 北京, 解放軍출판사, 2015.1. pp. 479~483.
111) 저우바오중의 항일연군은 국민당과의 내전 국면에서는 '민주연군'이라고 호칭을 바꾸었다.

적을 거둔 것은 당 동북국(局)의 정확한 영도와 북조선 주재 판사처 동지들의 노력과 분리할 수 없는 결과였다. 관건적인 시각에 저우바오중은 적절한 시각에 왕이쯔(王一知)[112], 장환저우(姜煥舟)를 비밀 외교사절로 파견해서 김일성과 최용건의 원조를 받아낸 것과도 분리할 수 없는 일이었다.

　민주연군이 시핑(四平)을 공격할 때 적군들은 창춘(長春)을 맹공했다. 전략적 목표는 북만주를 겨냥한 것이었으며, 북부전선의 형세는 극히 긴장됐다. 적군들의 움직임을 견제하기 위해서 랴오둥(遼東) 군구는 쑤화(蕭華)의 지휘에 따라 안산(鞍山)과 하이청(海城)에서 전역(戰役)을 벌였다. 일본군 184사단은 안산과 하이청을 방어하려 했다. 쑤화는 일거에 안산을 공격해서 점거하고, 곧바로 하이청의 측후방을 압박했다. 적군 184사단 사단장 반삭단(潘朔端)은 영광스러운 기의(起義)를 했다. 동북의 전장에서 국민당군과 우리 공산당군 쌍방이 전쟁을 시작할 때 많은 국민당군이 내부에서 기의를 했으며, 이것이 국민당군이 창춘(長春)을 실함한 이유가 됐다. 국민당군을 전멸시키겠다는 위세는 인민군대의 기세가 됐다. 장제스(蔣介石)와 두위밍(杜聿明)은 깜짝 놀라 "어떤 대가를 치르더라도 반란을 제압하라"는 지시를 내렸다. 국민당군은 지상과 공중의 우세를 이용하여 반란을 일으키는 국민당군을 중·조 국경지대로 내쫓았다. 위기일발

---

112) 왕이쯔(王一知, 1916.12.23.~1987.11.26.)본명은 궈웨이셴(郭維軒) 저우바오중의 부인, 중위 계급의 군인이었으며, 1948년 2월, 중국공산당 지린성 당위원회 위원을 지내고 3월 9일에는 지린성 성립 여자연합중학교 교장으로 선임됐다. 1949년 1월에는 동북 부녀연합회 집행위원으로 선출됐다.

의 시각에 북조선 주재 동북국 판사처의 원 항일연군 지휘관 장환초우는 조선어를 잘하는 강점을 활용해서 조선영도인들과 연락해서 국민당 184사단들이 조선 국경내부로 신속히 진입해서 위험을 벗어나게 해주는 공을 세웠다.

장환저우와 장쩌민(蔣澤民)[113]은 반란부대에 제공할 식량과 채소, 피복 등을 6칸 열차에 싣고 출발해서 조선 나남에 도착해서 연변에서 갓 돌아온 조선인민군 제2사단 사단장 강신태(姜信泰)[114] 동지를 만났다. 장환저우가 입국 신청을 하자 강신태는 "조선 최고사령부의 비준을 받아야 한다"고 말했다. 장환저우는 이런 정황을 동북국에 전보로 보고하는 한편, 장쩌민을 직접 평양으로 보내 그의 상관이자 중국공산당 입당 소개인 김일성과 최용건 동지를 찾아가게 했다. 당시 장쩌민과 함께 지원 물품을 실은 열차가 평양에 도착했으며, 장쩌민은 국민당 반란부대가 집결해있는 지안(輯安)으로 돌아와 평양으로부터의 통지를 기다렸다.

저우바오중은 이런 정황을 알게되자 시간이 늦어져 반란부대에 변고가 생길까봐 부인 왕이쯔를 조선국경지대로 보내 강신태를 만나보게 했다. 그러나 왕이쯔가 조선국경 지대에 도착하기 전에 김일성과 최용건이 최고사령부 명의의 전보를 보내 강신태

---

113) 장쩌민(蔣澤民), 랴오닝성 헤이산(黑山)현 출신. 1913년 12월생으로 1931년 항일의용군에 참가해서 1936년 봄 소련 유학을 갔고, 1937년 귀국후 1939년 2월 마오쩌둥의 보위참모, 194년 저우언라이(周恩來)의 부관을 지냈다. 한국전쟁 당시 중국인민지원군 운수부 부부장으로 지원을 담당했다.

114) 강신태, 1920년 8월 3일생으로, 1946년 2월 군에 입대해서 연변과 왕칭현 보안단 전사로 있다가 1946년 4월 7일 전사했다.

에게 국민당 반란군 184사단의 입국을 허가하도록 했다.

184사단은 빠른 속도로 남양으로 건너갔고, 반란부대 군관들이 하차한 후 남양대교를 건너 지린·랴오닝(吉林·遼寧)해방구로 돌아와 저우바오중과 리리싼(李立三)[115] 등 군구 수장과 군중들의 열렬한 환영을 받았다. 얼마 안 가 장제스는 병력을 동원해서 남만주로 진공했다. 민주연군들은 2만 여명의 부상병들을 안고 있었으며, 그 가족과 지원인원들을 위한 2톤이 넘는 전략물자를 보유하고 있었다.

이런 정황에서 저우바오중은 중·조변경지대에서 갓 돌아온 왕이쯔를 다시 평양으로 보냈다. 왕이쯔는 김일성, 최용건과 친근한 대화를 주고받았다.

중국과 조선의 전우들은 헤어진 지 반년 만에 다시 만나게 됐다. 김일성은 왕이쯔에게 저우바오중의 문안과 전황을 물었다. 당시 왕이쯔와 김일성이 주고받은 이별 당시의 상황은 다음과 같다.

1945년 8월 소련군 88여단의 주둔지에서 김일성은 부대를 끌고 조선으로 돌아갔다. 저우바오중과 왕이쯔는 환송을 했다. '출생입사 동주공제(出生入死 同舟共濟; 태어나서 죽을 때까지 한 배를 탄 운명)' 14년을 함께했던 동지들은 헤어져야 했다. 마음속에는 천언만어의 할 말이 있었지만 무슨 말을 해야 할지 모르

---

115) 리리싼(李立三, 1899.11.18.~1967.6.22.), 중국공산당 중앙정치국 상무위원과 선전부장을 지냈다. 1919년 9월 파리로 유학 갔다가 1921년 귀국해서 중국공산당에 입당했다. 1930년 "리싼(立三) 노선 착오"의 당사자였으며, "문혁(文革)"중 박해를 받고 1967년 6월 22일 베이징에서 사망했다.

116) 『周保中將軍傳』p.480 의 표현

고 눈물을 뿌리며 서로 끌어안기만 했다[116]. 이때 임춘추(林春秋) 는 눈물을 훔치며 저우바오중과 왕이쯔에게 다가와 일본군으로 부터 노획한 손목시계를 풀어주며 "기념으로 삼으시오"라고 말 했다. 왕이쯔는 임춘추가 이후에도 전투에 필요할 것으로 생각 해서 받지 않았다.

그때 김일성이 익살맞게 웃으면서 왕이쯔에게 말했다.

"가지고 가시오. 우리는 귀국 후 다시 만들면 돼요. 전쟁이 끝 나면 이 시계는 박물관에 가야 할 걸요? 중국과 조선 두 나라 우 의의 상징이 될 겁니다."

김일성은 다시 한 번 말했다.

"어떻소? 중·조 우의를 상징하는 시계를 가지고 가시는 게 어 떻겠소?"

김일성의 말에 왕이쯔는 행복한 미소를 지으면서 말했다.

"이 시계는 중국과 조선 두 나라의 우의의 상징일 뿐만 아니라 중국 조선 소련 세 나라의 불멸의 전투 징표가 될 것이오."

왕이쯔는 주변의 조선 전우들을 돌아보면서 또 다른 이야기를 했다.

"우리가 귀국하면 당 중앙과 팔로군의 진입을 돕기 위해 저우 바오중은 57개 도시로 동북항일련군을 진입하라고 요구하게 될 것이다. 각자는 각자 맡은 중요 공작과는 상관없이, 시간을 내 고, 인력과 교통수단을 동원해서 무기를 운반해야 할 것이다."

"운반 과정에서 나는 소련군 자동차의 도움을 많이 받았다. 우 리가 무기를 옮기는 것을 도와준 소련군들은 낮밤을 가리지 않

고 일을 해서 모두가 눈이 빨개져있었다. 그때 나는 소련군 동지
들에게 일본군 무기들을 전부 실어내가고, 절대로 불태우지 않
겠다고 다짐했다. 나중에 소련군들이 창춘에서 귀국할 때 나는
내 마음의 뜻을 표현하기 위해 그 시계를 소련군 푸카지프 동지
의 팔목에 끼워주었다." 당시 저우바오중 장군은 혁명박물관으
로 가서 푸카지프 장군에게 말했다. "귀국하면 나는 이 시계를
혁명박물관에 기증해서 일본 파시스트 광기의 강도같은 역사를
견증할 것"이라고 말했다.

　김일성은 다 듣고나더니 감회어린 목소리로 말했다.

　"우리의 자손 후대들에게 우리 3개국 인민들의 피로 뭉쳐진 우
의를 물려주자."

　저녁에 김일성의 처[118]가 아들 슈라를 안고, 최용건[119]의 처 왕옥
환(王玉環)과 함께 왕이쯔가 기거하는 곳으로 왔다. 왕이쯔는 자
신이 소련에서 어린 슈라를 안고 찍은 사진을 보여주었다. 김일

---

118) 이 무렵(1941)에 김일성은 김정숙(金貞淑)을 만난다. 심양(瀋陽)의 문서고에 소
장된 이력서에 따르면, 김정숙은 1917년에 함경북도 회령(會寧)에서 빈농의 딸
로 태어났는데 국문을 이해하는 정도의 학력을 가지고 있었다. 그는 1932년에
만주로 이주한 아버지를 찾아 연길현 팔도구(延吉縣 八道溝)로 갔다가 1935년
동북항일련군 제1지대에 입대했다. 그는 아동단과 청년단에서 활약했으며 체포
된 사실은 없었다. 그는 1938년 3월에 중국공산당에 입당하여 부대 안에서 취사
업무를 맡았다. 그는 1940년 10월에 부대를 따라 소련으로 이동했다. 김일성과
김정숙은 빨치산 시절인 1942년 2월에 결혼하여 그해에 맏아들 정일(正日 · 유
라)을 낳고 1944년에 둘째 아들 평일(平日 · 슈라)을 낳았는데 이 둘째 아들은
1948년에 주석궁 연못에서 익사했다. 죽음의 이유는 김정일의 실수였다고 한
다. 김정숙은 1949년 출산 중에 사망했다. 김일성은 처를 살리고자 최선을 다하
지 않았다는 기록이 있다. 김일성은 1951년에 비서 김성애(金聖愛)와 재혼했다.
그런데 희한한 일이 벌어졌다.

성의 처는 정감어린 목소리로 말했다.

"귀국하면 장서우첸(張壽錢), 위바오허(于保合) 부부에게 안부를 전해주세요."

김일성의 처가 이렇게 말하자 분위기는 돌연 침통하고 비통한 것으로 바뀌었다. 동지들이 모두 좋아하던 리자오린(李兆麟)[120] 장군을 떠올렸기 때문이었다.

다음 날 김일성은 왕이쯔에게 동북국이 제출한 부상병 후송과 전략물자에 관해 이야기했다. 이미 조선 관련 부문과 동북국 조선 판사처가 구체적으로 정리를 해놓은 일이었다.

왕이쯔는 임무를 완수한 후 급히 귀국하려 했으나, 김일성과 그의 부인이 열정적으로 만류하면서 왕이쯔에게 자신들의 집에

---

118) 이들 사이에 아들이 출생하자 김일성은 비운에 죽은 둘째 아들의 이름을 따서 다시 평일(平日)로 이름을 지었다는 사실이다.(이 사람이 폴란드 대사를 거쳐 지금 체코 대사로 활약하고 있다.) 이 사건은 김일성과 김정일 부자의 애증을 읽을 수 있는 좋은 자료가 되며, 김정일로 하여금 평일을 볼 때마다 형제 살인의 죄의식(fratricide anxiety)이라는 정신적 외상(trauma)에 시달리게 했다. / 주간조선 '김일성에게 아들 김평일이 두 명이었다', 2015.08.04. '인물로 본 해방정국의 풍경' 김일성 신화의 진실: 청년 마르크시스트의 탄생③

119) 평안북도 태천 출신. 1921년 오산중학교를 중퇴하였으며, 1925년 중국 윈난군관학교(雲南軍官學校)를 졸업하고, 황푸군관학교에서 교관으로 재직하였다. 1936~1939년 동북항일연합군 제7군단장, 제2로군참모장으로 항일무장투쟁에 참가하였다.
1945년 8월 광복 후 평안남도 자치준비위원회 중앙위원으로 출발하여, 1946년 조선민주당 중앙위원장, 1948년 인민군 총사령관 · 민족보위상 · 제1기 대의원을 거쳐 1950년 6 · 25때에는 서울방위사령관을 지냈다. 그뒤 1953년 인민군 차수(次帥 : 원수의 아래 직급)를 거쳐 1956년 당 중앙위원회 부장, 1961년 당 정치국 위원, 1966년 정치국 상무위원, 1972년 국가 부주석 등의 요직을 두루 거쳤다. (한국민족문화대백과, 한국학중앙연구원)

120) 리자오린(李兆麟). 〈 https://baike.baidu.com/item/李兆麟/9132?fr=aladdin〉

서 며칠 더 머물면서 "아름다운 조선의 산하를 구경하고 가라" 고 만류했다. 왕이쯔는 자신이 너무 중요한 임무를 맡고 있으므로 기차를 기다리는 시간을 이용해서 모란봉에 올라가보고 평양 시내를 구경하겠다고 말했다.

돌아가는 길에 왕이쯔는 조선 각급 정부가 대규모로 인원을 동원해서 전략물자를 강변에서 은폐 가능한 지점으로 옮기는 것을 보았다. 나중에 퉁화(通化) 수복후 이 물자들이 전부 남만주로 옮겨진 것을 알게 됐다.

왕이쯔가 조선에서 돌아온 지 얼마 안돼 저우바오중은 그녀를 세 번째로 조선으로 보내 우회로를 열어달라고 요청했다. 당시 국민당은 동북 중국공산당 근거지를 공격하면서 '남공북수, 선남후북(南攻北守 先南後北)'이라는 공격방침을 세웠다. 국민당의 우세한 병력은 랴오닝 남부와 랴오닝 동부의 광활한 지역을 점령했고, 민주연군은 하나의 산(백두산)과 두 줄기 계곡(장백 방향과 무송방향) 사이로 압박당했다. 이 좁고 황량한 지역에서 부대의 물자 보급에 엄중한 곤란이 발생했다. 이런 상황을 감안해서 랴오둥 군구 당위원회는 저명한 '칠도강 七道江) 회의'와 갑자기 나타난 천원(陳云)[121]의 의견에 근거를 둔 '백두산을 보호해서 3대 지역(랴오난, 랴오닝, 안둥)으로 나누어 근거지를 확보한다'는 전략이었다.

---

121) 천원(陳云, 1905년 6월 13일~1995년 4월 10일), 1978년 이후 개혁개방 시대 덩샤오핑의 노선에 반대해서 개혁적 보수파의 리더 역할을 함. '조롱(鳥籠) 경제이론'을 주장, 사회주의의 큰 틀 아래 개혁과 시장사회주의가 진행돼야 한다는 소신을 폄.

저우바오중은 한편으로는 지린랴오닝(吉林遼寧) 군구 전반의 작전을 지휘하고, 다른 한편으로는 랴오둥(遼東)군구에 근거지를 두는 칠도강회의 정신과 천원이 제시한 "북조선을 활용해서 수륙 운수통로를 열어 물자 부족 문제를 해결한다"는 의견을 실행해보기 위해 다시 왕이쯔를 북조선으로 파견했다.

중국의 요청은 조선노동당과 인민들의 지지를 받았다. 불완전 통계에 따르면 1947년 첫 7개월 동안 21만 톤의 물자가 조선 우회로를 통해 공급됐고, 1948년 전년에 걸쳐 30만 900톤의 물자가 국경을 통해 공급됐다. 조선 국경을 넘은 인원들 숫자는 1946년 하반기에 모두 18개 부대, 1947년 9개월 동안에는 모두 1만 명의 병력이 조선을 경유해서 동북에 투입됐다.

1948년에 두만강변의 남양군을 통해 8685명의 병력이 동북에 투입됐고 다른 강변 도시들을 통해서도 1만명 이상의 병력이 우회 투입됐다.

동시에 신정치협상회의[122]에 참석하는 적지 않은 민주당파 인사들과 무당파, 해외 화교 대표들이 모두 조선을 경유해서 하얼빈에 도착했다. 조선을 경유한 중국공산당 루트를 통과한 주요 지도자들도 많다.

저우바오중이 왕이쯔를 조선에 네 번째 파견한 것은 1947년 여름의 대반격 제1전역 당시였다. 이 전투는 50일간 계속됐는데 동북의 민주연군이 국민당 8만여 명을 섬멸하고, 42개 도시를

---

122) 1949년 6월 15일부터 19일까지 닷새간 베이징에서 열린 회의로 이 회의를 통해 마오쩌둥은 통일전선 방식으로 제 정파를 모아 현재의 전국인민정치협상회의를 구성하는 데 성공했다.

수복하는 전과를 거두었다. 이 험악한 전투에서 민주연군 지휘 관들은 풍우가 교차하는 가운데 작전을 해야 했다. 당시 군화는 창이 떨어지기 일쑤여서 어떤 전사들은 맨발로 진흙탕을 건너야 했다. 이 문제를 해결하는 데도 저우바오중은 김일성에게 왕이 쯔를 보내 문제를 해결하곤 했다.

왕이쯔가 평양에 도착한 이후 김일성은 조선의 고무신발 공장 을 가동하도록 지시해서 밤낮으로 제작한 고무신발을 민주연군 에 공급했다.

이상의 복잡하고 무거운 공작은 모두 주리쯔(朱理治) 동지의 영도 아래 동북국 조선주재 판사처 전체 동지들이 밤낮을 가리 지 않고 작전에 임해 완수할 수 있었던 일이었다.

나중에 저우바오중은 기회 있을때 마다 "14년간의 간고한 투쟁 을 통해 중조 양국은 어깨를 나란히 하고 작전을 했으며, 조선의 우수한 아들딸들이 동북의 대지위에 선혈을 뿌렸다"고 말했다. 국민당과의 내전에서 조선노동당 영수와 인민들은 한 곡의 국제 주의 송가를 쩌나갔다. 나중에 항미원조 전쟁에서는 중화의 우 수한 아들딸들이 영웅적인 전쟁과정에서 조선에 뜨거운 피를 뿌 려 조선의 삼천리 강산을 물들였다. 중·조 양국 인민들의 선혈 이 응고된 전투 우의는 만고에 길이 남을 것이며, 세세대대 전해 질 것이다.

"조선과 어깨를 나란히 하고"[123]

---

123) 『周保中將軍傳』, pp.504~505

신중국이 내전의 상처를 전력을 다해 치료하고, 경제 문화 건설을 하던 1950년 6월 조선전쟁이 폭발했다. 미 제국주의는 일본 파시스트들이 조선을 침략해서 중국으로 오던 그 길로 와서 중국과 조선 인민들이 독립과 해방을 쟁취하기 위해 함께 싸우던 기억을 되살아나게 했다. 저우바오중의 마음속에는 불이 타올랐다. 저우바오중은 조선전쟁이 시작되자 자신의 견해를 밝혔다.

"1910년 조선이 망국한 후 조선의 수만 명 애국지사들이 중국으로 망명해왔고, 백만 조선인들이 동북으로 이주했다. 북벌전쟁과 광저우 기의(廣州起義), 항일전쟁, 해방전쟁을 통해 조선 혁명가들은 우리 당, 우리 군과 어깨를 나란히 하고 전투를 했고, 수만 명의 희생자가 났다. 이제 조선에 난이 일어났으니 어찌 우리가 미군의 살육을 방관만 하고 있을 수 있겠는가. 항미원조(抗美援朝) 전쟁에 즉시 출병해야 할 것이다."

저우바오중은 조선인민군이 해공군 방면에서 열세라는 점을 걱정했다. 9월 15일 미군이 인천에 상륙해서 북쪽으로 진격해온다는 소식에 저우바오중은 "우리가 나가서 싸우지 않으면 미국은 우리 중국으로 진격해 들어올 것이다. 나는 중국공산당 중앙이 반드시 조선을 지원할 군대를 파견할 것이라고 생각한다"고 말했다.

이 시절에 관해 김일성은 다음과 같이 회상한 일이 있다.

"1951년 봄, 윈난(雲南)성 부녀연합회 주임이던 왕이쯔가 위문단의 일원으로 평양에 와서 최고사령부로 나를 찾아왔다. 그는 나를 보자마자 감격에 겨워 눈물을 흘리며 말했다. '전쟁 지휘라는 중임을 맡고 고생을 하는데도 신체가 이리 건강하니 정말 기쁘다. 바오중이 당신에게 당부하는 말은 위험한 전선으로는 절대로 가지 말고, 목숨을 잘 지키라.' 나는 바오중의 당부에 감사하며 왕이쯔에게 이렇게 말했다. '바오중에게 가시거든 안부 잘 전해주시라.' 왕이쯔는 그러자 '목숨을 아끼라는 말은 바오중의 당부이기도 하지만 나의 당부이기도 하다. 우리 중국인들은 모두 수상 동지의 안전을 걱정하고 있다' 고 말했다."

왕이쯔는 김일성에게 이런 말을 했다.

"저우바오중을 기억할 때마다 나는 중국 내전 제2단계 당시 벌어진 일이 한 가지 생각난다. 어느 날 얼굴이 낯선 한 젊은이가 나를 찾아와 저우바오중의 편지를 꺼내 보여주었다. 그들은 저우바오중이 동북에서 해방전쟁을 지휘할 당시의 부관과 운전사이던 조선인들이었다. 한 명은 현주영(玄周榮)이었고, 한 명은 김길룡(金吉龍)이었다. 저우바오중은 윈난성 부성장이던 시절 그들을 윈난성으로 데리고 갔다. 조선인민군들이 후퇴한다는 소식을 들은 저우바오중은 그들을 조선으로 보냈다. 저우바오중은 그들 편에 김일성에게 보낸 편지에서 "이 청년들은 총명하고 기지가 뛰어나니 이들을 잘 돌봐주면 좋겠다"고 당부했다.

2) 김일성 부자와 저우바오중 부녀의 2대에 걸친 인연[124]

---

124) 中國民族報, 2011.12.23. '金日成父子與周保中父女的兩代友誼'

저우바오중 장군은 전공이 탁월한 군사가이자 혁명가로 항일 영웅으로 알려져 있다. 마오쩌둥(毛澤東) 주석은 그를 이렇게 칭찬했다.

"바오중 동지는 동북에서 14년간 항일 구국투쟁을 통해 눈물로 노래하는 한 편의 시를 썼다. 이 백족(白族) 장군은 김일성과 친밀한 전우로, 장군의 딸 저우웨이(周偉)와 김일성의 장남 김정일은 깊은 우의을 맺었다. 2대에 걸친 이들의 우의는 압록강 물과 같이 면면히 흐르고 있다."

1902년 저우바오중은 윈난 다리(大理) 얼하이 호수변의 백족 집안에서 태어났다. 1917년 15세에 '정국호법(靖國護法)' 전쟁과 북벌전쟁에 참가했다. 1931년 9·18 사변 후에는 소련에서 돌아와서 동북의 항일연군을 지휘하는 일을 했다. 일본의 침략에 저항하기 위해 백산흑수(白山黑水)의 투쟁에 나섰으며, 그 과정에서 김일성과 친밀한 전우가 됐다.

1940년 저우바오중은 동북연군을 이끌고 소련군 편제로 들어가 극동방면군 88독립 보병여단[125] 여단장이 됐다. 이때 김일성은 제1영(營)[126] 영장(營長)이 됐고, 저우바오중의 부하가 됐다. 1945년 조선이 일본 제국주의에서 해방된 후 저우와 김은 밀접한 관계를 유지했다.

1946년 저우바오중은 동북민주연군 부총사령관이 되어 조선으

---

125) 여단(旅)은 사단(師) 혹은 집단군(集團軍, 軍) 내의 편제다. 1개 여단은 1개 사단보다는 병력이 적고, 1개 사단 병력은 1만명 정도. 1개 여단은 7000명 정도였다. 여단장은 대교, 부여단장은 상교가 보통이었다.
126) 1개 영(營)은 병력이 500명 안팎이었다.

로 가 김일성과 만나 조선이 중국 인민해방 사업을 지원해줄 것을 요청했다. 김일성은 도와주겠다고 동의했다. 조선이 한 역할은 중국인민해방군의 후방 통로로 반란부대와 부상병, 가족, 전략물자를 이동시키는 통로 역할을 했다.

조선민주주의 인민공화국 수립 후 국가원수가 된 김일성은 저우바오중과의 관계를 잊지 않았다. 1948년 11월 저우바오중이 조선을 방문했을 때 김일성은 일가가 모두 나와 마중을 했으며, 저우바오중이 금강산 온천 요양소에서 머물 수 있도록 해주었다.

1948년 11월 19일 평양을 방문한 저우바오중(뒷줄 맨오른쪽)과 김일성(맨왼쪽)가족 사진. 김 오른쪽이 부인 김정숙, 그 오른쪽이 저우의 부인 왕이쯔, 앞줄 왼쪽이 김일성 장남 김정일, 그 오른쪽이 저우바오중의 딸 저우웨이(周偉).

1954년 12월 22일 김일성이 중국을 방문했을 때 두 사람은 이화원 개수당(介壽堂)에서 만났다.

1964년 저우바오중이 사망하자 김일성은 조전을 보냈고, 그 조전을 주중 조선대사관 직원이 직접 전달하도록 했다. 당시 조전에서 김일성은 "우리는 진정한 상호 존중과 신뢰를 기초로 한 동지요, 형제[127] 였다"고 표현했다.

---

127) 저우바오중은 1902년 출생이고, 김일성은 1912년 출생이므로 저우가 열 살 위다.

2002년 3월 20일 저우바오중 탄생 100주년 기념 활동이 쿤밍(昆明)에서 열렸을 때 주중 조선대사 최진수는 쿤밍 현지로 가서 김일성과 저우바오중의 전투경력과 깊은 우의에 대해 강연을 했다.

김정일[128]과 저우바오중의 딸 저우웨이

저우바오중의 딸 저우웨이(周偉)[129]는 1942년 소련에서 출생했다.[130] 저우웨이는 저우바오중의 두 번째 처의 딸이며, 전처는 아들과 함께 크루즈선을 타고가다가 난을 당해 사망했다. 저우웨이는 저우바오중이 40에 얻은 딸로, "40세 득녀로 만족한다"라는 말을 했다.

---

128) 김정일(金正日, 1942년 2월 16일~2011년 12월 17일)

129) 저우웨이(周偉, 러시아명 kapuu), 동북항일연군 최고지휘관 저우바오중(周保中)의 딸, 김정일과 같은 나이로 1942년 저우바오중이 소련 하바롭스크 극동군에서 훈련받던 시절 소련에서 출생했다.저우웨이가 출생하기 전에 저우바오중의 전처와 아들은 여객선 사고로 죽는다. 저우바오중은 "나는 40세에 딸 하나를 얻은 것으로 만족하겠다"고 말하며 저우웨이를 키웠다. 그러나 저우바오중은 중국으로 귀국해서 빨치산 활동을 계속하라는 소련공산당의 지시에 따라 생후 12일된 딸 저우웨이를 소련 국가 유아원에 맡기고 귀국한다. 저우웨이는 4세 때 귀국할 때 러시아어만 할 줄 알았다. 저우바오중은 이때 이미 심장병과 담석증을 앓고 있었으며, 저우웨이는 1962년 20세에 제2군의과대학에 입학해, 1973년부터 베이징 군구(軍區) 병원 마취과와 고압산소과에서 일했다. 아버지 저우바오중이 김일성과 전우였으므로 어린 시절부터 김정일과 함께 생활하기도 했다. 김일성 생전에는 매년 항일 노동지들의 초청으로 평양을 방문했다. 저우웨이는 2006년 3월 단둥(丹東) 웨이민(偉民)국제상업무역유한책임공사를 설립해 동사장(董事長, 회장)에 취임하고, 중·조간 무역에 투자했다.
2006년에는 함경남도 몰리브덴 광산에 한 기업과 공동투자해서 2008년, 평양 부근에 몰리브덴 가공공장을 설립했다. 김정일이 생전에 이 공장을 시찰해서 높은 평가를 해주었다.
이상 〈https://baike.baidu.com/item/周偉/22845803〉

　저우웨이는 생후 12일 만에 아버지 저우바오중이 소련군 훈련을 마치고 동북 유격활동을 위해 귀국하는 바람에 소련 국영 유아원에 맡겨졌다. 저우웨이는 네 살 때 귀국했을 때 러시아어밖에 할 줄 몰랐다.

　저우바오중은 심장병과 담석증으로 고생했는데, 아버지가 고통으로 괴로워하는 모습을 보고 저우웨이는 커서 의사가 되어야겠다고 생각했다. 1962년 그녀는 중국 인민해방군 제2 군의대학에 합격했고, 1973년 베이징군구 총의원에서 일했다. 그녀는 마

---

129) 몰리브덴 : 원자번호 42번 원소인 몰리브데넘은 독일어 명칭 'molybdan'을 우리말로 표기한 몰리브덴으로 흔히 불러 왔다. 이 원소는 1778년에 휘수연석이라 불리는 황화물 광석에서 처음 발견되었다. 이 광석은 고대부터 '검은 납'을 일컫는 흑연과 헷갈려 왔으며, 흑연과 구분이 된 이후에도 가끔 납의 광석인 방연광(PbS)과 혼동되었다. 몰리브데넘이란 원소 이름은 그리스어로 납을 뜻하는 몰리브도스(molybdos)에서 나왔다. 우리말에서는 '액체 납'을 뜻하는 수연(水鉛)이라 부르기도 하였는데, 이 때문에 여러 몰리브데넘 광석 이름에 '수연(水鉛)'이란 말이 들어가 있다. 몰리브데넘은 14세기에 제작된 일본도에도 합금제로 들어있으며, 몰리브데넘이 들어간 강철은 제1차 세계대전시 가볍고 튼튼한 전차의 장갑판을 만드는 데 필수적으로 사용되었다. 오늘날에도 몰리브데넘은 고온에서도 물러지지 않고 부식되지 않는 강철의 합금제로 주로 사용되며, 석유화학공업에서 원유에 포함되어 있는 황을 제거하는 탈황 촉매 등으로 중요하게 사용된다. 한편, 몰리브데넘은 생명체의 필수원소인데, 대기 중의 질소를 고정하는 박테리아에 있는 질소고정 효소나 동물의 대사에서 여러 산화 과정들에 관여하는 효소들의 활성 자리에 들어 있다. 질소고정 박테리아가 몰리브데넘 효소를 사용하여 고정시키는 질소의 양은 하버(Haber) 공정을 써서 공업적으로 고정하는 양과 비슷하다. 이처럼 몰리브데넘은 고온에서도 단단하고 부식되지 않는 강철을 제공할 뿐 아니라, 질소고정으로 먹거리를 풍성하게 하는 중대한 역할을 하는 귀중한 원소로 볼 수 있다. 〈https://terms.naver.com/entry.nhn?docId=3574577&cid=58949&categoryId=58982〉

130) 2015년 반 파시스트 전쟁승리 70주년 기념 행사의 하나로 저우웨이는 인민망이 주관하는 방담에 출연해서 아버지 저우바오중에 관한 기억을 이야기했다. 〈https://baike.baidu.com/reference/22845803〉

취의학과 고압산소학을 전공했으며, 평생 자신의 전공분야에서
일했다.

저우바오중은 김일성과 친밀한 전우였다. 저우웨이도 유년시
절에 김정일과 알고지냈고, 함께 공부하고 생활했다. 김일성이
살아있을 때 저우웨이는 김일성의 초청으로 매년 조선을 방문해
서 조선과 깊은 인연을 맺었다. 저우웨이는 은퇴 후에는 단둥(丹
東)에 웨이민(偉民) 국제통상 무역유한회사를 설립해서 회장이
됐다. 웨이민공사 설립 후 저우웨이는 2006년 함경남도의 한 북
한기업과 함께 몰리브덴 광산에 공동 투자했고, 2008년에는 평
양 부근에 몰리브덴 가공 공장을 설립했다. 김정일은 생전에 이
공장을 시찰하고 높은 평가를 하기도 했다.

3) 김일성과 양징위(楊靖宇)[131] 의 항일전쟁 시기 특수전 우정

9·18 사변 이후 조선공산당 당원들은 대거 중국공산당에 입
당했다. 중국공산당과 어깨를 나란히 하고 일본군과 싸우겠다는
의도였다. 김일성은 조선공산당의 대표로 동북에서 25년을 지내
면서 중국 인민들과 끊을 수 없는 인연을 맺었다. 김일성은 『세
기와 더불어』에서 이렇게 썼다. "동북의 산야는 내가 항일 무장
투쟁을 20여년간 한 곳이다. 이곳은 나의 고향 산야와 다르지
않아 여러 가지를 생각나게 하는 곳이다."

김일성은 항일연군의 장군 양징위와 깊은 우의를 맺은 데 대해

서는 "우리나라 인민들은 영원히 양징위 장군이 항일투쟁 과정에서 쌓아올린 공적을 결코 잊을 수 없다."

김일성은 원래 이름이 김성주(金成柱)로, 1912년 4월 15일 조선 평안남도 대동군 고평면 남리(지금의 평양시 만경대)의 농가에서 출생했다. 1920년 어린 김일성은 부모를 따라 중국 지린(吉林)성 린장(臨江)현으로 이주했다. 1926년 초 김일성은 중국 지린성 육문(毓文)중학을 다니면서 조선공산청년동맹에 가입했다. 1931년 9 · 18사변이 일어나자 김일성은 중국공산당에 입당해서 중국공산당이 이끄는[132] 항일활동에 참가했다.

중 · 조 국경지대의 중국쪽 길동(吉東) 지역과 장백산[133] 일대에는 많은 조선인들이 거주하고 있었다. 김일성은 어릴 때부터 중국에서 생활했기 때문에 중국의 항전에 대해 충만한 신심을 갖고 있었다. 그는 중국의 환경에 익숙했기 때문에 중국에 조선인민들의 항일 무장조직을 만들기로 결정했다.

1932년 4월 15일 20세의 김일성은 지린성 안투(安圖)현 밍웨거우(明月溝)에서 항일유격대를 조직해서 유격대장 겸 정치위원을 맡았다. 5월 1일 유격대는 홍기를 들고 안투현 중심가로 진입해서 열병식을 가졌다. 당시 김일성의 모친 강반석의 병이 깊었지만 현 중심부로 와서 이렇게 말했다고 한다.

"정말 보기 좋구나. 우리의 군대이니 보기 좋구나. 일본 귀신들을 타도하고 조국을 광복시켜야지."

---

131) 楊靖宇(1905년 2월 26일~1940년 2월 23일), 1912년생인 김일성보다 7세 위다.
132) '領導하는'으로 표현되어있다.
133) 백두산의 중국측 표현

5월 김일성은 유격대를 지휘해서 일본군과 제1차 전투를 치른 다. 6월에 유격대는 행군 도중에 아무런 준비도 없는 상황에서 일본군과 조우한다. 김일성이 지휘하는 유격대가 승리한다. 11 월 김일성이 이끄는 안투(安圖)유격대와 왕칭(汪淸)항일유격대, 닝안(寧安)항일유격대는 합병해서 왕칭항일유격대로 확대편성 된다. 대대장은 양성룡(梁成龍)[134]이, 김일성은 대대 정치위원을 맡았다.

1936년 5월 김일성은 반일 조선민족 통일전선 조직인 조국광 복회를 만들어 회장이 되고, '항일구국10대강령' 이라는 것을 발 표한다. 조국광복회가 조직된 지 얼마 안되어 조선인민혁명군은 백두산에 항일근거지를 만든다. 김일성유격대는 조선족이 모여 사는 동만주를 근거지로 해서 일본 만주군의 '토벌' 작전을 분쇄 하고, 중국 구국군 부대와 연합해서 둥닝(東寧)과 뤄쯔거우(羅子 溝) 등 도시를 공격한다. 이외에도 남양유격대를 진압하고, 저우 바오중의 제5군과 리옌류(李延祿)의 제4군과 협동작전을 펼쳐서

---

134) 양성룡(梁成龍, 1906~35) 일명 양병진 : (중국공산당 동만주특별위원회, 東滿 特委 위원) 지린성(吉林省) 왕칭현(王淸縣) 북합마당에서 태어났다. 1912년 왕칭 현 대흥구(大興溝) 하서(河西) 마을로 이주하여 서당에서 한문을 배웠다. 1920 년 일본군의 '간도토벌' 당시 아버지와 외할아버지를 잃고 서당을 중퇴했다. 1927년 합마당에서 반일운동에 투신했다. 1929년 하서 마을에서 항일아동단을 조직했다. 1930년 중국공산당에 입당하고 뤄즈거우(羅子溝) 유격대 결성에 참 여했다. 1932년 초 왕칭현 유격대 재조직에 참여하여 대장이 되었다. 1933년 봄 소왕칭 유격근거지에서 소비에트 건립에 참가하고 그해 중공 동만특위 제3기 위원회 위원이 되었다. 9월 둥닝현성(東寧縣城)전투에 참전했다. 1934년 민생단 원 혐의를 받아 사형당할 위기에 처했으나 직위해제에 머물러, 보통 전사로서 계속 유격투쟁에 참가했다. 1935년 초 토벌대에게 살해되었다.
〈http://www.laborsbook.org/dic/view.php?dic_part=dic07&idx=3752〉

이름을 알린다. "김일성 장군"이란 이름은 이렇게 만들어진 것이다.

김일성 등이 동만주에서 유격대를 만든 지 얼마 안 돼 조선공산주의자 이홍광(李紅光)과 이동광(李東光)이 남만주 판스(盤石)현에서 유격대를 조직한다. 이 유격대는 한족과 만주족이 대다수인 지역에서 순수 조선인이 만들었기 때문에 군중들의 보호를 받기 어려웠고, 인원을 확충하기에도 어려움을 겪었다. 이런 상황에서 중국공산당 만주성 위원회는 양징위를 성위원회를 대표하는 신분으로 파견해서 남만주를 순시하게 한다. 1932년 12월 양징위는 판스유격대를 개편해서 중국 공농홍군 제32군 남만 유격대로 만든다. 1933년 양징위는 남만유격대를 지휘해서 판스 보리강을 근거지로 해서 일본군 토벌대를 4차례 격퇴하고, 다른 항일군과 연합해서 란전(蘭鎭)을 공격해서 일본군 대장 고석갑(高石甲)을 사살한다.

9월 18일 남만 유격대는 동북인민혁명군 제1군 제1사단으로 개편된다. 이 사단의 사단장 겸 정치위원이 양징위였다. 10월에 양징위는 부대를 지휘해서 후이파(輝發)강을 건너 동쪽으로 행군해서 강남유격대를 만들고 진촨(金川)강변에 근거지를 만든다. 1934년 11월 7일 동북인민혁명군 제1군이 조직되고, 양징위가 군장 겸 정치위원이 된다. 1935년 9월 제2군 정치부 주임 리쉐중(李學忠)이 지휘하는 제2군은 서쪽으로 진군해서 멍장현 나얼훙에 도착, 제1군과 만난다. 이때부터 동만주당과 남만주당은 연결을 갖게 된다.

1936년 초 모스크바에서 열린 제7차 공산주의 인터내셔널 대회에 중국공산당 동만주 특별위원회 서기로 파견됐던 제2군 정치위원 웨이정민(魏拯民)[135]이 동북으로 돌아왔다. 그는 곧바로 남하해서 제5군과 제2군에 공산주의 인터내셔널 제7차 대회의 정신과 중국공산당의 지시를 전달하고 7월에 제1군이 주둔하고 있는 허리(河里)의 밀영에 도착했다. 당시 중국공산당 남만당은 제2차 대표대회를 열어 동북인민혁명군 제1군을 동북항일련군 제1군으로 개편하고 양징위를 군장 겸 정치위원으로 선출했다. 그 직후에 웨이정민과 양징위는 중국공산당 남만당, 동만당과 항일연군 제1군과 제2군의 간부 연석회의를 개최한다. 이 회의의 결정은 제1군과 제2군을 합해 제1로군으로 편성하고, 그 아래에 6개 사단을 편성해서 제1군 휘하에 제1,2,3사단을, 제2군 산하에 제4,5,6사단을 배치하고 양징위를 총사령관으로, 김일성을 제2군 제6사단 사단장으로 결정했다. 이렇게 해서 양징위와 김일성은 운명을 함께하게 된다.

1936년에서 1937년 사이는 동북항일 유격대가 발전한 시기로, 김일성이 이끄는 조선인민혁명군과 양징위가 이끄는 제1군은 동남만주 지역의 양대 무장역량이 됐다. 일본군의 비밀문건과 신문, 잡지들은 김일성이라는 이름과 양징위라는 이름을 나란히 썼다.

처음으로 김일성에게 양징위를 소개한 사람은 중국공산당 동만주 특위 서기 퉁창룽(童長榮)[136]이었다. 1931년 초 퉁창룽은

---

135) 앞의 서대숙 김일성에 나온 인물

중국공산당 다롄(大連)시 당위원회 서기로 임명됐다. 그는 푸순(撫順)탄광의 노동자들은 양징위와 퉁창룽을 큰형으로 모셨다. 1931년 11월 퉁창룽은 동만주 지구로 옮겨 가서 중국공산당 동만주 특위 서기가 되면서 김일성 등 조선 혁명가들과 함께 항일 무장투쟁을 하면서 항일 유격 근거지를 마련했다. 1936년 10월 양징위가 소속한 제1군 제2사단은 사단장 겸 정치위원 차오궈안(曹國安)의 지휘로 장백현 헤이샤즈거우 일대에서 김일성이 이끄는 제6사단과 협동하여 여러 차례 대규모 전투를 했다. 차오궈안은 김일성에게 양징위를 극찬했다. 남만주의 각 부대들은 조선인민혁명군에게 인원을 파견해달라고 요청했으며, 김일성은 많은 당정간부들을 배양해서 보내주었다. 양징위는 여러 통로를 통해 조선동지들에게 남만주 각 부대가 보내는 감사 표시를 전했다. 김일성도 사람들을 통해 양징위에게 감사를 표시했다. 이렇게 해서 양징위와 김일성의 공동투쟁은 그 우의를 더해 갔다.

양징위의 이름은 동북에서 모르는 사람이 없을 정도였다. 그는 동북항일련군의 창건자로, 현대 중국의 민족 영웅이었다. 1937

---

136) 퉁창룽(童長榮,1907~1934), 안후이성 출신. 1921년 안후이 성립 제1사범학교에 입학, 적극적으로 반제 반봉건 학생운동에 가담했다. 1921년 사회주의 청년단에 가입,각종 시위활동을 주도하다가 1925년 7월 일본으로 유학, 동경제국대학 제1고등학교에 입학했다. 그해 중국공산당에 입당했다. 도쿄에서 활동하는 중국공산당원으로 각종 유학생 시위 등을 주도하다가 추방당해 상하이로 돌아와 선전활동에 종사했고, 1930년 2월 허난(河南)성 당 서기로 선출됐다. 1931년 3월 다롄(大連)시 당위원회 서기가 되고, 11월에 동만주 특별위원회 서기가 됐다. 홍32군 동만주 유격대를 창설, 1934년 3월 21일 왕칭현에서 일본군과 전투 중 사망했다.

년 7·7사변 폭발후 양징위는 제2군 정치위원 웨이정민과 함께 집안에서 만나 전투계획을 의논했다. 1937년 겨울 양징위는 집 안 노령산 지역에 근거지를 마련했다. 1938년 5월 남하한 웨이 정민은 노령산 오도구(五道溝)에서 양징위와 만나 간부 연석회 의를 개최했다. 양징위는 팔로군과 연락을 갖자는 제의를 했고, 웨이정민은 동의했다.

양징위는 긴급 상황이 발생하면 김일성에게 도움을 청했고 김 일성은 양징위를 도와주었다.

1939년 4월 일본이 세운 만주국이 '치안의 암'이라고 칭한 것 이 양징위 부대와 김일성 부대였다. 이들을 토벌하기 위해 관동 군 사령관 우메즈 요시지로(梅津美治郞)[137]는 "돌격대를 편성해 서 양징위와 김일성 등 비적 수령을 체포하거나 사살하라"는 명 령을 내렸다. 만주국은 이에 호응해서 양징위와 김일성을 체포 하거나 사살하면 각 1만 위안의 현상금을 걸었다. 10월에 관동 군 제2독립 수비대 사령관 노조에 쇼도쿠(野副昌德) 소장의 지 휘 아래 7만 5000의 병력을 동원해서 '대토벌'을 시작했다.

1936년 양징위는 형세판단을 잘못 해서 대부대를 서쪽으로 이 동시켜 참패를 하게 된다. 일본군이 쳐놓은 그물에 걸리지 않기 위해 양징위는 유격대를 분산시키는 결정을 내렸다. 반면 김일성 은 주력부대를 비밀노선으로 이동시키고, 중소 변경지대에서 기 동작전으로 일본군을 공격하는 작전을 채택했다. 그 결과 생사가 걸린 상황에서 양징위와 웨이정민은 죽음을 맞게된다. 1940년 2 월 23일 양징위는 멍장현에서 35세로 전사한다. 양징위의 최후는 김일성이 파견한 이동화(李東華)가 함께했다.

---

137) 우메즈 요시지로(梅津美治郷. Umezu Yoshijiro, 1882.1.4.~1949.1.8.) : 1882
년 오이타현 나카쓰시의 농가에서 태어났다. 1902년 육군중앙유년학교를 졸업
하고 1903년에 육군사관학교 15기로 입학하였다. 1904년 소위로 임관하여 보병
제1연대에 배속되어 러일전쟁에 참가하였다. 1911년에 육군대학교 23기를 수석
으로 졸업하였고 12년에 대위로 승진하여 보병 제1연대장을 맡았다. 그 후 독일,
덴마크, 스위스의 주재무관으로 재임하며 제1차 세계대전에서 관전 장교로 활약
하였다. 1918년에는 소좌, 1923년 대좌로 승진하여 보병 제3연대장을 역임하였
다. 1926년에 참모본부 편제동원과장, 1928년 육군성 군무국 군사과장을 역임하
였으며, 1930년 소장으로 진급하여 보병 제1여단장에 임명되었다. 1931년에 참
모본부 총무부장, 1933년에 주 스위스 공사관 무관을 거쳐 1934년에 지나 주둔
사령관으로 부임하였다. 또 그는 1935년 6월에는 화북지방의 분리를 목적으로
한 우메즈 · 하응흠 협정 체결을 주도하였다. 협정의 내용은 하북성 내의 국민당
지부를 모두 철폐하고 중국국민당의 중앙군 및 헌병대를 철수시키고, 모든 항일
단체의 활동을 단속하는 것이었다. 요시지로는 1935년 제2사단장, 1936년에 육
군차관으로 임명되어 2 · 26사건 후 숙군을 단행, 군비 축소를 주장했던 우가키
가즈시게 내각의 집권을 막았다. 또한 군부의 수장인 군부대신이 될 수 있는 자
격을 현역 무관에 한정하는 제도를 부활시켜서 육군의 정치적 영향력 확대를 꾀
했다는 평가를 받았다. 2 · 26 사건 직후 구성된 히로타 고오키 총리 내각은 각
료의 인선이나 정책까지 군부의 요구를 수용하여, 결과적으로 통제파의 정치적
영향력을 높이는 계기가 되었다. 1938년 요시지로는 제1군 사령관으로 임명되
었고 1939년에 관동군 사령관 겸 특명전권대사가 되었다. 이때 관동군 사령관
으로서 731부대를 감독하게 되었는데, 이 부대는 이타가키 세이시로 관동군 참
모장이 1936년 제출한 '재만병비 충실에 관한 의견서'를 기초로 설치되었다. 의
견서 주요 내용은 만주 지역의 병비 충실과 시설 개편, 관동부 방역부의 신설 및
관동군 군수방역창의 신설, 관동군 기술부대(화학전부대)의 신설 등을 골자로
한 것이었다. 이후 요시지로는 1940년 육군대장으로 승진하였고 1942년에는 관
동군 총사령관을 다시 역임하였다. 1944년 7월18일 도조 히데키의 후임으로 참
모총장에 취임하여 패전 때까지 역임했고, 본토에서의 결전을 주장하다 패전을
맞았다. 1945년 9월 2일 대본영의 전권을 가지고 항복문서 조인식에 참가하였
고 11월에 예비역으로 편입하였다. 도쿄 재판에서 A급 전쟁범죄자로 기소되어
복역 중 병사하였다.
〈https://terms.naver.com/entry.nhn?docId=3352033&cid=62070&cate
goryId=62074〉

김일성은 양징위의 작전에 동의하지 않고 부대를 중소변경지대로 이동시켜 실력을 보존한다. 1939년 5월 김일성은 항련부대를 이끌고 조선으로 들어간다. 청봉, 침봉, 무산, 신사동 등지와 대홍단 일대에서 일군의 일부를 섬멸한다. 1940년 동북항일련군은 엄중한 손실을 입고, 잔여부대가 속속 소련으로 들어간다. 김일성이 이끄는 제1로군 약 100명도 소련으로 들어갔다. 남만주에서 전투를 계속하던 제1로군은 김일성 부대만 제외하고는 죽거나 적에 투항했다. 김일성 부대는 조선인들 위주였고, 그 조선인들은 나중에 조선인민공화국의 개국 공훈자들이 된다. 제1로군 고급 지휘관들은 제2군 6사단 사단장 김일성과 제2군 독립여단 여단장 이쥔산(伊俊山 · 만주족)[138]을 제외하고는 모두 사망했다.

1945년 8월 소련군이 동북으로 진주하자 일본군은 투항한다. 항련교도대는 소련군에 편입되어 인원을 둘로 나누어 조선인들은 조선공작단으로 조선으로 돌아가고, 중국인들은 소련군을 따라 동북으로 진주한다. 김일성도 14년간의 동북항일련군 시절을 끝내고 소련군을 따라 조선으로 들어간다. 김일성은 1945년 9월 19일 소련군함을 타고 조선으로 돌아와 9월 22일 평양으로 진입

---

138) 이쥔산(伊俊山, 1908~1964) : 동북항일연군 지휘관 중 한 명. 1928년 10월, 일본으로 유학, 동경철도학교에 입학, 1930년에 귀국, 1933년 베이징대학 상학부를 졸업하고, 동북으로 가서 민족해방전선에서 군인생활을 시작한다. 1934년 닝안(寧安)현 반일동맹군 사무실에서 저우바오중과 만난 뒤 1935년 2월 동북반일연합군 제5군 창설 때 제1사 제3단 정치위원으로 임명된다. 1946~1947년 무단장군구(軍區) 정치부 민도(民道)과장을 맡는다. 1953년, 야금부 흑색야금 설계공사 부사장(副經理)이 된다. 1958년에는 양징위 장군 추도대회에서 추모시를 읽는다. 1964년 3월 18일 베이징에서 56세로 병사했다.

한다. 1945년 10월 10일 조선공산당 중앙위원회가 수립되고 김일성이 위원장에 앉는다. 1948년 9월 9일 조선민주주의 인민공화국이 수립되고 김일성은 수상에 취임한다.

4) 周保中[139]의 『東北抗日遊擊日記』

(작자 서문) : 1936~1939년은 중국공산당 동북 당조직이 동북 항일유격전쟁을 이끌던 시기로, 발전에서 정점에 도달한 다음 좌절이 시작되던 역사 시기이다. 나는 이 시기의 일기를 2부로 나누어 보존한다. 긴박하고 불리한 환경이었기 때문에 계통적으로 기록할 수도 없었고, 중요한 사정을 과다하게 쓸 수도 없었다. 목적은 단편적인 기록이나마 남겨 역사적인 사실에 대한 증거가 될 만한 근거를 제공하는 것이다. 동북지하당과 항일연군의 전모나 중요한 역사는 이 일기에서 찾아볼 수 없을 것이다.

저우바오중
1963년 4월 29일

---

139) 周保中(1902.2.~1964.2) 雲南省 大理人 白族. 1927년 7월 중국공산당 입당. 1928년 모스크바 중국노동자공산주의 대학, 국제 레닌학원 학습. 1931년 귀국. 만주성 군사위원회 서기. 제2로군 총지휘. 吉林성 당위원회 서기. 동북항일연군 제5군 군장. 1942년 7월 동북항일연군 교도여단 (소련 극동방면군 제88 독립보병 여단) 여단장. 1945.8. 소련 홍군이 동북을 해방시킬 때 '홍기' 훈장과 '전승 일본' 장을 받음. 이후 동북군구 부사령관, 1946.4. 長春 해방 전투에 참가. 1950년 제2야전군 소속으로 서남 해방 전투에 참가. 1955년 1급 '8.1.훈장 받음. 1956년 중국공산당 중앙위원회 후보위원.

(序1) : 1987. 10.

"이 일기는 그의 융마(戎馬, 군인) 생활 가운데 행군하는 말등에서, 밀영의 기름등불 아래에서 놀라운 의지로 써내려간 혁명 심혈의 결정으로, 우리 당과 군의 보귀한 기록이다. … 주보중의 '동북항일 유격 일지'는 동북항일련군이 1936년 3월부터 1945년 12월까지 항일 투쟁을 벌인 영웅적인 기록이다.

1936년

3월 6일 맑음 큰 바람 :

…

4월 3일 :

***

이날 서남구 군부 부관 周x, …, 교통병 2명을 데리고 어제 동남구에 도착. 가오(高) 정치위원과 함께 펑이(風儀)의 어무(額穆) 파견 공작의 경과보고를 1건, 제2군 제5단을 맡고있는 간부 동지의 보고 2건, 제2군 간부 왕더타이(王德泰) 동지, 웨이민성(魏民生) 동지 공작통지와 토론 편지 3건, 김일성(金日成) 동지로부터의 보고 편지 1건, 요지는 아래와 같다 :

웨이 동지는 서쪽으로 가서 둔화(敦化) 부근에 도착했다. 왕더타이 동지와 모처에서 회합했다.

2개 군(軍)마다 3개 사(師)를 편성한다. 제1단을 기간으로 해서 유격 대대 6개 중대를 제1사로 편성해서 안봉학(安鳳學)을 사장(師長)으로, 저우수둥(周樹東)을 정치위원으로 임명한다. 제2단을 기간으로 해서 새로 참가한 산림반일대(山林反日隊)를 개편해서 제2사를 편성하고, 김일성을 사장으로, 차오야판(曹亞範)을 정치위원으로 한다. 동쪽 부대(部隊)는 제4단, 5단을 기간으로 해서 제3사로 편성한다. …

6월 11일 맑음 :
김 비서[140]가 상오에 군본부에 도착, '난후터우(南湖頭)'[141]에 지(紀) 부관장과 충실하고 용감한 청년대원 박성철(朴成哲)[142]을 데리고 가서 난후터우의 적 정황을 살피고, 2군 5단과 5군 3단 사이의 연락 임무를 수행할 목적으로, 6월 13일 출발, 10일 내로 돌아올 것이라고 보고했다고 전했다.

6월 12일 :
김 비서는 인쇄소에 들러 난후터우에 전할 편지 5건을 수령했다.

---

140) 저우바오중이 여기서 '김 비서'라고 기록한 인물은 김일성일 것으로 추정된다.

141) 현재의 黑龍江省 牧丹江 寧安市 부근.
〈https://baike.baidu.com/item/南湖頭會議/7573565〉
조선노동당이 말하는 남호두 회의는 김일성이 저우바오중 휘하에서 박성철과 함께한 정찰 활동을 과장한 것이었을 것으로 추정된다.

142) 저우바오중은 이 인물에 대해 '1912년생으로, 나중에 조선노동당 중앙정치국 위원, 국가 부주석, 최고인민회의 상임위원회 명예 부위원장 등의 직책을 맡았으며, 2008년에 사망했다'는 주를 달았다.

7월 1일 맑음 :

오전에 제2대 안(安) 소대장 등 3인을 인쇄소에 파견해서 김 비서 석봉(石峰)과 지(紀) 부관장에게 전할 공작지시 편지 1건을 수령하게 했다. …오후 7시 안 소대장이 돌아와서 인쇄소에서 김 비서와 지 부관장의 공작보고를 휴대하고 왔다고 보고했다. …

7월 3일 맑음 :

오후 2시에 잠깐 소나기가 내리다 그침

1940년

1월 24일 ~ 2월 4일

13일간 55호 건물에 펑중원(馮仲云)[143] 동지, 자오상즈(趙尙志)[144] 동지와 함께 1936년 이래 동북에서의 항일유격운동 문제에 대

---

143) 펑중원(馮仲云, 1908~1968), 장쑤(江蘇) 출신, 동북항일연군 장교. 1927년 중국공산당에 입당, 1930년 칭화(淸華) 대학 수학과 졸업.동북 항일연군 제3로군을 조직. 항일전쟁 승리후 베이징도서관 관장.

144) 趙尙志(1908~1942. 2. 12), 한족, 랴오닝(遼寧)성 차오양(朝陽)시 출신이다. 동북항일연군 창건인 중의 한 사람으로 1925년 중국공산당에 입당했다. 국민당의 북벌(北伐) 전쟁 시기에 동북지역에서 반제국주의 반군벌 혁명활동을 전개했다. 9 · 18사변후 중국공산당 만주(滿洲)성 당위원회 상무위원 겸 군사위원회 서기를 지냈다. 중국공산당 하얼빈시 부근의 바옌(巴彦)에서 항일유격대를 조직해 홍군(紅軍) 36군 독립사를 지휘했다. 북만주 주허(珠河) 항일유격대를 조직해서 지휘관을 지냈고,후에 동북 항일유격대 하얼빈 동부지역 부대 사령관을 했다. 동북인민혁명군 제3군 군장, 북만주 항일연군 총사령관, 동북 항일연군 총사령관, 제2로군 부사령관을 지냈다. 자오상즈는 리자오린(李兆麟)과 함께 주허(珠河)´탕위안(湯原) 지역에 항일 유격 근거지를 만들었다. 1942년 2월 12일, 전투중 중상을 입고 사망했다.

한 토론을 하다. 첫 이틀 동안은 소련의 기관에서 파견된 동지가 참석, 이후 11일간은 샹즈와 중원, 그리고 나 사이의 3인 토론회가 됐다. 나는 C방(方) 동지의 촉탁으로 토론 사회를 맡았다. 토론 이전에 C동지는 나와 샹즈, 중원 동지와 별도의 담화를 했다. 이후 우리 3인이 상호 담화를 했으며, C동지가 참가했다. 중심문제 : 동북 유격운동 앞으로의 투쟁공작. 특별히 주의할 것은 북만주당의 경향 노선 착오 문제가 일으키는 논쟁과 공작중 손실에 관한 것. 나는 이왕에 발생한 일체의 문제는 북만주당의 경향성 때문에 생긴 것이며, 이 때문에 어떤 재료도 준비하지 않았다. C동지와 중원, 샹즈 등은 문제를 제기하고 답하는 형식으로 진행. C동지는 내가 하고 있는 중국공산당 동북 조직과 동북유격운동을 신중하게 지지했다.

  제1단계 토론은 5일 밤이 걸렸고, 이왕의 문제들이 극히 긴요한 문제라는 총결을 내렸다. 제2단계 토론은 금후의 공작 요강이었는데 토론 과정중에 자연스레 결론으로 이어졌다. 샹즈 동지의 의견은 최초에는 많이 달랐는데 점차로 궤도에 들어섰다. 펑 동지는 말이 간단하고 신중했다. 최후로 토론을 근거로 기록을 남기고 총결을 내렸다. 3인 회담은 축조 표결로 다음 두 가지를 통과시켰다.
 1. 길동(吉東, 길림동부), 북만주 당내 투쟁 문제 토론과 결론 요약.
 2. 동북 항일 구국운동에 대한 새로운 요강 초안

신 요강 초안

(1940.2.2. ~ 3.19.)

1. 일본의 동북에서의 식민통치 현황

2. 동북 항일유격전쟁의 추세와 앞날

3. 동북에서 중국공산당의 임무

4. 투쟁책략문제

　1) 도시공작의 문제

　2) 집단부락의 책략 문제

　3) 항일의용군 관계 문제

　4) 만주 군영(軍營)의 책략문제

　5) 청년과 부녀문제

　6) 소수민족문제

　우선 필수 지시사항 : 고려민족은 우수한 민족전사와 영웅을 보유하고 있고, 9 · 18 사변 이후 중국 해방운동에 참가, 각 방면에서 중대한 역할을 하고 있다. 현재 매일같이 고려 이민들이 동북으로 와서 거주하는 숫자가 늘어나고 있다. 그들의 조국사상과 항일정서는 말살할 수 없는 것이다. 그들의 항일 민족 통일 전선 운동은 응당 확대되어야 한다. 항일 독립자치의 구호를 제시하고, 그들 가운데 충실하고 견고한 분자들이 유격대에 참가하고 있으며, 항일 지식 분자와 단체들의 민족 해방운동은 그들에게 삼민주의 신중국이 고려민족의 자치와 자결권을지지한다는 사실을 이해시키도록 하고 있다. 　(이하 생략)

1941년

1월 4일

류안(劉雁)이 전보를 보내왔다.

1. …

오후 2시 장서우첸(張壽錢) 거소에 도착해서 김책, 펑중원(馮仲云) 동지와 담화를 했다. 오후 6시 거소로 돌아와, 한 바탕 대화를 나누었는데 이 자리에 소련 모 중교(中校) 동지가 왕신린(王新林)[145]을 대표해서 참가했다. 오후 2시에 또 한 차례 담화를 했는데도 모 중교는 도착하지 않았다.

1월 5일

김일성, 최석천(石泉), 지칭판(季青分)이 서로 나뉘어서 장서우첸 거처로 가자 위이(余亦)도 그리로 왔다. 북만의 3인이 함께

---

[145] 왕신린이 누구인가에 관해 '周保中將軍傳'은 p.333에서 다음과 같은 기록을 남겼다. "1941년 4월27일 저우바오중이 소련측 연락원 '王新林'(김일성과 펑스루 彭施魯의 기억에 따르면 그의 신분은 소련 극동 홍군의 정보부 소장에게 편지를 보냈다. 편지 내용은 "중국공산당 중앙 교통원 王明(彭申年)을 당신이 모스크바로 보낸 이유와 그의 임무를 설명해달라."

1940년에서 1945년 8월까지 동북항일연군은 소련 극동지구로 옮겨가서 소련 극동군에 편입됐다. 이에 앞서 1938년 가을 일본 관동군과 만주국 군대의 만주 빨치산 소탕작전으로 항일연군 활동지역은 70개 현에서 10개 현 미만으로 축소됐다. 항일연군은 중국공산당 중앙과의 연락도 끊어진 채 소련 극동지역으로 건너가 항일을 잠시 쉬기로 한다. 당시 일본과의 전쟁을 앞두고 있던 소련 극동군은 동북항일연군을 통해 일본군에 관한 정보를 획득할 목적으로 1940년9월 극동군 내무부장 바실리(Vasily, 瓦西里, 중국어이름 王新林)가 연락장교로 등장해서 저우바오중과 소련 극동군 사이를 연결한다.

〈https://www.sohu.com/a/284387669_164631〉

대화했다. 유위(由余)와 김책이 담화한 결과를 만주 당회의 때 왕신린 동지에게 전달하기로 했다.

…(중략)…

류(劉) 지대의 부처(副處)에 도착해서 동짓달 14일과 28일에 소련으로 가기로 했다.

당 조직 문제는 북만, 동만, 남만에서 각각 선거를 해서 남만부대가 쌍성자(雙城子)에 편지를 보내기로 했다.

2월 14일

야간 담화 :

1. 회의 후 부대를 어디로 이동시킬 것인가.

2. 펑중윈(馮仲云), 최석천(崔石泉, 崔賢의 다른 이름), 왕샤오밍(王效明).

3. 저우바오중, 차이스룽(柴世榮), 지칭(季靑), 김일성, 김책, 안길(安吉), 서철(徐哲) 등 120여 명이 푸뤄시뤄푸(伏羅希洛夫)시로 가기로 했다. 제5군 39명은 1로군으로 만들고 총지휘자를 파견하기로 했다.

임무는 A. 당과 정치공작, 부대원 한 사람 한 사람의 사상과 행동을 검사해서 만약 믿을 수 없는 분자가 있을 경우 동북으로 보내지 않는다. B. 지휘를 돕고 군사학습 대강을 배우기로 한다. 일체의 좋았던 경험이나 안 좋았던 경험을 이용하고, 실제 공작에는 8조를 실현하기로 한다.

김일성 부대를 선행해서 파견한다, 2차로 제5군을 파견하고,

제3차로 제1로군 다른 부대를 파견한다.

김일성의 임무는 웨이민성(魏民生)을 찾는 일이다.

B방면에도 2주일 정도 들여 두 개의 교육반을 설치한다.

야영 중 홍군의 기거를 조작해서 소련 동지들과 밀접한 관계를 맺도록 한다.

남만에 파견할 대오의 간부를 선발한다. 마오쩌둥의 6차 대회 보고를 전달한다. 김책 동지의 사진 한 장을 보낸다.

3월 11일

밤에 B시에서 소련 동지 한 사람이 와서 통지만 하고 즉시 돌아 갔다. 나는 남 캠프의 일을 아직 처리하지 못해 하루를 늦추기로 했다. 그날 밤 임시 당위원회를 열어 간부들과 담화했다. 김책 동지가 제1로군에 2개 부대를 편성해서 분담하기로 하고, 당 조 직 건립에 관한 일체 지시를 했다. (…중략…)

5) 연해주에서의 활동

3월 15일

B시 시기의 공작을 총결해서 왕신린 동지에게 'B시 시기의 공 작 경과' 라는 편지를 보냈다.

저우바오중, 김책이 제1로군 월경부대의 정돈에 관한 문제에 대해 왕신린 동지에게 보고

왕신린 동지, 우리 캠프에서는 아래와 같은 공작이 진행되었습니다 :

본인이 개별담화를 진행하고, 충실한 당위원회 회의(2, 3방면군, 경위여단의 충실한 당원) 과정에서 소련에 대한 인식문제에서 획득한 자료는 곧 제1로군 월경부대의 대부분 동지들이 3단계의 인식을 갖고 있다는 점입니다.

(1) 그들이 만주에 있던 때에 소련에 대한 인식은 대단히 간단한 것이었다.

(2) 그들은 월경후 압수검사와 식사, 인간관계 조절 등 문제에 관해 잘못된 인식을 갖게 됐다.

(3) 그들은 이번 훈련을 통해 소련에 대한 인식에서 일치된 변화를 보여주었다. (…중략…)

당원 토론회에서 1, 2 대대 당원대회에서 다음과 같은 해석을 그들에게 제공했음.

(1) 기다리는 기회주의의 영향을 극복하고 장기적인 유격운동을 인정하게 됐다.

(2) 유격운동의 방향을 산부근의 유격에서 광대한 민중속으로 가는 유격으로, 시기를 이용하는 유격으로, 활동이 가능한 지역에서의 유격으로, 적당한 사람수를 맞추고, 민중과 밀접한 관계를 만들고, 적이 우세할 경우는 전투를 피하고, 작은 승리를 쌓아서 대승으로 만드는 방법을 쟁취하고, 전투력을 제고하며, 사격술을 높이고, 군사기율을 높인다 등등. (…중략…)

대오의 정리와 편제에 관해 제1로군 월경부대는 임무 범위내 각자의 행동에서 방해를 받지않기 때문에 임시로라도 집중적인 통일영도 기관을 건립한다. 이에 따라 저우바오중, 김책, 김일성, 안길 등 동지들은 공동토론을 통해 월경부대에 하나의 지대(支隊)를 편성한다. 이 지대의 번호는 : 제1로군 제1지대, 2개의 대대를 2개의 중대로 양분한다. 지대장은 김일성 동지가 맡는다. 정치위원은 OOO, 참모장은 안길 동지가 맡는다. 이 2개의 부대가 만주로 돌아가서 제1로군 총부와 연락이 끊어진 부대와 만날 경우, 잠시 제1지대로 편성한다. 이것이 제1로군 총부가 연락을 통해 건립한 임시 지도방법이다.

제1부대(책임자 김일성 동지) 제1중대장 류싼쑨(柳三孫), 정치지도원 박덕산(朴德山), 제1분대장 리푸루(李福錄), 제3분대장 마오쯔허(牟子和). 대원 : (…생략…) 이상 26명

제2부대(책임자 안길 동지) 오진우(吳振宇)[147] 등 (…생략…) 이

---

147) 함경북도 무산 출생. 북한 정권의 혁명 제1세대이다. 일제강점기인 1933년 김일성(金日成)의 항일유격대에 참가, 주로 동만(東滿)지역에서 활동하였고, 1945년 소련군의 북한지역 진격과 함께 김일성 부대의 성원으로 귀국하였다. 오진우는 북한군 창설자의 한 사람으로, 회령(會寧)의 제3군관학교장, 사단장, 군단장, 집단군사령관, 인민군총참모장, 민족보위성 부상을 거쳐 1976년에 인민무력부장으로 승진하였다. 그 뒤에 사망할 때까지 19년간 인민무력부장직에 있으면서 북한군을 지휘, 통제하였다. 1958년에 국기훈장 1급을 받았다. 당의 직책으로는 1956년 3차 당대회에서 당중앙위원회 후보위원으로 선출된 것을 시초로, 당중앙위원 · 당정치위원회 후보위원, 당중앙위원회 비서, 정치위원과 비서를 거쳐 1980년 10월에 개최된 6차 당대회에서는 정치국 위원과 상무위원으로 승진하였다. 권력 서열로는 김일성 · 김정일(金正日) 다음인 3위의 자리에 올랐다. 그는 김일성과 항일투쟁을 같이한 혁명 제1세대로 1950~1960년대는 반대파를 제거하고 김일성의 유일 지도체제를 확립하는 데 큰 공을 세웠다.

상 25명

제1로군 월경부대를 선택한 학습원 명단 : 이을설(李乙雪)[148], 장웨이쥔(張維君), 박영순(朴英順), 지갑룡(池甲龍)[149]. 조명선(趙明善), 이오송(李五松), 김정숙(金正淑)[150], … 등 16인

이상 제1로군 월경부대 모두 88명

제1대대 당지부 간사회는 서기에 박덕산, 조직간사에 김일성, 선전간사에 유삼손 등 16명 당원으로 구성,

학습원과 재직인원 중 14명이 당원이었고, 전체 당원수는 45명.

정치과는 XXX정치위원 지도 아래 4개 과정을 이수함.

(1) 3월3일의 정치과는 중국의 현단계, 일본 제국주의는 중국 노동

---

147) 1970년에는 혁명 제1세대와 군부를 대표하여 김정일 후계체제 구축에 앞장섰다. 사회주의권이 붕괴된 후 1990년에는 국방위원회 부위원장과 제1부위원장으로 김정일 중심의 비상체제를 주도해 왔다. 특히 중소분쟁이 격화되던 1960년대 국방에서 자위노선과 그에 따르는 전인민의 무장화, 전국의 요새화, 전군의 간부화, 전군의 현대화 등 4대군사노선의 실천과정에서 민족보위성 부상으로서의 공로를 평가받아 최고의 영예인 영웅칭호를 받았다. 또한, 1960년대에 정립된 정규전과 비정규전의 배합전술의 개발에 주도적 역할을 했다. 1994년 7월 김일성의 사망시에는 국가장의위원회의 한 사람으로 영결식과 추도대회, 100일추도대회 등을 김정일과 같이 주도하였고, 그 뒤에 병 치료차 프랑스를 방문하여 치료를 받았다. 귀국 후 1995년 1월 인민군 제9차 선동원대회 참가를 끝으로 2월에 암 질환으로 사망하였다. 240명으로 국가장의위원회가 구성되고 장례식은 국가장으로 거행되었다. 묘지는 혁명열사릉에 있다. /(한국민족문화대백과, 한국학중앙연구원) 〈https://terms.naver.com/entry.nhn?docId=568450&cid=46626&categoryId=46626〉

148) 1921년생. 원래 제1로군 양징위 부대 소속. 나중에 조선으로 돌아가 인민군 원수가 된다.

149) 나중에 반기를 듦.

150) 김일성의 부인.

군중들의 주요한 적이라는 점.

(2) 3월 7일 : 국제적인 중국 지원 문제

(3) 3월 8일 : 부녀운동 문제

(4) 3월 10일 : 소련의 중국 항전운동에 대한 지원.

XXX정치위원의 지도 아래, 레닌실 지도는 훌륭하며, 혁명구호로 가득함, 오락기구도 갖춰져 있고, 교관과 학습원 모두 흥미로 충만함. 여기에서 특별히 주의할 것은 매일 영화를 상연하며, 캠프 전체 대원들에게 시야를 새로 열어주는 효과를 내고 있음.

볼셰비키 경례!

저우바오중, 김책

3월 15일

3월 25일

B시에서의 공작을 총괄 정리해서 왕신린 동지에게 경과보고의 편지를 보내다.

저우바오중, 김책은 제1로군 월경부대를 정돈하는 문제에 대해 왕신린 동지에게 보고하다.

3월 27일

김책 동지와 동행해서 밤 11시 야영지에 도착하다.

북만 성위원회에 보고하기 위해 확정해야 할 문제들.

제7. 김책에게 질문 : 1937년 겨울의 모범사단 행동과 군사 기

도, 1938년에 방치된 제3군 4사단 및 강남 공작의 문제

…(중략)…

지대장에 김일성, 정치위원 이쥔산(伊峻山), 참모장 안길(安吉).

정치교육에 관해서는 오전 9시에 정리한다. 오후 7시에 보습반을 만들어 시국 소식을 전하기로. 러시아어, 문화교육, 무선전보, 표어, 구호 만들기, 종이에 음악실까지.

레닌실도 조성해서 김철우, 황광림, 임춘추를 정치 지도원으로.

3월 28일에는 한영순 동지가 손을 다쳐 병원에 입원을 시킴.

바오스허(寶石河)[151] 비행장. 남북 2킬로미터, 동서 3킬로미터.

△총무처=웨이정민, 김광(金光) △1로군 총부 의무처장=서철(徐哲) △주임=김일성, 이쥔산 △참모장=천한장(陳翰章), 안길 △제13단 단장=최현

제1로군 민족성분 : 50%가 고려인[152], 지대장=김일성, 정치위원 이쥔산, 참모장 안길

7월 12일

소련 국가 방위위원회 주석 스탈린 동지의 7월 4일 '선고'를 번역하고, 정리해서 A야영(野營) 전체대회에서 "공인들의 조국을 보호하고 7·7 항전을 기념하기 위하여"라는 제목으로 발표

---

151) 바오스허(寶石河) 우수리강의 지류.
152) 러시아에 거주하던 조선인

한 기록. 왕이쯔 동지가 2만 자 이상의 이 기록을 쓰는 명예를 누렸다. 김책 동지가 이 글을 북만에 전달했다.

밤 9시 반 왕신린(王新林)동지와 리하이(李海 · 소련인) 두 동지가 와서 회담했다 :

왕신린 동지는 A(소련 극동군구 사령관)를 대표해서 지시했다. 북만의 제3로군의 임무는 이전 지시(8일 담화)와 같다. 김책 동지를 제3로군 정치위원으로 임명하는 데 동의한다.

밤에 처소의 주인이 만찬 준비를 갖추어 왕신린 동지가 김책 동지를 위한 전별식을 가졌다. 밤 12시 왕신린 동지는 떠났다.

7월 13일

북만의 장서우젠 동지에게 보내는 1신을 김책 동지에게 전달했다. 번역문과 기록 2가지를 전달했고, 5월 회담을 부가로 붙였다.

길동(吉東), 북만 省위원회 간부회담 문제
토론 기록과 요약
(1941년 5월 26일)
참가자 : 김책, 펑중원, 최석천, 왕샤오밍, 저우바오중(주석)
문제 토론 순서
1. 정치형세 문제
　1) 항전 현단계
　2) 극동의 시국 문제와 동북 형세 재평가

3) 소련-일본 중립조약

2. 3월 요강과 2월 연석회의 총괄 문제

3. 월경 부대의 임시 파견 정지 문제와 우리의 절박한 요구

1) 월경 부대 파견 정지 문제

2) 우리의 절박한 요구

4. 결의사항

改---案(1941년 5월 26일x吉北黨組)

1) 항전 현단계 :

마오쩌둥 동지는 "중일전쟁이 장기화됨에 따라 전쟁에 3개 단계가 나타났다"는 지시를 통해 전쟁의 현단계 특징은 다음과 같다고 밝혔다.

우선 전쟁 단계의 특징을 적시해 보면 : 전쟁 개시 단계에서는 적이 우세하고, 공세적이었으며, 우리는 열세였고 방어적이었다. 제2단계에서 적이 어려움을 겪어, 병력을 분산하고 그 점령 지역을 방어할 수밖에 없었다. 이 시기에 적들은 병력 손실을 입고, 정치 경제적 내외 정세에 곤란한 점이 증가했다. 아군의 형편은 영용한 항전을 하며 각 방면이 전진의 발걸음을 했다. 이어서 적들에게는 곤란한 점이 증가했고, 우리의 전진은 증가했다. 국제적인 형세도 우리에게 유리하고 적들에게 불리하게 조성됐다. 곧바로 적이 우세하고 아군은 불리한 현상이 바뀌기 시작했고, 전체 국면에서 우리에게 유리해져서 적과 아군이 균형을 이루는 형세가 조성됐고, 아군이 우세하고 적이 열세인 국면으로

변화했다. …(중략)…

2) 극동의 시국 문제와 동북 형세의 재평가

우리는 극동의 현재 새로운 정세와 동북이 받을 직접적인 영향에 대해 토론했다. 우리는 두 방면으로 나누어 토론했다.

첫째, 과거에 조성된 극동 정세의 세 가지 중점 : 중국의 항전, 반(反) 소련, 태평양상 미 · 영 · 일의 제국주의 충돌. 우리는 먼저 반소련에 대해 이야기했다. 제2차 제국주의 대전 발발 이후 제국주의의 반소는 서구에서 실행되고 있었는데, 이는 "돌로 자신의 발등 찧기"였다. 동쪽에서 일본 제국주의가 두각을 나타낸 것은 하나의 커다란 구멍을 판 것이다. 반 소련을 한 것은 제국주의가 막후 암중모색을 한 것이다. 루스벨트의 개인 대표가 금년 2월 미, 이탈리아, 독일, 터키를 두루 돌아보았고, 지난해 10월에는 일, 독, 이태리의 삼각동맹을 두루 돌아보았는데, 반 소련의 어두운 일면을 보았다." 현재는? 반 소련의 정세는 기본적으로 아무도 잃은 것이 없는 것이고, 소련이 평화정책을 견지하는 것은 흔들림이 없다고 보아야 하기 때문에, 제국주의가 스스로를 묶은 셈이다. 최근 반 소련의 정세는 극동 대륙과 서태평양상에서는 새로운 변화가 있었다. 우선 일본은 중국 침략과 남진, 그리고 미국과의 패권 다툼에 대해 지지를 필요로 하고있기 때문에 일시적이나마 반 소련의 면모를 바꾸어 소련과 중립 협정을 체결했다. 소련은 평화정책의 기조위에서 동방에서 평화를 획득해야 하는 형세임을 우리는 인식하고 있다. 현재 극동에서의 반 소련 정세는 잠시 이완 상태로 변화하고 있다고 할 수 있다.

둘째, 중국의 항전에 대해서는 누구나 잘 알고있지만, 중국민족이 스스로 자유를 획득해야 하는 형편이다. 중국의 장기적인 저항은 일본 강도들을 묶어놓고 있고, 태평양 극동의 정세에 중대한 영향을 미치고 있다. 식민지를 약탈하는 측면에서 보면, 일본이 다른 열강들의 중국에 대한 영향력을 배제하려고 하고 있기 때문에 영·미·일 상호간에 모순이 발생한 것이다. 특히 태평양 방면에서 보면 일본과 미국 제국주의 상호간의 모순은 과거 영국과 미국간의 모순을 대체하고 있는 형세다. 작년에 체결된 영미간 협정 이전에 영미 제국주의의 일본에 대한 정책은 상호 불일치한 것이었다. 영국 보수당의 계산은 시종 변화가 없고, 일본만이 서방 전쟁국면에 영향을 미쳐 최저한도의 이익이라도 지키겠다는 생각에서 영국은 일본과 타협해서 중국의 신성한 항전을 희생시키려 하고 있다. 중국의 항전은 갈수록 강해지고 있기 때문에 일본은 영국 제국주의에 압박을 가해서 영국과 미국의 정책을 일치시키려고 하고 있다. 따라서 중국에 대한 정책이 상당 정도 변화하지 않을 수 없고, 중국에 대해 "제휴"니 "원조"니 하는 말들이 나오고 있는 것이다. 최근의 모순은 일촉즉발의 형세이고, 한편으로 일본은 태국과 베트남의 해공군 근거지를 획득했다. 동시에 일본은 아국 절강, 민남, 광동성의 연해 각지와 해남도, 대만, 펑후열도에 복선의 육해공군 기지와 진지를 구축해놓았다. …(중략)…

3) 월경 부대 임시 파견과 우리의 긴박한 요구

① 월경부대 파견 정지 문제

왕신린(王新林) 동지의 통지에 따르면, 환경이 허가하지 않기 때문에 일본이 구실로 삼는 것을 피하기 위해 기존의 방법을 임시로 바꾸기로 한다. 길동(吉東)의 월경부대는 잠시 현지에 파견하지 않고, 시기를 기다려 재파견하기로 하고, 동북으로 돌아온다. 왕신린 동지의 성명은 동북 유격운동에 대한 원조와 지도방침은 기본적으로 불변이며, 원칙도 불변이라는 것이었다. 그러나 현재 책략상의 필요에 따른 변화는 동북 각 중요 간부들은 현지에 임시적으로 머무르되, 동북 유격운동의 전체적 방향은 변화가 없다는 것이었다.

우리는 이번 임시변화의 결정이 월경부대에 근본원인이 있는 것이 아니라, 소련과 일본의 중립협정 체결의 영향이라는 것으로 인지한다. 이번 변화는 우리 유격대의 월경행동에 관련성이 심각하게 크기 때문에 국제주의자들이 평화정책을 옹호하는 견지에서나, 중국의 항전 전체 국면에 대한 영향을 고려해서나, 우리는 국부적인 요구나 전체 형세에 위배되어 일본에 구실을 주어서는 안된다는 입장이다. 또 다른 일은 우리의 끈질긴 요구가 실현되지 않는다는 것이다. 바오중 동지와 왕신린 동지의 담판을 통해 A캠프의 김책, 최석천, 왕샤오밍, 펑중원 동지에게 왕신린 동지가 말한 내용을 전달했다. 우리는 이런 결정에 동의할 수밖에 없으며, 이 결정은 정당하고 또 필요하다고 생각한다.

② "우리의 절박한 요구"

그러나 길동과 북만의 각 중요 간부와 부대의 파견이 정지되는 것은 동북에 현존하는 조건아래에서의 유격활동에 확실히 중요한 영향을 끼칠 것이다. 첫째, 길동부대(제2로군 영서 嶺西부대와 제1로군 쑤이닝(綏寧) 지구 부대)는 지휘 중심을 잃고 커다란 곤란에 빠져 불리한 정세에서는 와해될 가능성도 있다. 동시에 라오허(饒河)와 둥닝(東寧) 각지 부대들 역시 직접적으로 나쁜 영향을 받게 될 것이다. 둘째, 길동 유격부대를 잃으면 남북만 유격부대에도 직접적으로 나쁜 영향을 끼칠 것이다. 셋째, 지방당과 군중조직도 공작을 회복할 수 있도록 정돈한 다음 새로운 공작에 들어가야 할 것이다. 상술한 정황으로 보면, 길동에서의 유격운동과 남만 지대의 유격활동은 중단될 가능성이 높았다. 중국공산당의 확대 군중 투쟁의 역사도 영향을 받아 소침해질 수도 있었다. 우리는 동북 혁명투쟁과 유격운동이 스스로 상실되도록 내버려둘 수는 없었다. 따라서 우리는 다음과 같은 요구를 하지 않을 수 없다.

A. 신속히 길동과 라오허 부대, 닝안과 영서 각 부대, 북만의 제3로군 총부에서 통신원을 파견해서 새로운 지시와 통지를 전달하고, 통상적으로 필요한 연락을 확보한다. 필요한 통신재료와 지원금, 군용품은 왕신린 동지에게 청구한다.

B. 중국공산당 중앙이나 공산주의 인터내셔널의 지시를 받기 이전에는 현지 각 중요 부대와 간부들이 중국공산당 조직 계통을 엄격히 유지하고, 동북항일련군의 계통도 엄격히 유지한다.

(…이하 생략…)[153]

6월 6일 밤회의(오후 10시~새벽1시)

1. 기록 수정에 관해 토론으로 통과.

2. 펑중윈[154] 동지의 제의에 따라 정치형세 1, 2, 3 각각의 문제에 대해 정치논문을 작성해서 각급 당조직에 보낸다.

3. 동북 유격운동의 약사에 대해 김책평, 중윈, 최석천(최현) 각 동지들이 나누어 초고를 작성한다.

4. Manop에게 청구해서 상급동지에게 전달, 해답을 구하도록 하는 문제.

5. 펑중윈 동지와 당관계 문제

북만 당조직과 제3로군 내부를 공고히 하고, 영도들의 의지를 유격활동에 집중하기 위해 제반 사항에 주의하고, 낮에 김책 동지와 개별항목에 관해 이야기해서 종료했다. 오후 5시 김책 동지의 통신원 장경숙(張景淑·여)이 소분대 집합 후 저녁에 차를 타고 서쪽으로 갔다. 15일 A강을 건너 북만으로 돌아갈 예정. 약 반 개월 걸릴 예정. 허형식(許亨植)[155]이 이미 전보를 보내 김책 동지 귀환시 경성 동북방 40킬로미터 지점에서 연락을 취하기로 했다고 알려옴.

---

153) 실제로 소련측이 어떻게 받아들였는지 알 수 없으므로 일단 생략한다.

154) 펑중윈(馮仲云, 1908-1968), 장쑤(江蘇) 출신, 동북항일련군 장교. 1927년 중국공산당에 입당, 1930년 칭화(淸華) 대학 수학과 졸업.동북 항일련군 제3로군을 조직. 항일전쟁 승리후 베이징도서관 관장.

155) 허형식(許亨植, 1909~1942.8.31) 동북항일련군 지휘관 가운데 한 명.

　(1941년 7월 13일) 저우바오중이 김책을 제3로군 총정치위원으로 임명하는 문제에 대한 장서우젠 등에게 보낸 편지

　서우젠, 허형식 및 북만성 당위원회, 3로군 각 영도간부들에게!

　일구(日寇)들의 쇠발굽이 진흙 깊숙이 들어와 우리 중국이 항전을 한 지 4년이 넘어, 파시스트 히틀러가 마침내 프롤레타리아 조국 소련을 침공했습니다. 이는 역사의 대전환 시대로 나는 이런 위대한 시대를 만난 것을 환영한다고 말합니다. 10년의 간고한 피땀 흘린 동북 항일 투쟁이 앞으로 이런 전에 없던 위대한 사변을 만나 과실을 거두게 됐습니다. 나와 길동의 모든 동지들은 여러분들과 손을 잡고, 레닌과 스탈린의 기치를 높이 들고, 함께 용왕 매진해서 최후의 승리를 탈취해야 하겠습니다.

　김책 동지가 순리대로 귀환하면 일체의 상보를 여러분들에게 밝힐 것이니 나는 여기까지 이야기하겠습니다. 김책 동지가 제3로군 총정치위원을 담임하는 문제에 대해서는 길북 당위원회 동지들의 공동건의임을 밝혀둡니다. 이런 비상한 시기에 당 지도자들이 일체의 중심에 서야 함이 당연하지만, 군중 투쟁 지도자들이 적절한 군중 지도자 지위를 담당하는 것이 공작의 진행에 편리합니다. 왕신린 동지와 A동지도 김책 동지가 제3로군 총정치위원을 담당하는 데 동의했습니다. 서우젠 동지에게는 전보로 통지했으며, 특별히 여러분들에게 통지하니 여러 동지들이 만족하시고 도와주시기 바랍니다.

　볼셰비키 경례!

저우바오중

1941년 7월 13일 X시에서

7월 15일

오전 4시 리하이(李海)[156] (C동지) 중령이 차를 타고 와서 비행학교 낙하산 훈련장으로 데리고 갔다. 오전 5시 반에 도착해서 비행장으로 갔다. 극동공군 총사령관과 극동군구 정치위원 루얼토프 두 동지가 비행장에서 나를 맞아주었고, 나에게 수고한다고 했다.

오늘은 내가 유격부대에서 뽑은 낙하산 학습대원들이 실습을 하는 날로, 대형 수송기에서 낙하를 했는데, 성적은 대체로 나쁘지 않았다. 나 역시 수송기에 타고 비행하는 데 익숙해졌다. 30분 정도 걸렸다.

낙하산 낙하 훈련은 하지않은 인원은 6명으로. 우펑란(吳風然), 저우바오중(周保中), 가오칭춘(高慶春), 우바오안(吳寶安), 뤼번산(呂本善), 웨이수원(魏樹文) 이었디.

7월 17일

나도 낙하산 식별과 접는 법을 배우기 시작했다. 낙하 기본자세와 비행기 모형을 식별하는 법을 배웠다. 펑스루(彭施魯), 김경석(金京石) 동지에게 정치교과 재료 2건을 주었다. 1. 스탈린 동지의 7월 3일 호소서, 2. 7월 4일 A캠프 전체 대회에서 내가 한 정치형세 문제 보고 기록안.

---

156) 소련 극동군 연락원으로 소련내 동북항일연군의 훈련 관련 연락을 담당했다고 저우바오중이 주를 달아놓았다.

7월 18일

오전에 전체 대원들과 함께 낙하 기본자세를 배웠다. 오후 1시에 45미터 높이에서 낙하산으로 뛰어내리는 실습을 했는데 어려움이 없었다. 5차례 낙하했고, 마지막 낙하가 제일 괜찮았다.

왕신린 동지의 부관인 모 상령과 다른 한 중령이 나에게로 와서 근황을 물어보고 갔다.

특수한 이유로 원래 하기로 돼있던 낙하산 연습은 중지됐다.

왜구 근위내각이 최근 총사직을 했는데 새 각료 인선은 아직 결정되지 않았다. 왜구 내각의 경질은 극동의 시국에 긴장을 조성했다.

밤 9시 반 왕신린 동지가 특파한 리하이 동지와 한 소련 소령이 와서 나와 담화하면서, 소련 극동군 사령부의 결정을 전달했다. 인원을 선발해서 1개 부대를 편성해서 동북으로 돌아가라는 결정이었는데 임무는 다음과 같았다.

1. 각 유격부대를 통일 지휘할 수 있도록 두 개의 지휘라인의 연결망을 구축하라.
2. 적 후방을 견제하고 교란하는 활동을 적극 전개하라.
3. 넓은 군중공작을 해서 각종 정찰을 진행하라.
4. 적들이 변경이나 후방으로 이동하는 상황을 통지하라.
5. 전후방 근거지를 공고히 하고, 연락망을 확보하라.

B캠프에서 또 다른 부대를 편성해서 차이스룽(柴世榮) 동지와 지칭(季青) 동지를 지휘관으로, 남은 부대원들은 B캠프와 2로군 병력과 합하라. (…하략…)

(이후 김일성 기록이 없어 9월 20일까지의 일기는 생략)

9월 23일

란지저우(欒濟舟) 동지가 캠프에서 와서 북만으로 출발할 준비를 하면서 연락을 담당하기로 했다. 원래 23일 출발 예정이었으나, 연기해서 24일 기차를 타고 변경으로 가서, 지커(奇克) 부근에서 하이룬(海倫) 동쪽으로 전진하기로 했다. (…중략…) 이들에게 북만의 장서우젠, 김책 동지에게 보낼 편지 1건을 보냈는데, 공작 문제 이외에도, 최근 정치 정황을 간략히 서술했다.

소통 연락을 회복하고, 파견부대와 당조직을 집중적으로, 통일적으로 영도하는 형식 등의 문제에 대해 김책, 장서우젠에게 보내는 편지

친애하는 북만 성 위원회 김책 동지, 장서우젠 총지휘관 동지!

김책 동지가 북만으로 돌아간 지 며칠 되지 않는데 란지저우 등 그리로 가게 되어 서우젠 동지 편에 란지저우 동지에게 전할 암호 편지를 보냅니다. (…중략…) 김일성 동지가 알기 반 달 이전에 나는 그로부터 장문의 보고를 받았습니다. 이 부대는 스스로의 명에 따라(自奉命赴) 요길(遼吉) 변방지역과 동만 각지로 가서 웨이정민(魏拯民)[157] 동지의 행방을 찾으려고 노력했으나 얻은 결과는 좋지 못합니다. 정찰활동에서 얻은 소식에 따르면, 웨이 동지는 지난 겨울 소부대를 이끌고 돈화, 안도 사이의 삼림지대에 은신해 있으면서 병이 깊어져서, 치료도 못받고 휴양도

못하고, 마침내 운명했습니다. 김광(金光) 동지가 부대를 이끌고 푸쑹(撫松), 멍장 사이를 찾아보았으나 만나지 못했습니다. 김일성 동지는 부득이한 정황에서 부대를 이끌고 동쪽에서 와서 왕(汪), 연(延)[158] 일대에서 활동했습니다. 김일성 동지는 직접 B동지에게 경과를 보고해왔고, 나와 왕신린 동지가 협의한 결과는 김일성은 원래의 지역으로 돌아가 제1로군 각부를 수습해서 정돈하고, 새로운 지시와 계획에 따른 통일된 지휘에 따라야 할 것입니다. 이와 함께 지칭(季靑) 동지와 직접 연락하고, 도남당과 지방 군중들의 공작 지도를 담당하기를 바랍니다.

종합 상황 : 쑹장(淞江) 우측에서 우수리강 좌측까지 哈(하얼빈)과 綏(쑤이펀허)를 연결하는 선의 중동(中東)선 남쪽, 요길 변방구역에 이르기까지 일적(日敵)들은 각지에 증병하고 수비를 강화하는 등 적극적으로 조약을 어기고 반소(反蘇)와 우리 동북항일연군 각부에 대한 수색과 공격 병력을 벌이고 있으나 우리 각부의 활동상황은 좋은 편입니다. 실정을 감안해서 판단해보면, 현재 형세를 공고히 하면, 일단 기회가 도래할 때 발전하는 것은 문제도 아닌 것으로 생각됩니다.

(…중략…)

김일성과 안길, 지칭, 차이스룽, 투(陶) 등의 동지들이 얼마 전에 편지로 보고해온 데 따르면, 그리고 부대의 공동의견에 따르면, 이렇게 판단됩니다. 현재 시국 환경이 긴장돼있기 때문에 각 방면 공작을 진행하는 데는 약간의 곤란이 있고, 동북유격운동

---

157) 魏拯民 (1909 – 1941.3.8)
158) 현재의 왕칭(汪淸)현과 연길(延吉)시.

과 동북 당조직도 취소할 상태는 아닌 듯하며, 기초를 공고히 하는 원칙을 견지해야 할 듯합니다. 당조직의 영도를 집중적으로 통일한 후 동북 각 지방의 공작 원칙을 통일하는 방향으로 집중해야 할 듯합니다. 동지들은 모두 확정해야 하고, 모종의 분리와 무원칙은 배제해야 한다는 의견이었지만, 나는 앞으로의 투쟁이 이런 원칙을 공고히 해야 하는 기초 위에서 이뤄져야 한다는 의견을 제시했습니다. 위에 말한 문제에 대한 구체적인 의견은 귀하 두 동지와 북만 당의 각 책임자 동지들에게도 응당 명확한 주장이 있을 것입니다. 김책 동지가 북만으로 돌아가면, 나를 대표해서 북만에서 응당 진행해야 할 공작을 진행하겠지만, 나 역시 충실하게 나의 직무를 이행할 것입니다. 이번에 롼지저우 동지 등이 북만으로 돌아가면 북만 측의 요구에 만족하게 하지는 못하겠지만, 이 모두가 공작 환경의 문제이지 내가 책임을 다하지 않은 것이 아니고, 왕신린 동지가 원만하게 처리하지 못한 탓도 아니라는 것을 양해해주시기 바랍니다. 다른 방면으로, 중요한 원인은 귀하들 방면의 소식이 중단되어서 그런 것이므로, 상황은 불투명합니다. 확실한 근거를 가지고 진행하면, 북만의 목전의 요구를 만족시킬 수 있을 것입니다.

 (…중략…)

10월 30일
큰 자동차가 사오페이얼이 소령에게 전하는 편지 한 장을 싣고 왔는데, 지칭(季靑)과 김일성 동지에게 전하는 편지가 첨부돼 있었고, 왕이쯔의 편지도 동봉돼 있었다.

11월 2일

　오전 10시 소령 동지가 다른 대령 동지를 데리고 캠프로 왔다. 나와 캠프의 현재 교육과 공작 문제에 대해 의논했다.

　돤다지(段大吉)의 병이 호전되어서 캠프로 돌아와 휴양을 하고 있다.

　하쑤이(哈綏)에 있는 지칭, 김일성 동지에게 전보를 보내 B에게 전달하라고 했다. 제2호는 왕샤오밍에게 보내는 전보였는데, 왕신린은 필요없으니 발송하지 말라고 했다.

제 4장
김일성 회고록 『세기와 더불어』의 기록

1951년 6월 베이징을 방문한 김일성과 마오쩌둥(毛澤東)

1982년 9월 베이징을 방문한 김일성과 덩샤오핑(鄧小平)

제 4장

김일성 회고록『세기와 더불어』의 기록

—

1) 周保中에 관한 기록[159]

김일성은 1992년 11월 조선로동당 출판사에서 『회고록 세기와 더불어』[160] 네 권을 출간했다. 재미학자 이정식이 1984년에

---

159) 김일성, 『세기와 더불어 3』, 평양 : 조선로동당출판사, 1992. pp.372-3851)

160) '세기와 더불어'는 1992년 1권이 출간된 이래 1998년까지 총 8권이 간행되었다. 그중 1~6권까지는 김일성이 직접 자신의 생애를 회고하는 형식으로 구성되어 있다. 7~8권은 1994년 김일성 사망 후 '계승본'이라는 이름으로 간행되었다. 이 책은 김일성이 태어난 1912년에서 시작해 1945년 10월 14일 '김일성 장군 환영대회'로 끝을 맺고 있다. (중략) 김일성이 이 책을 직접 저술한 것은 아니다. 이 책은 김일성의 지시와 구술을 바탕으로 당시의 원 자료, 항일투쟁 참가자들의 회상기, 관계자들의 만주 현지답사, 북한 역사학계의 기존 성과들을 바탕으로 집단적으로 집필되었다. 실제 '계승본' 머리말에는 이 책이 김일성이 작성한 요강과 유고들 그리고 당 문고에 보관되어 있던 수많은 자료들이 토대가 되었음을 밝히고 있다. 부분적으로 알려진 바에 따르면, 집필은 조선로동당 당력사연구소, 당중앙위원회 선전 선동부, 4·15문학창작단 소속의 역사학자 및 문인들이 담당했다고 한다.

Revolutionary Struggle in Manchuria: Chinese Communism and Soviet Interest, 1922-1945를, 1988년에 재미학자 서대숙이 Kim Il Sung : the North Korean Leader 를 출판한 뒤였다. 김일성의 회고록 『세기와 더불어』가 출간되기 1년전인 1991년에는 중국 베이징에서 중국공산당 기관지 인

---

160) 북한학계는 이 책을 내기 위해 상당한 준비와 노력을 기울였던 것으로 보인다. 북한의 당력사연구소 소속 학자들은 1980년대 후반 러시아를 여러 차례 방문하여 자료를 수집한 것으로 알려져 있다. 또한 1990년대 들어 중국의 동북지방 학자들을 초청하여 회고록 초고를 보완하는 작업을 했다고 한다. 북한은 이 과정에서 중국을 비롯하여 남한과 일본 등 외부 세계에서 진행된 새로운 연구 성과를 확인한 것으로 보인다. 실제 이 책이 나오기 얼마 전인 1991년, 와다 하루키는 북한을 방문하여 김일성의 항일무장투쟁에 관해 북한 학자들과 토론을 진행한 바 있다. 또한 1980년대 말부터 남한에서도 김일성의 항일무장투쟁에 관한 연구들이 쏟아져 나오기 시작했다. 남한에서는 '김일성 가짜설'에도 반대 하지만, 항일무장투쟁의 '신화화'에도 반대하는 연구들이 등장하기 시작했다. 중국에서도 이즈음 실제 자료 및 그것에 바탕을 둔 연구들이 간행되기 시작했다. 중국 흑룡강성 사회과학원 당사연구소는 1985년부터 1987년까지 동북항일연군사료총서 전 8권, 1987년 동북항일연군사료를 각각 간행했다. 또한 1991년 출판된 저우바오중의 동북항일유격일기에서는 김일성을 실명 그대로 표현한 바 있다. 그간 중국에서는 북한과 자신들의 동북항일투쟁사에 관한 기술이 어긋나는 점을 고려해, 김일성을 실명 대신 'XXX'로 표기한 바 있었다. 이러한 연구들이 등장하자 북한에서는 기존과 같은 방식으로 김일성의 항일운동을 설명할 수 없었던 것으로 보인다. '세기와 더불어'를 출간할 즈음에는 그간 외부세계에서 진행된 연구들에 대응할 수밖에 없는 조건들이 만들어져 있었던 것이다. 이와 같은 상황이 기존 '신화화' 되어 있던 항일무장투쟁사를 보다 현실적으로 서술하게 만든 원인이 되었다. / 예대열, '김일성 회고록 『세기와 더불어』', 국제고려학회 서울지회 논문집, vol.13 , 2011

161) Chong-sik Lee, Revolutionary Struggle in Manchuria: Chinese Communism and Soviet Interest, 1922-1945 , Univ. of California Pr; 1st Edition edition, May 1, 1984 / Dae-Sook, Suh, Kim Il Sung : the North Korean Leader , New York : Columbia University Press, 1988 / 周保中, 『東北抗日遊擊日記』, 北京 : 人民日報社 , 1991

민일보사가 저우바오중(周保中)의『동북항일유격일기』를 출판했다.[161]『세기와 더불어』에는 저우바오중에 관한 다음과 같은 기록이 나온다.『세기와 더불어』에 따르면 김일성이 저우바오중과 처음 만난 것은 1935년이었다.

일본 군대의 안도 입성은 시간문제로 되고 있었다. 친일적인 지주들은 일본인들을 맞기 위하여 벌써 깃발까지 준비하였다. 구국군은 량강구에 더 오래 머물러 있을 수 없게 되었다. 맨탄장부대에는 산을 끼고 초원이 있는 라자구[162], 왕청 방향으로 퇴각하라는 명령이 떨어졌다. 우리도 급변하는 정세에 대처하여 구국군과 함께 안도를 떠나기로 결정하였다. 이 결정을 채택한 것이 바로 량강구에서 열린 병사공작위원회 회의였다. 총적인 지향은 왕청으로 활동거점을 옮기는 것이지만, 당분간은 퇴각하는 구국군 부대들이 집결되고 있는 라자구에 틀고 앉아 거기서 반일부대들과의 사업을 전개하기로 하였다. …(중략)… 회의에 참가한 사람들 가운데서 왕덕림을 설복할 수 있는 적임자는 주보중이었다. 주보중은 국제공산당의 위임을 받고 왕덕림의 고문으로 활동하고 있었다. 나는 주보중에게 왕덕림을 설복하여 그가 어떤 일이 있든지 퇴각을 중지하고 유격대와의 련합전선에 나서도록 해보라고 권고하였다.

김일성이 두 번째로 저우바오중과 만난 것은 1936년 3월 이전의 어느 날이었다. 두 번째 만남은 저우바오중이 뤄쯔거우 전투

---

162) 뤄쯔거우(羅子溝), 현재의 지린(吉林) 통화(通化)시 부근.

에서 부상을 입고 산골 어느 마을에서 병치료를 하고 있던 때였다. 이 만남에 대해 김일성의 『세기와 더불어』는 다음과 같이 기록했다.

나는 동만의 유격근거지들이 위군의 위협에서 완전히 벗어나지 못한 때에 북만으로 가고 있었다. 장기 특별 치안 공작은 조선인민혁명군의 하기 공세 앞에서 쓴맛을 본 일제가 지구전의 방법으로 기어이 위공 기도를 실현해보려고 만들어낸 《토벌》 대강이었다. 이 대강의 요점은 1934년 9월부터 1936년 3월까지의 1년 반사이를 3개의 시기로 나누고, 처음에는 비교적 치안이 안정된 곳으로부터 시작하여 점차 인민혁명군의 마지막 지탱점을 소탕한다는 것이었다. … (중략)… 원정대는 싸움에서 승리하였으나 마을 사람들이 모두 피난을 가는 바람에 밥도 먹을 수 없는 고립무원한 처지에 떨어졌다. 주보중 부대를 찾을 때까지 부락에 오래 체류하자면 적정을 알아야 되겠는데 정보망도 없고 아는 사람들도 없으니 다음 단계의 활동으로 넘어갈 수 없었다. 녕안 유격대의 행방에 대해서는 고보배조차도 잘 알지 못하였다.

우리는 마을에서 자지 못하고 이름모를 산골안에 들어가서 하루밤을 지냈다. 다음날 고보배와 오대성이 정찰임무를 받고 나가 주보중[163]이 거처하고 있는 산막을 찾아냈다. 나는 그 산막에서 20~30명의 대원들을 데리고 병치료를 하고있는 주보중을 만났다. 라자구 전투에서 박격포탄을 맞은 그 상처자리가 화농이 심하여 여

---

163) 북한은 중국 인명을 한자의 우리 말 발음으로 표기한다. 여기서 인용한 '주보중'은 '저우바오중(周保中)을 가리킨다.

러 달이 지나간 그때까지도 체 아물지 않았었다.

주보중은 지팽이를 짚고 대원들의 부축을 받으며 산막에서 퍼그나 떨어진 곳에까지 나와 우리를 맞이하였다.

≪보시다싶이 나는 아직 이런 신세요.≫

그는 지팽이를 들었다 내리고 나서 쓸쓸하게 웃었다. 그런 다음 내 손을 으스러지게 틀어잡았다.

≪이렇게 다시 만나니 얼마나 반가운지 모르겠소, 많이 도와주시오.≫

짤막한 인사였으나 그 움성과 눈빛에는 절절한 기대가 비껴있었다.

나와 주보중의 상봉은 우리의 항일 무장투쟁사에서 새로운 장을 상징하는 하나의 사변이었다. 이 상봉을 시발점으로 하여, 조선 인민 혁명군은 중국인 공산주의자들이 령솔하는 유격부대들과의 전면적인 공동투쟁의 길에 들어섰다.

우리가 중국 공산주의자들이 지도하는 무장대들과의 합작을 중시한 것처럼 만주지방의 중국 공산주의자들도 조선공산주의자들이 이끄는 무장부대들과의 련합전선을 실현하기 위하여 각방으로 노력하였다. 9·18 사변후 장개석의 무저항주의에 반기를 들고 반일부대, 구국군, 홍창회, 대도회 등의 명칭을 가진 각양각색의 항일의용군 부대들이 도처에서 태여나 일본의 침략에 도전해 나섰을 때 조·중 두 나라 공산주의자들은 다같이 그들과의 통일전선에 중대한 의의를 부여하고 그것을 실현하고자 막대한 노력을 기울였다. 그 노력이 얼마나 큰 결실을 가져왔는지 하는 것은 여기서 구태여 되풀이할 필요가 없을 것이다.

2) 코민테른 제7차대표회의와 김일성의 고민

김일성은 1993년 5월 30일 평양에서 출판된 회고록 『세기와 더불어』 제4권에서 다음과 같은 기록을 남겼다.[164]

자신을 공산주의자라고 자처하는 거의 모든 사람들은 마치도 공산주의는 민족적 리념과 상치되는 사상인 것처럼 여기면서 공산주의자들은 협소한 민족적 리념에서 벗어나 철저히 계급적 원칙과 국제주의적 립장을 고수해야만 로동계급과 전 인류를 착취와 압박에서 해방할 수 있다고 력설하였다. 공산주의를 신봉하는 적지않은 사람들이 이러한 주장을 하게 된 주되는 원인의 하나는 맑스가 공산당 선언에서 《프로레타리아트에게는 조국이 없다》고 한 명제를 매우 단순하게 그대로 받아들인 데 기인된다.

맑스와 엥겔스는 일국 사회주의 혁명의 가능성이 채 성숙되지 못하였던 력사적 시기에 살았다. 그들은 자본주의가 고도로 발전된 여러 나라에서 사회주의 혁명이 동시에 진행되리라고 예언하였다. 로동계급의 전복 대상인 각국 부르죠아지가 민족적 리익의 옹호자로 자처하고 있는 조건에서 전 세계의 프로레타리아트가 자국 부르죠아 계급이 표방하고 있는 《민족주의》나 《민족주의》의 감언이설에 속아넘어간다면 프로레타리아트의 전 세계적인 혁명위업은 망쳐질 수 있었다. …(중략)…

그러나 식민지 예속국가들에게서는 사정이 완전히 달라진다. 식

164) pp.460~461

민지 예속국가들에서 공산주의자들이 조국해방과 애국주의의 기치를 드는 것은 곧 종주국의 부르죠아지를 반대하는 것으로 되며, 바로 아렇게 함으로써 그들은 민족 혁명과 계급혁명, 그리고 국제혁명 위업에 다같이 기여하게 된다. 이 명백한 진리를 깨닫지 못하고 《프로레타리아트에게는 조국이 없다》는 명제를 무조건 절대화하면서 애국주의, 민족주의를 공산주의의 원쑤처럼 여기고 배척하였다는데 바로 사이비 공산주의자들, 행세식 맑스주의자들의 리론 실천 착오가 있었다.

김일성의 이같은 주장은 물론 1936년 5월 자신이 만주에서 조직한 '조국광복회'라는 통일전선 조직을 효과적으로 활용하기 위한 전술적 언급일 수도 있다. 그러나 1935년 7월 25일부터 8월 20일까지 25일간 모스크바에서 열린 코민테른 제7차 대표대회는 만주에 대한 일본 군국주의 파시스트들의 군사적 공격을 비난하면서, 일본 군국주의와 독일 나치즘을 앞세운 외국에 대한 군사적 공격에 대결하기 위한 민족 통일전선을 촉구하는 결의안을 채택했다. 중국공산당은 이같은 코민테른의 결의에 따라 동북 항일련군의 정당성을 확보하면서도 1국가 1당주의가 코민테른의 기본 입장임을 강조하면서 만주에서의 조선인들의 항일 빨치산 활동을 중국공산당 중심의 통일전선을 형성하기 위해 동북의 소수민족들의 민족 해방활동에 대한 지지를 보내면서도 이들이 1국가 1당주의 원칙에 따라 만주의 조선인들에게도 중국공산당에 입당해서 항일 활동을 전개하도록 하였다. 현재의 중화인민공화국내에 조선족과 몽골인을 위한 자치구가 설치돼 있는 것도 이런 배경에서 출발한 것이었다. 코민테른 7차 대표대회의 결론을 중국공산당 지도부는 자신들에게는 적용하면서도 조선인을 포함한 항일 민족해방세력에게는 "중국공산당에 입당해서 중국공산당 위주의 항일활동을 하도록"하는 노선을 밝히게 된다.

김일성은 바로 이같은 코민테른 7차 대표대회의 결론을 중국공산당이 아전인수격으로 해석해서 자신들이 소수민족을 통일전선으로 묶되, 조선민족이 주권국가 회복을 위한 해방투쟁을 독자적으로 벌이는 데에는 반대 입장을 밝힌 데 대해 김일성의 고민이 있었던 것이다. 저우바오중(周保中)의 동북항일유격일기 곳곳에도 당초에 중국공산당이 생각하던 일본제국주의 식민통치 종식 이후의 한반도에 새로운 통치자로 중국공산당이 세우려던 인물은 김책이었던 것이라는 점을 쉽게 짐작할 수 있다. 저우바오중은 동북 항일투쟁의 조선인 파트너로 김일성보다 9세 위인 김책을 항상 우선해서 생각했으며, 김책이 중국공산당내에서 차지하고 있던 지위만 해도 김일성과는 비교가 안될 정도였다. 김책은 1936년 9월 북만성 당위원회 집행위원, 1937년 10월에는 중공 북만성위원회 상무위원이 됐다. 1938년 6월 김책은 동북항일연군 제3군 정치부 주임이 됐고, 1939년 5월에는 북만성 당위원회 서기, 1941년 7월 동북항일연군 제3로군 정치위원, 1944년 1월 휘하 부대를 데리고 소련 경내의 항일연군 교도여단과 합류, 소련 극동군 독립 제88 보병여단(항일연군 교도여단) 제3영(營) 정치부 영장과 중국공산당 동북당조직 특별지부국 집행위원을 겸했다.

저우바오중은 항상 김책과 함께 항일유격투쟁에 관해 회의를 하고, 또 중요회의를 할 때에는 반드시 김책을 회의에 참석시키도록 했다. 이같은 김책 중시는 일본 관동군과 만주국 군대의 빨치산 소탕작전이 성공적으로 진행돼 동북지역 70개 현에 영향력이 있던 동북항일연군이 1941년 노조에 쇼토쿠(野夫昌德) 중장의 빨치산 소탕 작전 결과 영향력을 미칠 수 있는 현의 수가 10개 현으로 줄어든 데다 중국공산당 중앙과의 연락마저 끊어지자 일단 소련 극동군이 있는 연해주 지역으로 탈출한 뒤에도 마찬가지였다. 김책만은 항상 함께했으며, 특히 소련군이 김일성에게 대위 계급장을 인정하면서 불과 300명 정도를 지휘할 수 있는 지휘관으로 낮게 평가한 점도 중국측 자료는 적시하고 있다. 특히 현대의 중국 관영 검색엔진에 나타난 김일성 프로필에는 김일성이 1945년 소련 군함을 타고 조선으로 돌아갔을 때 나이가 불과 33세였던 점을 적시하면서 김일성이 평양 군중대회에 나타났을 때 평양 시민들이 김일성의 나이로 보아 1920년대부터 북한 일원에 전설처럼 전해내려오던 노장군 김일성일 수 없다고 했다는 점까지 적시하면서 소련이 김일성을 조선의 새로운 대리인으로 내세운 데 대한 불만을 적극적으로 표시하고 있다.

그러나 1983년 한국학자로는 최초로 김일성을 공개 기술한 이정식 교수의 『Revolutionary Struggle in Manchuria: Chinese Communism and Soviet Interest, 1922-1945』와 1988년에 본격적으로 김일성의 이름을 저서의 제목으로 삼아

김일성의 문제를 본격적으로 기술한 서대숙 교수의 『Kim Il Sung : the North Korean Leader』의 기술처럼 김일성의 동북항일투쟁이 비록 대규모로 이루어진 것은 아니라고 하더라도 실제로 전투행위가 이루어진 것으로 인정된다는 판단을 내린 데 따르면, '김일성 가짜설'은 이제 더 이상 진위여부를 따질 계제가 아닌 것으로 보아야 할 것이다. 더구나 김일성은 1945년 소련에 의해 북한의 지도자로 '심어진' 이후 1994년 사망할 때까지 무려 49년간 북한을 통치해온 인물이므로 그 통치연한을 보아서도 김일성 가짜설은 의미가 없으며, 김일성을 부인하고 앞으로 북한과의 통일이나 통합을 논의할 수 없는 단계로 역사가 발전했다는 점을 인정하지 않을 수 없는 상황이다. 아무래도 이정식 교수나, 서대숙 교수, 그리고 김일성에 대한 부정적 평가를 갖고있던 저우바오중도 김일성이 소련의 대리인이 되어 세운 조선민주주의 인민공화국이 김일성 사후 아들 김정일과 손자 김정은에 의한 권력세습이 이루어지리라고는 예상하지 못했을 것이다. 김일성은 본인이 1994년에 집필한 회고록 『세기와 더불어』에서 마르크스와 엥겔스의 1국 사회주의조차 시대에 맞지 않는 것으로 부정하고 공산주의가 애국주의와 민족주의를 부정하는 것은 진정한 국제주의가 아니라는 비판까지 명확하게 했다.

3) '조국광복회'와 김일성의 가명 '김동명'

　김일성은 1992년 5월 30일에 출간된 '세기와 더불어' 제4권
말미에서 '세기와 더불어' 제4권이 출판되기 57년 전 자신이 24
세 때인 1936년 5월 5일 발족한 조국광복회[165]가 자신이 주도해
서 조직된 것이며 이 모임 발족에 자신은 '김동명'이라는 가명
으로 발기인 명단에 들어갔다고 썼다.[166]

　신중한 토의 끝에 결국 김동명이라는 가명을 쓰는 조건에서 내가
발기인의 한 사람으로 되는 데 동의하였다.
　이리하여 5월5일에 발표된 조국광복회 창립선언에는 김동명, 리
동백, 려운형 세 사람의 이름이 공동발기인으로 기재되었다.

---

165) '(재만한인)조국광복'는 동북항일연군 제2군의 주요 간부인 오성륜(吳成崙)·
　　이상준(李相俊)·엄수명(嚴洙明) 등에 의해 주도적으로 이끌어졌다. 이 단체는
　　한민족이 일치단결하여 광범위한 통일전선을 실현함으로써 일제의 통치를 종식
　　시키고 진정한 한인의 인민정부 실현과 조선 독립을 위한 혁명군대의 조직을 목
　　표로 하였다. 조국광복회는 중국 길림성 장백현(長白縣) 일대와 조선 국내의 함
　　경남도 북부 및 평안북도 북부, 함흥·원산·흥남 등에 지부를 설치하였다. 그
　　리고 박달(朴達)·박금철(朴金喆) 등 국내 공산주의자들과 제휴하여 1937년 12
　　월 조국광복회의 국내조직인 '한인 민족해방동맹'을 조직하였다. 이 동맹은 반
　　일회(反日會)·결사대·농민조합 등 35개의 비밀 조직을 설립하여 활동하였다.
　　이 단체가 일제 측에게 적발되기 시작한 계기는 1937년 6월에 발생한 함경남도
　　보천보(普天堡) 전투에서 '한인 조국광복회 목전 10대 강령'이라는 전단(傳單)
　　이 뿌려지고, 1937년 9월부터 10월 사이에 보천보 전투에 가담하였다가 재차
　　지령을 받고 혜산읍(惠山邑)에 잠입한 3명이 체포된 것을 단서로 관련자들이 색
　　출되면서부터이다. 수사는 1938년에도 계속되었고 결국 같은 해 9월 박달 등이
　　체포되면서 종결되었는데, 이 기간의 체포자 총수는 739명에 달했다. 그중 188
　　명이 기소되었고 지도자인 권영벽(權永壁)·이제순(李悌淳)·박달 등 6명은 사
　　형 판결을 받았으며, 박금철 등 4명은 무기징역을 받았다. 이리하여 조국광복회
　　조직은 사실상 괴멸되었다. [네이버 지식백과] 재만한인조국광복회[在滿韓人祖
　　國光復會] (한국민족문화대백과, 한국학중앙연구원)
166) p. 468

나에게 김동명이라는 가명을 붙여준 것은 리동백이었다. 내가 가명을 쓰는 조건에서만 동의하겠다고 하자 그는 더 우기지 못하고 생각을 더듬다가 가명의 성은 그대로 김씨로 하고 이름은 동녘《동》자, 밝을《명》자를 붙여《동명》으로 하는 것이 좋겠다고 하였다.

《김동명》이라고 달게 되면 민족을 대표하는 의미에서 여러모로 뜻 깊은 이름으로 될 것 같다는 것이었다. 모든 사람들이 열렬한 박수로 찬성의 뜻을 표시하였다.《김일성》이라는 이름과 마찬가지로《김동명》이라는 가명도 이렇게 다른 사람들에 의하여 지어진 것이다.

우리가 발표한 조국광복회 선언은 그 후 국내의 여러 곳에 발송되었는데 어떤 곳에서는 그것을 자기대로 복제하여 발표하면서 각기 자기 지방의 영향력 있는 인물들과 저명인사들의 이름을 발기인으로 바꾸어 써서 발표하기도 하였다. 우리는 실제에 따라 융통성 있게 하는 것을 허용하였다. 조국광복회 명칭 자체도 동만에서는 동만 조선인 조국광복회라고 달았다면, 남만에서는 재만한인조국광복회라고 달았다. 당력사연구소에서 발굴한 조국광복회 선언문들에 더러 오성륜, 엄수명, 리창준(리동광), 안광훈 같은 사람들의 이름이 나타나있는 것은 그런 사정에 기인한 것이다.

주목해야 할 것은 김일성이 '세기와 더불어' 제4권 말미에서 자신이 57년 전에 만주에서 조직된 '조국광복회'에 김동명이라는 가명으로 발기인에 이름을 올렸다고 고백하면서도, 조국광복회가 자신이 주도해서 조직한 것이라고 강조했다.

　사회주의 혁명이 민족국가 단위로 진행되게 되는 새로운 력사적 조건하에서 식민지 나라들에서의 진정한 민족주의와 진정한 공산주의 사이에는 사실상 깊은 심연이 없다고 할 수 있다. 한편에서는 민족성에 대하여 좀더 력점을 찍고, 다른 편에서는 계급성에 대하여 좀더 강조하고 있을 따름이지 외세를 반대하고 민족의 리익을 옹호하는 애국애족적인 립장은 같다고 보아야 한다.

　진정한 공산주의자도 참다운 애국자이며, 또 진정한 민족주의자도 참다운 애국자라고 보는 것은 나의 변함없는 신조이다. 이런 신조로 출발하여 우리는 시종일관 애국적인 진정한 민족주의자들과의 합작을 중시해왔으며, 그들과의 동맹을 강화하는 데 모든 힘을 다 바쳐왔다.

　우리는 조선공산주의자들이 조국해방을 위하여 싸우는 것은 민족적 권리라는 것을 인식시키고, 그것이 결코 프롤레타리아 국제주의와 모순되지 않는다는 것을 납득시키는 데 상당한 시간과 정력을 바치지 않으면 안되었다. 이와 함께 우리는 자신의 투철한 조국애와 민족해방을 위한 실천투쟁으로서 공산주의자들이야 말로 진정으로 나라를 사랑하고 민족을 사랑하는 애국자들이라는 것을 온 민족 앞에 과시하였으며, 드디여는 민족 해방투쟁의 진두에 떳떳이 나서게 되었다.[167]

　…(중략)… 나는 참가자들의 총의에 따라 조국광복회 창립대회에서 이 조직의 회장으로 취임하였다. 이리하여 우리 나라 반일민족해방투쟁력사에서 처음으로 되는 상설적인 반일민족통일전선체가

---

167) p. 462

형성되었다. 우리나라에서의 첫 반일민족통일전선체로서의 조국광
복회의 창립은 혁명의 군중적 기반을 강화하는 사업에서 획기적인
사변으로 되었다. 조국광복회가 창립됨으로써 반일민족통일전선운
동은 항일무장투쟁과 밀접히 결합되어 전국적 범위에서 보다 조직
성있고, 체계성 있게 빨리 발전하게 되었으며, 모든 반일력량을 나
라의 해방을 위한 투쟁에도 힘있게 조직동원 할 수 있게 되었다.[168]

김일성의 '세기와 더불어'는 전 4권에 걸쳐 김일성 자신이 만
주에서 저우바오중이 이끄는 중국 동북항일련군 조직원의 일원
으로 항일무장투쟁을 한 것은 기록하면서도, 1941~42년에 대규
모로 진행된 노조에 쇼도쿠의 일본 관동군의 빨치산 소탕작전을
피해 소련으로 이동해간 사실에 대해서는 전혀 기록하지 않았
다. 저우바오중의 동북항일유격일기는 저우바오중 자신을 포함
한 중국공산당 항일유격대원들이 일본군의 소탕작전을 피해 소
련으로 이동해간 사실을 기록하고 있으며, 그 이동 과정에서 김
일성도 소련으로 이동해간 것으로 충분히 추정되는 기록들을 남
기고 있으나, 1993년에 출간된 김일성의 '세기와 더불어'에는
전혀 그런 언급이 없고, 회고록의 말미를 조국광복회를 자신이
주도해서 조직했으며, 자신은 가명 김동명으로 발기인에 이름을
올렸다고 고백하는 것으로 장식한 점은 주목해야 할 사실이라고
할 수 있다.

---

168) p. 468-469

4) 김일성의 한반도 귀환 : 러시아 Lankof 교수의 기록[169]

1945년 가을 9월 어느 날[170] 아시아인으로 보이는 한 그룹이 소련 군복을 입고 소련군이 점령한 원산항에서 소련 기선 푸가체프(Pugachev)호에서 내렸다. 그 가운데에 다소 뚱뚱한 소련 육군 대위 계급장을 단 30대 초반의 남자가 있었다. 그의 동료들에게 그는 소련군 제88독립 여단 제1 조선인 대대의 지휘관 김일성으로 알려져 있었다.

1945년 10월 평양 시민들앞에 나타나 연설하는 김일성.

이 젊은 소련군 대위는 얼마 안 가 북한의 최고 지도자가 되는데, 그는 국외에서 거의 20년을 보내고 1945년에 귀국한 길이었

---

169) Lankof, Andrei, The Real North Korea : Life and Politics in the Stalinist Utopia, New York : Oxford University Press , 2013. pp. 1-9
170) 란코프는 "정확한 날짜는 아직 논란의 대상이 되고 있으나 19일인 것으로 보인다"고 썼다.

다. 1930년대에 김일성은 중국 동북의 빨치산 지휘관이었고, 1940년대 초에는 소련 육군 제88여단의 대대 지휘관이었다. 그는 평양 출신이었고, 1945년 8월말에는 북한 주재 소련군 본부 소속이었다.

1945년 8월 말 소련군은 짧고, 강도 높고, 성공적인 군사 작전으로 한반도 북부에 근거를 마련했다. 만약 소련 장군들이 원했다면, 한반도 남쪽도 장악할 수 있었지만, 그 단계에서 모스크바는 워싱턴과의 합의를 존중했다. 그 합의는 한반도를 두 개의 점령지역으로 임시 분단하는 내용을 담고 있었다. 두 명의 미군 대령(이 중 한 명은 나중에 미 국무장관이 된다)이 한반도 주둔 소련군과 미군 지역을 구분하는 임시경계선에 대한 설명은 30분 정도 걸렸다. (…중략…)

소련이 한반도 북부를 장악하고 보니 자신들은 그 지역의 정치와 사회의 현실에 대한 이해가 부족하다는 것을 깨달았다. 1945년 8월 소련군이 한반도에 진입했을 때 소련군에는 한국어를 구사하는 통역이 없었고, 일본군과의 전투를 준비하고 왔기 때문에 모든 통역들은 일본어 구사자들이었다. 8월 말에야 한반도 출신의 소련 시민들이 대부분인 한국어 통역들이 도착했다.

새로 비밀해제된 소련 문서에 따르면, 1946년 초까지도 모스크바는 한반도의 미래에 관한 분명한 계획을 갖고있지 않았다. 그러나 미국과 소련 사이의 전시 동맹은 수명이 짧았고, 곧바로 냉전으로 연결됐다. 슈퍼파워들 사이의 이 새로운 적대관계의 시대에 양측 모두 타협하지 않으려 했다. 그래서 1946년 초까지 소련은 한반도 점령지역에 우호적이고 컨트롤 가능한 체제를 수립하는 쪽으로 기울어졌고, 아마 미국도 비슷한 계획을 갖고 있었을 것이다. 그런 환경에서 체제는 공산주의라야 했는데, 북한 지역에는 공산주의자가 없었다.

식민지 기간에 한반도 지식인들 사이에 마르크시즘이 유행했고, 1920년대에는 한반도 자생 공산주의자들이 생겨났다. 그러나 일본 식민체제가 거칠었기 때문에 1945년 조선인 공산주의자들은 한반도 외부에서 활동하고 있었다. 1945년 한반도에서 발견되던 소수의 공산주의자 가운데 소련 이외의 지역으로는 서울에서 발견할 수 있었다. 그래서 1945년 말 소련군 사령부는 외부에서 북한으로 공산주의자를 데리고 와야 했다. 그들 중에는 모스크바가 북한으로 파견한 조선인 출신의 소련 관료와 기술전문가들이 있었고, 다른 부류는 1920년대부터 중국공산당 내에서 활동해온 많은 수의 조선족들이 있었다. 세 번째 그룹은 1945~46년 기간에 미군 점령지역에서 지하활동을 하다가 진압당해 남쪽을 떠난 사람들이 있었다. 또 다른 부류는 전직 빨치산들로 전쟁기간을 소련에서 보내다가 김일성과 함께 귀국한 공산주의자들이 있었다.

한반도의 미래에 가장 큰 영향을 미친 그룹은 마지막 그룹이었으나, 중요성이 있어 보이지는 않았다. 이 전직 빨치산들은 영웅적이라고는 하지만 소규모였고, 1930년대에 보잘것없는 무장으로 만주에서 일본 점령에 저항하다가 생존한 사람들이었다. 저항은 1940년경에 붕괴됐고, 생존자들은 소련으로 도망갔다. 거기서 그들은 소련군에 적을 올렸고, 일본과의 전쟁에 대비해 재훈련을 받았다. 아이로니컬하게도, 일본에 대한 승리는 너무 빠른 속도로 이뤄졌고, 이들 부류는 일본제국과의 최후의 결전에 직접 참전할 수 없었다. 적대관계의 빠른 종식에도 불구하고 소련 군 당국은 이들(일부 여성 포함)을 유용하게 쓸 곳을 찾았다. 중국인과 조선인 출신의 전직 빨치산들은 소련군의 점령에 조언을 하는 데 유용할 것이라는 판단에 따라 각자의 나라로 귀국하는 조치가 내려졌다.

김일성은 이들 전직 빨치산 중의 한 명이었다. 북한의 선전 조작 역사가들이 1945년 이전의 정치적 중요성을 강조하는 경향이 있었다. 비록 그의 젊은 나이와 비영웅적인 외모에도 불구하고, 당시까지 한반도 해방에 김일성은 중요한 리더로 인식되고 있었다.

5) 회고록에 '소련'이란 나라 이름이 왜 빠졌나
(소련 체류와 소련군복을 입고 원산으로 귀환한 사실이 빠진 이유)

1983년에 출판된 재미학자 이정식 교수의 Revolutionary Struggle in Manchuria 와 1988년에 출판된 서대숙 교수의 Kim Il Sung : the North Korean Leader , 1991년에 초판이 나오고 2015년에 개정증보판이 나온 저우바오중의 동북항일유격일기, 그리고 김일성의 회고록 '세기와 더불어'를 비교해보면 흥미있는 사실이 발견된다.

우선 김일성의 회고록 '세기와 더불어'는 제1권과 제2권은 1992년 4월3일에, 제3권은 1992년 11월25일에, 제4권은 1993년 5월 30일에 조선노동당출판사가 평양에서 각각 발행했다. 앞으로도 한반도의 정치사에 역사적인 기록으로 남을 이정식 교수와 서대숙 교수의 저서는 김일성의 회고록이 발행되기 전에 미국에서 출판됐고, 저우바오중의 동북항일유격일기는 1991년 7월에 중국 베이징에서 각각 출판됐다. 김일성의 회고록 '세기와 더불어'는 미국과 중국에서 김일성에 관한 중요한 기록들을 담은 기록물이 출판된 뒤에 출판됐다. '세기와 더불어' 제1권과 제2권이 출판된 1992년 11월과 제3권, 제4권이 출판된 1993년을 전후해서 국제사회와 한반도에는 김일성과 조선노동당에게는 '천지개벽'[171]이라고 표현할만 한 사건과 변화가 일어났다.

김일성의 '세기와 더불어'가 출판되기 전에 국제사회에서 일어난 세계사의 변혁은 1991년 8월 24일 미하일 고르바초프가 당 서기장직을 사임하면서 소련 공산당 해체를 발표한 사건이었

---

171) 김정일 국방위원장은 7개월 반만에 중국을 다시 방문(2001. 1)하여, 상해에서 주용기 중국총리의 안내로 도시건설기획관과 GM자동차, NEC 반도체공장 등을 참관하고 그밖에 상해시 당·정 관계자의 안내로 증권 거래소, BELL 전화회사, 소프트웨어 개발·인간 게놈 연구소 등을 시찰하였다. 이와 관련 김정일 국방위원장은 '상해시는 짧은 기간에 세상사람들의 상상을 초월하게 변모되었다', '상해는 옛 모습을 찾아볼 수 없게 천지개벽되었으며 최첨단 연구기지와 금융·문화·후생시설 등은 중국 역사에 남을 위대한 창조물이다'라고 하는 등 상해시의 발전을 긍정적으로 평가하였고, 강택민 주석과의 회담시에는 '중국의 당정책이 옳았다'고 평가함으로써 북한이 중국식 개혁·개방 정책을 수용할 의지가 있음을 보여주기도 하였다. [네이버 지식백과] 북한중국관계 (21세기 정치학대사전, 정치학대사전편찬위원회)

고, '세기와 더불어' 제2권과 제3권 출판 사이에는 1992년 8월 24일의 한중 수교가 이뤄졌다. 중국에서는 사회주의 계획경제를 추구하던 마오쩌둥(毛澤東)이 1976년 9월에 사망하고, 1978년 12월의 중국공산당 제11기 3차 중앙위 전체회의에서 '사상해방(思想解放)'과 '실사구시(實事求是)'를 제시한 덩샤오핑(鄧小平)의 개혁개방 정책을 통한 사회주의 시장경제 정책을 채택했다. 덩샤오핑의 개혁개방에 영향을 받은 고르바초프는 페레스트로이카(개혁)와 글라스노스트(개방) 정책을 선포했으나 덩샤오핑의 개혁개방 정책은 성공적이었던 반면 고르바초프의 페레스트로이카와 글라스노스트는 실패해서 소련공산당은 해체되고, 소련공산당의 해체에 따라 영어로 U.S.S.R.(United Soviet Socialist Republic)로 불리던 소련은 1991년 12월 8일 러시아, 벨라루스, 우크라이나 3개국의 합의로 독립국가연합(Commonwealth oIndependent States, CIS)으로 재편됐다.

'세기와 더불어' 제3권이 평양에서 출판되기 전인 1992년 8월에 이루어진 한중수교와 관련 김일성은 한중수교를 추진한 장쩌민(江澤民) 중국공산당 총서기에게 강력히 항의했으나, 장쩌민은 한국의 1970년대 이후 경제발전에 주목한 덩샤오핑의 결단에 따라 한중수교를 추진해서 발표했다. 김일성이 1992년 11월과 1993년 5월에 각각 '세기와 더불어' 제3권과 제4권을 출판하면서 자신이 만주에서의 중국공산당 동북항일련군의 일원으로 빨치산 활동을 하다가 소련으로 이동해갔다가 1945년 9월 소련 육군 대위 계급장을 탄 군복 차림을 하고 소련 군함 푸가체프

호를 타고 원산항으로 입항한 사실을 기록하지 않은 데에는 '세기와 더불어' 출판 1~2년 전에 이루어진 소련공산당의 해체와 '소비에트 사회주의 연방공화국'의 해체때문이었을 것이라는 점은 어렵지 않게 짐작할 수 있다.

김일성이 '세기와 더불어' 제4권의 말미에 1936년 5월에 조직된 '조국광복회'가 자신이 주도해서 조직한 것이며, 자신은 '김동명'이라는 가명으로 조국광복회 발기인으로 이름을 올렸다는 사실을 강조하는 것으로 회고록을 끝맺음 한 이유 역시 소련공산당의 해체와 소비에트연방공화국의 해체와 관련짓는 것이 올바른 판단일 것이다. 50여 년전 만주에 조국광복회가 조직될 당시의 국제정세 역시 1935년 7월에 모스크바에서 개최된 코민테른 제7차대표대회에서 독일과 일본의 파시스트들에 대한 민족통일전선 구축과 '1국가 1당주의'가 채택된 사실이 주로 영향을 미쳤을 것으로 판단된다. 50여년전 코민테른의 결의에 따라 조선민족의 통일전선 조직으로 만들어진 조국광복회에 가명의 발기인으로 참여했다는 고백을 하지 않을 수 없는 환경이 50년 후 소련공산당의 해체와 소비에트 연방의 해체로 다시 조성된 국제정세의 격변 속에서 유일한 해결책이라는 생각을 김일성으로서는 하지 않을 수 없었을 것이다.

앞으로 상하이 대한민국 임시정부의 법통을 이었다는 헌법 전문을 갖고있는 대한민국과 "김일성 주석의 사상을 계승하기 위해 설립됐다"는 조선민주주의인민공화국 사이의 통일이나 통합을 논의한다면 반드시 제기될 체제의 문제와 김일성에 대한 평가가 제기되지 않을 수 없는 상황이다. 2020년 4·15총선에서 대체로 북한과의 평화적인 통합을 주장하는 국내 좌파들이 승리한 상황이라 앞으로 대한민국의 미래에 김일성에 대한 객관적 평가마저 김일성을 부인하고 신성모독으로 간주되기에 충분한 상황이 예상된다. 필자는 한국전쟁 종전 직후인 1954년 6월에 출생해서 대한민국 정부가 추구하는 자본주의와 민주주의의 이념속에서 30년 이상 중국정치와 외교를 연구하면서 살아온 지식인의 한 사람으로서 이 책에서 김일성에 대한 객관적 평가를 시도했다는 점을 독자들이 이해해주시기를 기대해본다. 참고로 김일성이 49년간 통치하고 아들 김정일과 손자 김정은이 권력을 세습받아 통치해온 조선민주주의인민공화국의 헌법 전문을 참고하시기를 권한다.

참고자료 : 북한 헌법 서문

　조선민주주의인민공화국은 위대한 수령 김일성동지의 사상과 령도를 구현한 주체의 사회주의조국이다. 위대한 수령 김일성동지는 조선민주주의인민공화국의 창건자이시며 사회주의조선의 시조이시다. 김일성동지께서는 영생불멸의 주체사상을 창시하시고 그 기치밑에 항일혁명투쟁을 조직령도하시여 영광스러운 혁명전통을 마련하시고 조국광복의 력사적위업을 이룩하시였으며 정치, 경제, 문화, 군사분야에서 자주독립국가건설의 튼튼한 토대를 닦은데 기초하여 조선민주주의인민공화국을 창건하시였다. 김일성동지께서는 주체적인 혁명로선을 내놓으시고 여러 단계의 사회혁명과 건설

사업을 현명하게 령도하시여 공화국을 인민대중중심의 사회주의나라로, 자주, 자립, 자위의 사회주의국가로 강화발전시키시였다. 김일성동지께서는 국가건설과 국가활동의 근본원칙을 밝히시고 가장 우월한 국가사회제도와 정치방식, 사회관리체계와 관리방법을 확립하시였으며 사회주의조국의 부강번영과 주체혁명위업의 계승완성을 위한 확고한 토대를 마련하시였다. 김일성동지께서는 《이민위천》을 좌우명으로 삼으시여 언제나 인민들과 함께 계시고 인민을 위하여 한평생을 바치시였으며 숭고한 인덕정 인민들을 보살피시고 이끄시여 온 사회를 일심단결된 하나의 대가정으로 전변시키시였다. 위대한 수령 김일성동지는 민족의 태양이시며 조국통일의 구성이시다. 김일성동지께서는 나라의 통일을 민족지상의 과업으로 내세우시고 그 실현을 위하여 온갖 로고와 심혈을 다 바치시였다. 김일성동지께서는 공화국을 조국통일의 강유력한 보루로 다지시는 한편 조국통일의 근본원칙과 방도를 제시하시고 조국통일운동을 전민족적인 운동으로 발전시키시여 온 민족의 단합된 힘으로 조국통일위업을 성취하기 위한 길을 열어놓으시였다. 위대한 수령 김일성동지께서는 조선민주주의인민공화국의 대외정책의 기본리념을 밝히시고 그에 기초하여 나라의 대외관계를 확대발전시키시였으며 공화국의 국제적권위를 높이 떨치게 하시였다. 김일성동지는 세계정치의 원로로서 자주의 새시대를 개척하시고 사회주의운동과 쁠럭불가담운동의 강화발전을 위하여, 세계평화와 인민들사이의 친선을 위하여 정력적으로 활동하시였으며 인류의 자주위업에 불멸의 공헌을 하시였다. 김일성동지는 사상리론과 령도예술의

천재이시고 백전백승의 강철의 령장이시였으며 위대한 혁명가, 정치가이시고 위대한 인간이시였다. 김일성동지의 위대한 사상과 령도업적은 조선혁명의 만년재보이며 조선민주주의인민공화국의 륭성번영을 위한 기본담보이다. 조선민주주의인민공화국과 조선인민은 조선로동당의 령도밑에 위대한 수령 김일성동지를 공화국의 영원한 주석으로 높이 모시며 김일성동지의 사상과 업적을 옹호고수하고 계승발전시켜 주체혁명위업을 끝까지 완성하여나갈 것이다. 조선민주주의인민공화국 사회주의헌법은 위대한 수령 김일성동지의 주체적인 국가건설사상과 국가건설업적을 법화한 김일성헌법이다.

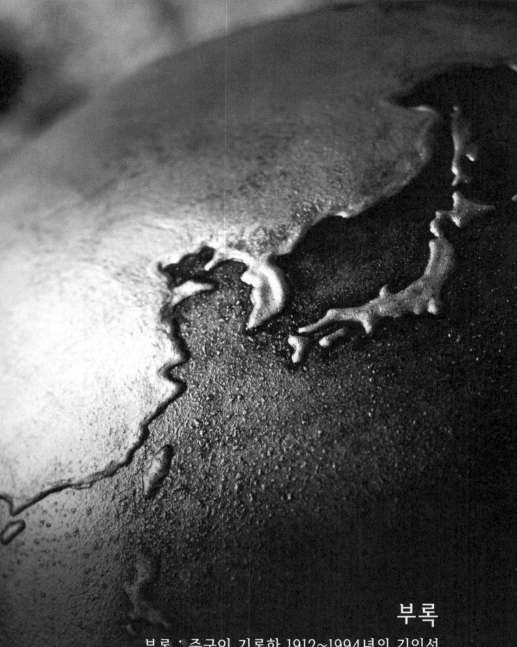

부록

부록 : 중국이 기록한 1912~1994년의 김일성

부록 :
중국이 기록한 1912~1994년의 김일성

—

1) 김일성(金日成, 1912년 4월 15일~1994년 7월 8일)

다음은 중국 관영 검색 엔진 바이두(百度)에 나타나는 김일성의 프로필이다. 관영 검색엔진에 나타나는 인물 데이터에는 중국공산당 당사연구실이 엄격한 검토를 한 자료를 수록하는 것으로 평가된다.

김일성(金日成, 1912년 4월 15일~1994년 7월 8일)[172], 본명 김성주(金成柱), 조선민주주의 인민공화국 건국의 주요 지도자, 조선노동당, 조선인민군, 주체사상의 창건자.

평양 만경대구의 보통 농민의 가정에서 출생, 1925년 중국 동북 지린(吉林)성으로 이주, 푸쑹(撫松) 제1소학교에서 공부했다.

---

172) https://baike.baidu.com/item/金日成/747148?fr=aladdin

제2차 대전 종전 후 소련에서 조선으로 귀국후 노선노동당중앙
위원회 위원장, 총비서를 맡았다. 1948년에 시작해서 평생 조선
최고 지도자로 46년간 통치했다.

1992년 김일성은 조선인민군 대원수 계급을 수여받았고, 1994
년 관저인 금수산 태양궁에서 82세로 세상을 떠났다. 유체는 영
구보존됐으며, 1998년 수정된 조선민주주의 인민공화국 헌법에
그를 공화국의 영원한 주석으로 규정했다. 김일성은 일생동안
여러차례 중국을 방문했으며, 1961년 중국과 《중조우호합작호
조조약(中朝友好合作互助條約)》에 서명했다.

1912년 4월 15일, 김일성은 일본이 통치하는 조선 평안남도 대
동군 고평면 남리(지금의 평양시 만경대)의 보통 농민 가정에서
출생했다. 부친 김형직은 아들이 장차 국가의 기둥이 되라는 뜻
으로 이름을 김성주(金成柱)라고 지었다.

1917년 일본은 일본이 통치하는 조선에 대해 더욱 가혹한 통치정
책을 실시해서 많은 반일인사들이 중국 동북지구로 와서 살았다.

1925년 김일성은 부친을 따라 중국으로 도망와서 지린성 푸쑹
현 제1소학교에 가서 1년을 다니고 지린시 위원(毓文)중학에 다
녔다.

1926년 초, 조선공산청년 동맹에 가입하고 동시에 비밀독서회
를 조직해서 마르크스 레닌주의 사상과 혁명 무장항일을 주장했
다. 6월 5일, 부친 김형직이 병으로 세상을 떠났다. 김성주는 부
친의 유지를 계승하기 위해 간행물을 만들고, 조선 최초의 혁명
간행물 '붉은 태양'을 창간했다. 10월 17일, 김성주는 화뎬(樺

旬)시에서 '타도 제국주의 동맹'을 조직했다.

1930년 6월 30일, 김성주는 지린성 주타이(九台)시 카룬진에서 조선혁명자 회의를 주최하고 많은 혁명가들과 함께 무장투쟁 방침을 제정하고, 장완청(張万程)의 자금을 제공받아 12자루의 권총을 구입한다.

1931년 9월 18일, 일본이 9·18사변을 일으켜 만주국을 동북에 세우자 장완청은 다시 김성주에게 40자루의 소총을 구입할 수 있는 돈을 주었다. 이후 김성주는 중국공산당에 입당하여 중국인민들의 항일투쟁에 참여했는데, 활약한 지역은 주로 지린 동부지역과 백두산 일대였다.

1932년, 김일성은 장완청의 아들 장웨이화(張蔚華)를 중국공산당에 입당하도록 권유한다. 4월 25일, 김성주는 지린성 안투현 밍웨거우(明月溝)에서 안투현 항일유격대를 창건한다. 5월 5일, 김성주는 유격대를 이끌고 일본군과 첫 교전을 하여 승리한다. 11월, 김성주는 안투현 항일유격대와 중국공산당이 이끄는 항일유격대, 닝안시 항일유격대를 통합해서 왕칭 항일유격대를 조직하고 정치위원을 담당한다. 12월, 양징위는 판스유격대를 개편해서 중국 공농홍군 제32군 남만주 유격대로 개편한다.

1933년 1월, 왕칭현 항일유격대, 옌지시 항일유격대, 허룽시 항일유격대, 훈춘시 항일유격대를 통합해서 홍군 32군 동만주 유격대로 편성한다. 김성주는 유격대를 이끌고 일본 통치하의 조선을 공격하고 왕재산 회의를 개최한다. 9월 18일, 홍군 32군 동만주유격대는 동북인민혁명군 제2군 독립사로, 남만주유격대는 동북인민혁명군 제1독립사로 재편되어 양징위가 사장 겸 정치위원을 맡고, 동북인민혁명군 제2군 독립사 아래에 4개 단을 구성하는데 김성주는 제3단 정치위원을 담당한다. 10월 양징위는 부대를 이끌고 야간에 후이파(輝發)강을 건너 둥벤다오에 진입한다. 강남유격구를 열고 진촨허(金川河)리에 근거지를 마련한다.

1934년 3월, 김성주는 독립사 제3단을 조선인민혁명군으로 개편한다. 동시에 동북항일련군이라고 호칭한다. 김성주는 중국 구국군과 연합하여 둥닝, 뤄즈거우를 공격하는 등 2차례의 북만주 원정을 한다. 김성주는 후에 핑난양(平南洋)유격대, 저우바오중이 이끄는 5군, 리옌루의 4군과 연합작전으로 여러 차례 일본군을 패배시킨다. 이때 김일성(金日成) 장군으로 호칭되어 이름을 김일성으로 개명한다. 이와 함께 명성이 널리 퍼진다. 11월 7일, 동북인민혁명군 제1군이 성립되고 군장 겸 정치위원에 양징위가 임명된다.

1936년 3월, 중국공산당 남만주당이 제2차 대표대회를 개최해서 동북인민혁명군 제2군을 개편해서 동북항일연군 제2군으로 편성하고 3개 사를 확충한다. 이 가운데 정치위원 겸 당위원회 서기를 맡았던 김일성은 제3사 사장을 맡는다. 5월, 김일성은 조선 반일 민족전선 조국광복회를 조직해서 회장을 맡는다. 동시에 백두산에 항일 근거지를 마련한다. 10월, 웨이정민(魏拯民)과 김일성은 회합을 갖고 양인 협동작전을 하기로 한다. 이때 김일성이 이끄는 조선인민혁명군과 양징위가 이끄는 동북항일연군 제1군은 동만주 지역에서 최대의 2개 무장부대였다. 10월, 양징위 부대의 차오궈안(曹國安)이 부대를 이끌고 장백현 헤이샤즈거우에 도착하여 김일성과 협동작전을 벌인다. 이후 두 사람은 서로 만났으나 알아보지 못한다.

1937년 6월 3일, 김일성는 150여 명을 이끌고 압록강을 건너 일본 치하의 조선 보천보를 공격하여 대승을 거두어 보천보 전투의 명예를 얻는다. 10월 27일, 장웨이화가 일본군의 소탕작전 소식을 알리고 일본군에 체포돼 살해당하고 장랑(張琅), 장진취안(張金泉), 장진루(張金祿) 세 유족을 남긴다.

1938년 11월 25일, 김일성과 양징위는 멍장현(현 靖宇현)에서 처음으로 만났을 때 양징위는 초면에 조선인 부대에게 먼저 인사를 하는 등으로 김일성의 존경을 받는다. 두 사람은 난파이쯔(南牌子)회의를 열어 좌경 모험주의를 비판한다.

1939년, 일본은 만주국 지구에 병력 투입을 증가시켜 김일성 등 항일인사와 군대의 실력을 크게 약화시킨다. 이들은 부득이 물러서서 방어위주의 전술을 펼 수밖에 없었다. 4월, 관동군 사령관 우메즈 요시지로(梅津美治郞)는 명령을 내려 제1독립수비대와 제2독립수비대 선발 병력으로 특공대를 편성해서 양징위와 김일성 등을 체포하거나 죽이면 만주국정부의 현상금 1만 위안을 주겠다고 약속한다. 10월 관동군 제2독립수비대 사령관 노조에 쇼토쿠(野副昌德) 소장은 7만 5000명을 동원해서 김일성과 양징위 부대를 소탕하는 작전을 벌인다. 5월, 김일성은 부대를 이끌고 청봉(靑峰), 침봉(枕峰), 무산(茂山), 신사동(新四洞), 대홍단(大紅丹) 일대에서 유격전을 벌여 일본군과 전투를 벌인다.

1940년 1월, 일본군에 전멸당하는 것을 피하기 위해 항일연군 제2군, 제3군을 개편하여 지대(支隊)로 쪼개고, 김일성의 제1군 도 여러개의 소부대로 쪼갠다. 2월 23일, 양징위가 멍장현 싼다 오웨이즈(三道威子)에서 일본군에 살해당한다. 겨울에 항일연군 전부가 만주국을 떠나고 김일성 등도 모두 소련 극동지역으로 철수한다.

1942년 2월 16일, 김일성 아들 김정일이 지린 창바이산 항일 유격대의 캠프에서 출생한다.[173] 8월 1일 동북항일연군 3로군이 개편되어 소련 극동방면군 제88 독립 보병여단으로 재편되어 항 일연군 교도여단으로 불린다. 김일성은 1개 영(營)의 영장(營 長)[174]으로 소련군으로부터 대위계급장을 받는다.

1945년 8월, 소련이 동북의 일본군을 공격하고 일본이 투항하 자 조선은 해방을 맞는다. 중국공산당 동북위원회는 개편작업에 들어가 조선 동지들은 조선으로, 중국동지들은 소련군을 따라 동북으로 돌아가도록 결정한다.

---

173) 그러나 김정일을 낳은 김정숙에 관한 중국 바이두의 기록은 "김정숙이 김정일을 소련 하바롭스크의 소련 극동군 제88보병여단 캠프에서 출산했다"고 기록해놓 아 김정일이 백두산에서 출생한 것을 부인하고 있다.

174) 중국군의 전통적 인적 구성. 1개 반(班)은 10~12명, 1개 배(排)는 3개 반으로 30~40명, 1개 연(連)은 3개 배로 90~120명, 1개 영(營)은 3개 연으로 270~300명, 1개 단(團)은 3개 영으로 900~1000명, 1개 여(旅)는 3개 단으로 3000~4000명, 1개 사(師)는 3개 여로 1만~1만 2000명, 1개 군(軍)은 3개 사 로 3만~3만 5000명. 사령관 관할에는 10만~수백만의 병력이 포함된다. 당초 소련 극동군은 김일성을 300명 정도를 지휘하는 영장으로 평가해서 대위 계급 장을 수여했다.

　　1945년 8월, 소련군이 조선반도 북부에 진입하면서 조선공산당 대다수 구성원들은 조선반도 남부에서 지하활동에 들어가고, 소련에 위탁해 있던 동북항일연군의 중간급 군관 김일성은 소련군을 따라 조선반도 북부로 돌아가 1928년 공산주의 인터내셔널에 의해 해산됐던 조선공산당을 재건하는 임무를 맡는다. 9월 19일, 김일성은 소련 군함을 타고 조선으로 돌아가 25년의 중국생활과 고별한다. 1945년 10월 10일 소련은 조선반도 북부의 공산주의자 대표 현준혁과 민족주의대표 조만식을 약화시킨 후 김일성을 조선노동당 위원장으로 당선시킨다. 10월 14일, 평양에서 소련군대 환영집회가 열리고 김일성이 집회에 나타나자 대다수 군중들은 김일성이 1920년대부터 조선주민들에게 전해내려오던 항일영웅 노장군이 아니라 겨우 33세의 김일성이라는 점에서 의심을 받는다. 그러나 김일성은 귀국전에 스탈린을 만나 북조선의 리더로 부식(扶植)되어 실제로 북조선의 대리인이 된다. 소련은 김일성에게 지시해서 고향으로 돌아가 소문을 분쇄하라는 명령을 받는다.

　　1946년 2월 8일, 북조선 인민위원회가 만들어져 김일성이 위원장으로 당선된다. 김일성은 조선의 경제건설과 토지개혁을 위한 '20개항 정강'을 발표한다. 중국 옌안(延安)과 타이항산(太行山)지구에서 활동하던 조선독립동맹을 개조한 조선신민당(朝鮮新民黨) 지도자 김두봉, 8월 28일 조선공산당과 조선신민당이 합해져 조선노동당이 된다. 11월 조선공산당(1945년 9월 성립, 지도자 박헌영) '조선인민당(1946년 11월 성립)' 남조선신민당

(1946년 7월 성립)은 합병되어 남조선노동당으로 된다.

1947년 2월, 북조선인민위원회가 구성되고 김일성이 위원장으로 선출된다. (이하 생략)

2) 주보중장군전(周保中將軍傳)이 기록한 북한 인물

1) 김책(金策, 1903~1951)

본명 김낙(金樂). 별명 김홍인(金洪印), 김인(金印), 김인식(金印植). 가명 나동현(羅東賢). 함경남도 성진(城津)군 출생. 1910년 일가를 따라 중국 지린(吉林)성 옌지현으로 이주. 1926년 조선공산당 입당. 1927년 북만도 집행위원, 1930년 7월 중국공산당 입당, 동경성(東京城)[175] 지부 조직간사. 8월 닝안(寧安)현 당위원회는 동경성 당지부를 동경성 구위원회로 개칭하고 김책을 구위원회 서기로 임명했다. 10월에는 닝안현 임시 소비에트 정부 주석으로 임명됐다. 9 · 18사변 후에는 하얼빈 특위에서 일했다. 1932년 1월 김책은 중공 빈저우(賓州) 특별지부 서기로 옮긴 뒤, 1933년 1월 주허(珠河)현 당 군사위원회, 마이허둥(馬蟻河東) 당위원회 지부 서기로 자리를 옮겼다. 6월에는 런(任)현 당위원회 비서장으로 선출됐다.

1934년 6월 동북 반일유격대 하둥(哈東)지대(支隊) 제1총대 제

---

175) 동경성은 현재 헤이룽장성 무단장시에 해당하며 발해국의 상경 용천부가 있었다.

3대대 지도원이 됐고, 1934년 9월에서 1935년 1월 사이에는 하둥지대 사령부 군수처 처장을 맡았다. 1935년 1월 28일 하둥지대는 동북인민혁명군 제3군으로 개편된 후 김책은 3군 1사 2단 정치부 주임, 11월에는 4단 정치부 주임이 됐다. 1935년 11월 4단은 동북인민혁명(1936년 8월부터는 동북항일연군으로 개칭) 제3군 제4사단으로 개편된 뒤 김책은 사단 정치부 주임으로 임명됐다.

김책은 1936년 9월 북만성 당위원회 집행위원, 1937년 10월에는 중공 북만성위원회 상무위원이 됐다. 1938년 6월 김책은 동북항일연군 제3군 정치부 주임이 됐고, 1939년 5월에는 북만성 당위원회 서기, 1941년 7월 동북항일연군 제3로군 정치위원, 1944년 1월 휘하 부대를 데리고 소련 경내의 항일연군 교도여단과 합류, 소련 극동군 독립 제88 보병여단(항일연군 교도여단) 제3영(營) 정치부 영장과 중국공산당 동북당조직 특별지부국 집행위원을 겸했다.

항일전쟁 승리 후 김책은 조선으로 돌아가서 인민보안국 국장, 평양 군정학교 교장, 북조선 인민위원회 부위원장 겸 민족보위국장 겸 보안간부 훈련대대 부사령관을 맡았다. 이후 조선민주주의 인민공화국 수상 겸 산업상, 조선노동당 중앙정치위원회 위원, 군사위원회 위원, 전선 총사령, 중앙당 조직위원회 위원을 맡았다가 1951년 1월 과로로 사망했다. 1968년에는 조선민주주의 인민공화국 영웅으로 추인됐다.

2) 최용건(崔庸健, 1900~1976)

평안북도 염주군 출신. 본명 최추해(秋海). 김치강(金治剛), 최석천(崔石泉)이라는 이름도 썼다. 1922년 9월 상하이(上海)에 유학했다. 1923년 윈난(雲南)성 육군 강무당에서 군사기술을 학습했다. 1925년 졸업후 광저우(廣州)에 있는 황포군관학교에서 군사교관과 제5기 제6구대장을 맡았다.

1926년 최용건은 중국공산당에 입당, 북벌전쟁에 참가했고, 12월에는 광저우 기의에 참여했다. 1928년 3월 동북 퉁허(通河) 현 서북하에서 조선족 농민들 사이에서 혁명 활동을 했다. 1931년에는 중공 탕위안(湯原) 중심현 당 위원회를 조직했다. 1933년 4월 하순 라오허(饒河) 농공의용군 대장으로 임명됐다. 1933년 11월 라오허중심 현 위원회는 라오허농공의용군이 가오위산(高禹山)의 동북국민구국군에 가입해서 구국군 제1여단 특무영으로 개편하기로 결정했다. 최용건은 특무영 참모장으로 임명됐다. 1933년 12월 27일 특무영은 라오허 민중반일유격대대로 개편돼 최용건은 정치부 주임 겸 참모장으로 임명됐다. 1934년 라오허 유격대는 후린(虎林)유격대와 합해 후라오유격대로 만들었고, 최용건은 정치위원으로 임명됐다. 1935년 9월 18일 라오허 반일유격대대는 동북인민혁명군 제4군 제4사단으로 개편돼 최용건이 참모장이 됐다.

1936년 3월 25일 중공 길동특위 지시에 따라 제4사단은 동북인민혁명군 제40군 제2사단으로 개편됐고, 최용건은 사단 정치위원으로 임명됐다. ,,, 1942년 9월 최용건은 중공 동북 당조직 특별지부국 서기로 임명됐다. 항일전쟁 승리후 최용건은 조선으로 돌아가 국가보안국장, 인민군 총사령관, 노동당 중앙위원회 정치위원회 상무위원, 부위원장으로 선출됐다. 최고인민위원회 위원장, 당 중앙위원회 서기국 서기, 국가부주석 등 직위를 거치다가 1976년 9월 19일 병으로 사망했다.

3) 최현(崔賢, 1907~1982)

일찍이 조선독립군에 참가, 항일 복국투쟁에 종사했다. 20세기 1930년대 중국 동북항일연군에 참여해서 제1로군 제4사단 사단장과 교도여단 제1영 제1련 연장의 직위를 맡았다. 1945년 조선으로 돌아간 후 조선인민군 군단장을 지냈고, 항미전쟁 시기에 미군이 인천에 상륙한 이후 부산에서 회창까지의 전선에서 인민군 제2군단, 5군단을 이끌고 적군을 공격하며 퇴각함으로써 중국인민지원군이 승리하는 환경을 만들어 주어 마오쩌둥, 펑더화이, 김일성으로부터 높은 평가를 받았다. 정전 후에 조선노동당 정치국 위원, 중앙군사위원회 위원, 내각 민족보위상(국방부장) 등 직을 거쳤다. 여러차례 중국을 방문했으며, 1958년 2월 28일 마오쩌둥, 저우언라이, 류샤오치, 주더, 김일성, 최용건, 김일 등과 함께 통화에 있는 양징위 화원에 헌화했다. 1963년 전후 김일성 등 조선전우들을 대표해서 여러차례 병중의 저우바오중 장군을 위문했다. 김일성으로부터 '백전노장', '혁명가' 등의 명예칭호를 받았다. 1982년 4월9일 병사했다.

참고문헌

Dae-Sook, Suh, Kim Il Sung : the North Korean Leader, New York : Columbia University Press, 1988

Chong-sik Lee, Revolutionary Struggle in Manchuria: Chinese Communism and Soviet Interest, 1922-1945, Univ. of California Pr; 1st Edition edition, May 1, 1983

Lankof, Andrei, The Real North Korea : Life and Politics in the Stalinist Utopia, New York : Oxford University Press, 2013

周保中, 『東北抗日遊擊日記』, 北京 : 人民日報社, 1991
周保中, 『東北抗日遊擊日記』, 北京 : 解放軍出版社, 2015
趙素芬, 『周保中將軍傳』, 北京 : 解放軍出版社, 2015

김일성, 『세기와 더불어』 1-4, 평양 : 조선로동당출판사, 1992
金日成, 『回憶錄與世紀同行』 1-4, 平壤 : 外文出版社, 1992

石源華 著, 신영식 譯, 『한중문화협회연구』, 서울 : 사단법인 한중문화협회, 2012

황석영, 『황석영 자전 수인 1 경계를 넘다』, 경기 : 문학동네, 2017